中國基督教唯愛主義運動

叢書

姚西伯 著

中國基督教唯愛主義運動

▼

歷史神學叢書

中國基督教唯愛主義運動

The Protestant Pacifist Movement in China

作者
姚西伊

審閱
蔡錦圖

執行編輯
林諾欣

裝幀設計
奇文雲海

■

出版／發行
基道出版社
香港沙田火炭坳背灣街26號富騰工業中心1011室
LOGOS PUBLISHERS
Unit 1011, Fo Tan Ind. Centre, 26 Au Pui Wan St., Shatin, Hong Kong
電話：(852) 2687-0331　傳真：(852) 2687-0281
網址：http://www.logos.com.hk

承印
陽光印刷製本廠

●

3/2008 初版
Cat. No. LP240
ISBN: 978-962-457-343-5

Printed in Hong Kong

刷次	10	9	8	7	6	5	4	3	2	1
年份	2017	2016	2015	2014	2013	2012	2011	2010	2009	2008

羅序

西方基督教對戰爭的看法分歧，既產生了正義戰爭論，也產生了絕對和平主義。這兩者彼此的聖經根據及論爭，筆者在《黑白分明》（香港：宣道，2005）第十一章已有分析，於此不贅。值得注意的是，基督教和平主義者所引用的其中一段聖經根據，是舊約聖經以賽亞書二章4節：「他必在列國中施行審判，為許多國民斷定是非。他們要將刀打成犁頭，把槍打成鐮刀。這國不舉刀攻擊那國；他們也不再學習戰事。」（也見於彌四3）這段聖經所描寫的不是現實世界，而是一個理想，是一個世界終末的景象，反映了上帝終極的心意。上帝終極的心意是要人類廢除戰爭，彼此解除武裝，這點我想不會有神學爭論。

有爭議的是這個終極的遠象在這個罪惡世界能夠實現多少。西方絕對和平主義者認為我們只問努力耕耘，不問收獲大小多寡。他們的信念是要完全服從上帝，毫不妥協地為上帝的心意在此世間作見證，而不計較效果能有多大。筆者雖不認同絕對和平主義，但非常尊敬他們這個擇善固執，堅持一種不受歡迎的抗衡文化，甘心忍受主流社會的誤解和譴責，為主作受苦僕人的信仰道德勇氣。令人惋惜的是，中國的基督教和平主義者（本書所討論的唯愛主義者），最終還是要在現實政治生活中作不同程度的妥協，把徹底放棄武力的聖經理想保持為一個崇高的理想，一個新天新地的景象，一個來自遠方的孤燈，而承認在當時的中國處境中不能貫徹始終。基督教和平主義者在中國走過一段非常艱苦卓絕的崎嶇路，儘管未盡全功，曇花一現，但其拒絕隨波逐流的社會批判還是功不可沒。

中國傳統文化沒有絕對和平主義的主張，春秋時代墨子的非攻主張也類似西方的正義戰爭論。和平主義在中國的萌芽是20世紀中國基督教會所帶來的，這一頁歷史老早給後人所遺忘。數年前當筆者讀到姚西伊博士這方面的著述時大為驚訝，才知道中國教會還有這受人忽視的光輝一面。姚博士本身是門諾會基督徒，對於宗教改革後的基督教和平主義有廣泛深入的認識與體會；他同時也專治中國近代教會史。所以，由他來敍述分析近代中國教會的和平主義，是最佳人選。

本書的貢獻並非只是學術上的補白而已，還可以對未來華人教會的社會思想建設提供歷史參照與全新的本土視野。故樂於為序。

羅秉祥
香港浸會大學
宗教及哲學系教授
應用倫理學研究中心主任
2008年元旦

自序

記得大衞·特雷西（David Tracy）說過：「宗教最輝煌的時刻也就是當它們產生非凡的抵抗力量的時候。」[1] 我個人一直對這句話印象深刻，也頗有認同感。因為我素來佩服教會史上特立獨行，堅持真理，具批判精神的那些人和運動。中國基督教內的唯愛主義者我早就聽說過，也常常為他們在逆境當中持受那些不合時宜的主張的勇氣所感動。再加上我自己曾深受門諾會和平主義傳統的浸潤，故此心中始終存著進一步了解他們的願望。但我很快發現，迄今為止，中外學界對唯愛主義運動只有片斷的了解和研究，系統的研究尚付之闕如，其在今日的現實借鑒意義也就被完全漠視了。

2001年我到北京中國社會科學院世界宗教研究所作訪問研究，決定把還原20世紀中國基督教唯愛主義的歷史面貌，作為一個主要研究課題。隨之我開始著手搜集20世紀中國教會唯愛主義運動的材料，逐步摸清其歷史發展的脈絡，重構其代表人物的思想，追溯其與中國教會內其他倫理思想流派和中國民族主義的互動，並希望對其歷史地位和意義做出恰當的評價。結果是在後來的兩年內，我陸續寫了4篇有關的文章。這4篇文章的部分或全部內容都曾在一些學術會議上與同行分享過，也曾在不同的論文集和期刊上發表過。現在，我在這些文章的基礎之上，把這幾年的研究成果綜合和整理成此書，希望給各位讀者一個較為全面、集中地了解本書主題的機會。

本書的內容涉及的時限主要是自1900年至中華人民共和國成立之前，論述的重點傾向於唯愛主義思想脈絡與特點的梳理。這自然與唯愛主義在本質上更多地是一種基督教倫理思潮直接相關。全書分為上、下兩篇，合共8章。上篇為唯愛主義運動歷史與思想的概論，下篇為唯愛主義代表人物個案的探討。我希望通過這種安排，使讀者得以從橫的和縱的角度，看到一幅全方位的歷史圖卷。我這個目的是否達到了，還要由各位讀者做出判斷。無論如何，這部作品只是對中國基督教唯愛主義的初步研究，粗疏之處在所難免。如能在不久的將來即被新的研究成果所超越，也是我樂見其成的事情。

這本著作從醞釀、撰寫、整理到出版，確實是一個漫長而艱辛的過程。可以說，這個過程中每一步的邁出都離不開友人的幫助、家人的關懷和主內同道的代禱。其中，我特別要感謝中國社會科學院世界宗教研究所的段琦研究員，她無私地分享寶貴的歷史資料，使本書的關鍵部分的寫作成為可能。我還要提到為本書寫序的香港浸會大學羅秉祥博士、曾提出寶貴修改意見的香港中國神學研究院鄭順佳博士，以及致力促成本書出版的香港基道出版社蔡錦圖先生，他們的熱情幫助讓我感動不已。最後，我不得不感謝多年來關愛我的主內肢體們，我知道他們的愛只求付出，不求回報，但是如果他們知道本書也許能為教會思考在當代社會的見證時提供一點歷史的參考的話，我希望他們多多少少還是感到些許的欣慰。

註釋

1. David Tracy, *Plurality and Ambiguity* (San Francisco: Harper & Row, 1987), p.83.

目錄

下篇 唯愛主義運動的個案研究

第一章

導論

何謂和平主義（pacifism）？按照最常見的定義，它是指一種態度和立場：「拒絕參與一切的戰爭行為」，[1] 或「反對以戰爭和暴力手段作為解決糾紛的手段」。[2] 這個特定的名詞是在20世紀初才出現和流行起來。不過，這種非暴力和反戰的態度和立場在人類的歷史中已經存在了很久，世界上一些主要的古老文明和宗教文化中都可以找到某些反對戰爭和暴力、追求和平與和諧的思想傾向和流派。比較突出的是早期佛教明確反對向眾生施暴的主張。後來基督教出現後，對暴力與戰爭的否定也成為耶穌教導的重要內容，其在基督教倫理思想中所佔的地位以及所發揮的影響，在各主要宗教傳統中鮮有能與之比肩者。[3] 所以有不少學者認為，以反對戰爭為核心的和平主義是從基督教傳統中誕生和成長起來的。[4] 實際上，現代國際學術界對「和平主義」運動的定義與規範，在很大程度上是本著基督教的有關傳統來進行的。

在基督教2,000多年的歷史中，除了最初的兩個多世紀外，基督徒在如何處理「戰爭」與「和平」的問題上其實並沒有完全一致的立場。有的學者認為，基督徒在這個問題上的立場大致可歸納為「正義戰爭論」（just war）與「和平主義」。[5] 也有學者區分出和平主義，正義戰爭論，與十字軍（crusade）這3種態度。[6] 這種分歧局面的出現其實在耶穌的教訓和聖經當中已經埋下了種子，也與教會後來在地位和處境的變化上有直接關係。

有論者指出，基督教倫理的核心律令是「順服的愛」（obedient love）或「犧牲的愛」（agape）。[7] 這在新約聖經裏尤其明顯。在耶穌的言行當中，愛是一個貫穿始終的主題。他所強調的是，由愛上帝而及於愛鄰人（可十二31～32），甚至愛仇敵（太五38～48），「不要與惡人作對」（太五39）。這是所謂「不抵抗主義」（nonresistance）的直接出處。耶穌也曾明確地反對在人與人的關係中使用暴力，而要他的門徒作「使人和睦的人」（太五9）。這是「和平主義」的直接根據。[8] 而馬太福音五章38至48節所宣示的對惡人惡行所應取的態度，尤其對信徒提出了極高的要求，構成了極大的挑戰，因此有「艱難的教訓」（hard sayings）之稱。[9]

同時，耶穌對公義（justice）問題卻所言極少，偶有言之又極不明確。然而，他一生的言行又再再體現出他對窮苦百姓的深切同情和對社會不公的疾惡如仇，甚至還不時暗示他對社會生活中的強制和暴力似乎並沒有完全否定（太十34；路二十二36）。與新約對愛的強調形成鮮明對照的是，在舊約中公義的突出地位。無論是律法還是先知，都把公正的社會秩序當作以色列民族與上帝之間關係的一個重要方面。而以色列人在上帝的引導之下四處征戰也是十分正當的事情。另一方面，舊約也包含著對萬國萬民相親相愛，和平共處的美好憧憬（賽二4；彌四3）。的確，在聖經中，愛與公義，和平與戰爭是兩對並列的、互有張力的主題。它們在新、舊約中的不同份量和相互交織，從一個側面説明了，基督教社會倫理的主要思想資源的複雜性和多樣性，從而使不同的思想流派都可以相當容易地在這個資源中找到自己的根據和基礎。

一位美國學者曾指出：「我們能否把聖經中的和平之夢變成現代政治關係的現實？自從新約時代，基督教會就經常地思考這個問題。」而基督教有關倫理和思想資源的多樣性，就決定了2,000年來教會的思考的豐富性。在基督教早期的歷史上，教會是嚴格按照耶穌的教導而奉行和平主義與不抵抗的立場。許多基督徒堅持反對暴力的立場，拒絕參與羅馬帝國的軍隊和軍事行動。到2世紀末的時候，已有迹象顯示教會的非暴力立場開始鬆動。4世紀初基督教成為國教前後，教會在這方面開始根本改變態度，吸收希臘—羅馬古典以追求公正、和平為目標的正義戰爭論。結果，奧古斯丁（Augustine）在這個基礎上集大成，而提出了著名的基督教「正義戰爭論」。這個理論的精髓是，「正義的戰爭必須在國家政權之下進行，而且必須遵守良善信仰和人道的準則。」[10] 按照某些學者的看法，「正義戰爭論」其實在精神取向上與和平主義頗為相近。它充分意識到戰爭的邪惡，而力求以種種條件規範之，使其成為解決糾紛的最後手段。[11] 無論如何，此種立場還是肯定了暴力與戰爭在某些條件下的必要。

這種理論在中世紀的歐洲得以繼續塑造教會的有關立場。在中古歐洲，羅馬天主教會曾對封建諸侯之間的衝突和征戰加以限制和規範，起到了制止亂局，維持秩序的作用。不過，中古教會在走向全盛地位的過程中，曾逐步把信仰與暴力結合，掀起了以信仰和傳教為動力和目的的「十字軍運動」，其暴烈甚至突破了「正義戰爭」的條件限制。同時，基督教和平主義的精神退到修院運動和某些異端教派中，在那裏薪火相傳，不絕如縷。

在宗教改革時期，路德的社會政治思想把真正的教會和拯救與現實的社會秩序分離開來，使耶穌的某些關鍵的倫理教訓不復適用於社會秩序的維持。路德的這種思路其實是奧古斯丁正義戰爭論的延續。而加爾文派教會也曾把信仰與暴力機器結合。和平主義則成為再洗禮派（Anabaptists，或稱重洗派）主流的一個主要信念和標誌，也是後來門諾會（Mennonites）、貴格會（Quakers，或稱公誼會）的核心立場。

18、19世紀基督教內部對戰爭與和平問題的種種看法多直接源自宗教改革時代。托爾斯泰（Leo Tolstoy）的非暴力主義是這個時期的一個亮點。路德所倡導的思路在近現代也得到了進一步的發展和強化。把耶穌以「無條件的愛」為核心的倫理教訓排除在公共生活之外，限定在個人生活的範圍之內，乃成為不少基督教學者和教會領導人所慣用的解決辦法。在他們看來，要使基督教社會倫理在現實社會當中保持其有用性，必須區分出基督教的公共道德和私人道德。在現代基督教思想界，運用這種進路較為典型者當首推萊因·尼布爾（Reinhold Niebuhr）的基督教現實主義。[12] 他接受公共和私人道德的劃分，認為基督之愛是「不可能的可能性」（impossible possibility），強調正義才「是社會秩序合適的標準」。[13] 他雖然承認愛乃是基督教倫理的最高理想，對正義也有著一定的規範和制約作用，但把它作為直接指導基督徒在政治社會中的原則，則是非常不切實際和不負責任的。

宗教改革以來，雖然對上述觀點持不同看法的人在基督教會內屬於少數派，但他們要求堅持非暴力的原則，反對向文化主流妥協的聲音從未斷絕。而甘地（Mohandas Karamchand Gandhi）結合印度教和基督教和平主義傳統，成功地以非暴力不合作方式推動社會革命，給基督教內的和平主義運動很大的鼓舞和啟發。從第一次世界大戰到第二次世界大戰，除傳統的和平宗派如貴格會和門諾會外，跨宗派的基督教反戰組織也紛紛出現，這種現象在英美特別明顯。[14] 從1960年代開始，無論在天主教會，還是在基督教各主要宗派內，挑戰公共道德和私人道德的劃分法的呼聲愈來愈強。把耶穌所代表的愛與公義的精神均當作基督徒和教會立身處世的準繩，在社會行為中一以貫之，成了愈來愈多教會人士的共識，以及當代基督教社會倫理中一股不可忽視的力量。綜上所述，對於歷世歷代、各國各族的基督徒來說，如何把基督愛的精神身體力行在暴力充斥的人類社會中，如何理解和協調愛與正義的關係，如何「調和基督門徒的身分與公共責任」，[15] 一直是必須面對的重大問題。持不同立場者對愛與正義這兩大主題有著明顯不同的側重。曾有基督教倫理的研究者以「信念倫理學」（ethics of conviction）和「責任倫理學」（ethics of responsibility）、「完美主義倫理學」（perfectionism）和「現實主義倫理學」（realism）來概括和把握基督徒在此問題上的主要分歧。[16] 不管這些提法可以在多大程度上總括基督教社會倫理不同流派的主要特徵，它們的確點出了許多和平主義者重視耶穌原則的完整，而許多現實主義者則強調社會責任和作用的特點。

但是，和平主義與現實主義之間的界線並不總是涇渭分明的，有些基督徒可能反對一切的戰爭和暴力，有些可能有選擇地反對部分戰爭，有些可能認為絕對和平主義的原則只可為部分的信徒所遵從。至於非暴力的動機也會有所側重。有些人反戰可能更多地是出於政治上的考量，有些人則是出於人道的原則。所以當代著名的基督教倫理學者尤達(John H. Yoder)在其一部早期的著作中甚至認為:「我們無法確定一種所有的『和平主義者』共同持守的單一『和平主義』立場,也沒有辦法給它下個定義。我們所見到的是各種各樣反戰立場的集合。」[17] 儘管和平主義有這樣的複雜性,但它確實構成了基督教倫理思想史上的一個重要方面。

基督教傳入中國已經200年。但在19世紀,戰爭與和平在教會內還未成為一個議題。當時中國教會還十分弱小,擔當領導角色的還是西方傳教士。西教士中的多數還是對西方列強以武力打開中國的大門,從而為福音的傳播鋪平道路持肯定態度。到了20世紀上半期,中國教會羽翼漸豐,神學思想和倫理思想日漸成形。第一次世界大戰前後,中國民族主義思想和運動逐步高漲。基督教思想界正像其他思想流派和社會力量一樣,面臨著愈來愈大的壓力,要回答基督教對中華民族的救亡和復興能做出甚麼貢獻,這個問題其實也就是基督教與中國民族主義運動之間,到底應當是一種甚麼關係。由於中國民族主義的主流傾向鼓吹武力抵抗外侮和暴力改造社會,所以與這個大問題密不可分的,便是素有博愛傳統的基督教如何處理戰爭與和平、暴力與非暴力的問題。大致來說,中國教會內部在後面這個問題上可以劃分出3大派別。其一是激進的基督教民族主義者。他們在思想上突顯社會公義概念的重要,從社會理想到社會實踐都積極地向民族主義革命靠攏,而且秉承正義戰爭論的思路,認可革命暴力的正當性。其二是唯愛主義派,他們堅持博愛原則的不可妥協性,反對為達到任何目的而使用暴力,主張以非暴力不合作的途徑來實現社會公正。其三是所謂中間派,他們重視基督信仰的和平性質,傾向於以非暴力的手段解決社會問題,但在民族自衛等極端的情況下不願放棄訴諸武力的選擇。在這3派當中，前兩派在大部分的時間內人數較少，而中間派在教會內一般居多數，而且其立場的模糊性和可塑性也最強，也就是說，他們當中不少人的立場會根據形勢的需要而有時偏向一邊。這3派力量與影響的消長反映著社會環境和時代要求的變化。

本書的下一章將會講到，中國基督教和平主義思潮的興起是在第一次世界大戰前後。在中國教會史上，和平主義常常被稱為「唯愛主義」。唯愛主義的主要代表人物之一吳耀宗曾這樣概括唯愛主義的精髓，說：「唯愛主義主張人類一切關係都應當以愛為原則，並且要用不違反這個原則的一切手段。這個愛是無條件的愛，愛一切的人，連仇敵都在內。」[18]「我們絕對不參加一切戰爭，因為我們信戰爭永遠不能解決問題。我們並且反對一切從恨惡與報復心裏中發生的武力。」[19] 這是對中國教會唯愛主義一個經典的定義。從中也可見中國唯愛主義的內涵與基督教和平主義的傳統是一脈相承的。在我看來，「唯愛主義」一詞似比「和平主義」更多地帶有基督教的色彩，其英文對應詞似應為 agapism，而非 pacifism。[20]「唯愛」更多地指向動機與態度，「和平」更多地關乎行為與結果。既然在中國教會史上，這兩個詞是基本混用的，而且前者最經常地出現，那麼我在本書中也採取尊重歷史的態度，不會人為地硬性劃分，而是一般採用「唯愛主義」的提法，有時也與「和平主義」互換使用。

實際上，徹頭徹尾和始終如一的唯愛論者在中國教會史上始終是屈指可數的。唯愛的陣營總是具有高度流動性，許多並不完全接受和平主義的基督徒在不同時期和不同程度上對這種思想產生過同情，甚至支持，並且針對不同的問題發表過帶有唯愛色彩的言論。有鑒於此，本書把探討的焦點放在最出名的兩位唯愛主義者——吳耀宗和徐寶謙身上，同時也會涉及任何在某些問題上具有和平主義傾向的言論和人物，即使他們並不屬於徹底的唯愛主義者之列。

註釋

1. Peter Brock and Nigel Yong, *Pacifism in the Twentieth Century* (Syracuse, NY: Syracus University Press, 1999), p.ix.
2. 《簡明大英百科全書》，第14卷（台灣：中華書局，1989），頁64。
3. 參 Roger H. Crook, *An Introduction to Christian Ethics* (Englewood Cliffs, NJ: Prentice Hall, 1990), p.218。
4. 參 Martin Ceadel, *Pacifism in Britain, 1914～1945: The Defining of a Faith* (Oxford: Clarendon Press, 1980), p.18; Jenny Teichman, *Pacifism and the Just War: A Study in Applied Philosophy* (New York: Basil Blackwell, 1986), pp.10～11。
5. 參 Lisa Sowle Cahill, *Love Your Enemies: Discipleship, Pacifism, and Just War Theory* (Minneapolis, MN: Fortress Press, 1994), pp.1～2。
6. 參 Roland H. Bainton, *Christian Attitudes Toward War and Peace: A Historical Survey and Critical Re-evaluation* (Nashville, TN: Abingdon Press, 1960), pp.14～15。
7. Crook, *An Introduction to Christian Ethics*, p.69.
8. Guy Franklin Hershberger, *War, Peace, and Nonresistance* (Scottdale, PA: Herald Press, 1969), p.173.
9. Cahill, *Love Your Enemies*, p.26.
10. Bainton, *Christian Attitudes Toward War and Peace*, p.14.
11. 參 Cahill, *Love Your Enemies*, pp.12～13。
12. 尼布爾多年來曾是美國和平主義團體（Fellowship of Reconciliation）的重要成員。1933年該團體內部在和平主義與階級鬥爭的問題上發生分裂，他從此放棄和平主義立場，離開了該社。（參 Ceadel, *Pacifism in Britain*, pp.208～209。）
13. 卓新平：《尼布爾》（台北：東大圖書公司，1992），頁175。
14. 參 Brock and Yong, *Pacifism in the Twentieth Century*, p.92。

15. Cahill, *Love Your Enemies*, p.2.
16. 參 Stanley Hauerwas and D. Stephen Long, "Christian Ethics," in *A New Handbook of Christian Theology*, ed. by Donald W. Musser and Joseph L. Price (Nashville, TN: Abingdon Press, 1992), pp.163～164; William Robert Miller, *Non-violence: A Christian Interpretation* (London: George Allen & Unwin Ltd., 1964), pp.203～204。
17. John H. Yoder, *Nevertheless: Varieties of Religious Pacifism* (Scottdale, PA: Herald Press, 1971), p.10.
18. 吳耀宗：〈吳耀宗覆倪清源〉，載《唯愛》，3期，1931年10月15日，頁18。
19. 吳耀宗：〈唯愛社信條和主張的一個提議〉，載《唯愛》，1期，1931年6月15日，頁17。
20. 吳耀宗曾在1940年稱，「唯愛主義」英文原文應為 Principle of Reconciliation，應譯為「和解主義」。鄭建業：〈我敬愛吳耀宗先生〉，載《回憶吳耀宗先生》，中國基督教三自愛國委員會編（上海：中國基督教三自愛國委員會，1982），頁123。

上篇

中國基督教唯愛主義運動的歷史、思想和處境

第二章

中國基督教唯愛主義運動的興起

一　動盪與巨變中的中國

1920、1930年代，中國依然是內憂外患頻仍。清朝的覆滅和民國的建立，並沒有給中國社會帶來長期穩定和繁榮的局面。1916年袁世凱死後，軍閥派系互相爭鬥、混戰的亂象很快出現，給中國的社會政治、經濟的發展造成了嚴重的阻礙。中國城市地區的民族工業雖然有所成長，但城鄉普遍存在的貧富分化繼續惡化，廣大工人和農民在沉重的壓迫和剝削下，生活愈來愈艱難，社會矛盾在不斷尖銳，勞資糾紛、農民暴動此起彼伏。國民黨完成北伐、統一全國後，雖然採取了一些改革的措施，但並沒有明顯地扭轉中國政治專制、經濟落後的舊格局，也未能從根本上緩解深刻的階級與社會矛盾。

與此同時，西方帝國主義勢力趁著中國的內亂加緊了侵略的步伐。他們一方面利用支援中國的各派政治力量作為代理人來大力鞏固和擴大其在華的利益，一方面對中國人民日益高漲的愛國反帝運動進行對抗和鎮壓，製造了一系列的血案。舉其大者，即有1925年5月的「五卅慘案」和同年6月的「沙基慘案」、1927年漢口「一·三」慘案和「南京慘案」。在各帝國主義列強之中，日本這一時期對華的侵略活動尤其變本加厲、咄咄逼人。它不但直接參與製造了「五卅慘案」，和1928年5月3的「濟南慘案」，更於1931年發動「九·一八」事變，強佔東三省。緊接著於次年在上海挑起「一·二八」事變。然後，在華北地區步步緊逼，不斷蠶食，最終於1937年發起了全面侵華戰爭。

在這種民族危機日益深重的情況下，中國人民救亡圖存的鬥爭進入了一個新階段，五四運動中出現的「外爭國權，內懲國賊」的口號愈來愈成為中國社會中最普遍、最具凝聚力的政治訴求。正如這個口號所點出的，中國的愛國運動沿著兩條線展開。對內，在中國自我振興道路的探索上，五四時期紛紛自海外湧入的思潮提供了五花八門的解決辦法，而馬克思主義、基爾特社會主義和無政府主義等傾向社會主義的理論逐漸在思想界大行其道。中共的成立及其影響的擴大，以及孫中山對民生主義的新解釋，都反映了帶社會主義色彩的左傾革命思想支配了改造中國社會的努力。再加上俄國十月革命對中國思想界帶來巨大的衝擊，馬克思的階級觀和列寧的帝國主義論在青年知識分子中風行一時。中國社會積貧積弱，沉屙難起，非下猛藥，採取激烈的手段，不足以在短期內力挽狂瀾，以避免亡國滅種的惡夢，這種看法愈來愈在社會上佔優勢。那種溫和、漸進的制度改革和文化改造主張很快便為激烈的社會行動和暴力革命的道路所壓倒。其結果是，1920年代工潮、農運蜂起，國共合作發起國民革命和北伐戰爭。在抗戰勝利後，又有國共激戰，而導致政權的徹底更替。

對外，繼五四運動抵禦外侮活動掀起高潮後，到1920、1930年代，收回教育權和廢除不平等條約等成為反帝愛國運動的核心訴求。尤其是1925年以後，牽涉西方列強在內的一系列慘案，使中國人民與西方殖民勢力的對峙一再達到了白熱化的程度。特別是日本多次肆無忌彈的武裝侵略，更使全社會上下羣情激奮，武力抵抗的呼聲節節升高。

五四運動以後中國的愛國革命運動雖然包含對內和對外這兩個側重點，但它們其實是相輔相成的，它們都反映著一種強烈的民族主義（nationalism）觀念和情緒。作為發源於近代歐洲的思潮，民族主義在中國當時的特定環境下以振興國家、反抗外來侵略、捍衛民族尊嚴和國家主權與利益為其關鍵追求。它在中國社會形形色色的思想流派中具有決定性的影響力。有論者是這樣論述這一現象的：

> 近代百多年間，中國始終呈亂象，似乎沒有甚麼思想觀念可以一以貫之。各種思想呈現出一種「你方唱罷我登場」的流動局面，……但若仔細剖析各類思潮，仍能看出背後有一條潛流，雖不十分明顯，卻不絕如縷貫穿其間。這條亂世中的潛流便是民族主義。如果將晚清以來各種激進與保守、改良與革命的思潮條分縷析，都可發現其所包含的民族主義關懷，故都可視為民族主義的不同表現形式。[1]

可以說，任何學說和思想——包括社會政治思想、哲學思想，甚至宗教思想——要在中國立足，都要或多或少地表明其對中國的民族自救自強事業有何益處。民族主義從動機、目標和方法等方面不同程度地規範著其他思想流派。在1920年代沸騰的社會環境裏，主張革命的學說明顯地取得了對各種改良主義思想的優勢，而民族主義所採取的形式也趨向激烈、暴力，疾風暴雨式的革命和戰爭成了1920、1930年代中國歷史的主調。

可以說，民族主義從動機、目標和方法等方面，不同程度地規範著其他思想流派。而隨著亡國滅種的威脅的增大，中國民族主義的表現形態也愈來愈激烈和暴力。任何的思想流派和組織要在中國立足和發展，也必須面對它們與民族革命的關係問題，所以中國教會的領袖人物劉廷芳曾於「九·一八」事變後說：「人人心目中都充滿了救國的問題，無論對那一種組織，那一種機關，都要問，這組織，那機關，對於當前的國難：有何貢獻？有何使命？」[2] 甚至連宗教組織也不能例外。

值得一提的是，在民族主義的大潮面前，基督教迭遭攻擊，承受著巨大的社會壓力，在1920年代的非基督教運動中成了眾矢之的。因其與西方列強之間千絲萬縷的歷史聯繫，基督教被指為是資本家的工具、帝國主義的走狗和文化侵略的先鋒。背著這種歷史的包袱，中國教會所面對的挑戰特別巨大和沉重，它必須要在民族革命中找到自己恰當的位置，在基督教傳統的框架內盡可能表明自己的愛國心，和對中華民族的未來有何益處。誠如燕京大學教授簡又文所言：「基督教是否救國的，及能否救國的，這實是基督教在中國生死存亡之關鍵。」[3] 這個挑戰之所以如此巨大，還因為20世紀初，中國教會剛剛壯大起來，開始具有了較強的自我意識，形成了較為成熟的思想，湧現了一批傑出的領導人和思想家。對於這個剛剛站穩腳跟的教會來說，民族主義潮流的衝擊的確構成了一個生死悠關的考驗。在當時正在浮現和成型的教會社會倫理思想中，基督博愛的精神和非暴力和平主義是一個重要的組成部分。第一次世界大戰之後，唯愛主義運動在教會內也形成了一股力量。毫不奇怪，民族主義和武力抗暴呼聲的節節升高，給和平主義運動所帶來的壓力尤為直接，尤為嚴重。在民族的危機愈來愈要求武力解決之時，基督徒是否還要堅持基督博愛的精神及其相關的非暴力原則，還是要對其重新解釋，鼓勵基督徒投身於愛國的武裝鬥爭中去？基督徒只能作出有時是痛苦的思想轉變和生活決定。這樣一種特殊的歷史環境就決定了中國基督教唯愛主義者思考和回應的特點，以及和平主義運動的命運。總的來看，唯愛主義運動在20世紀上半葉經歷了3個主要階段：第一次世界大戰結束至1925年五卅運動，1925年至抗戰勝利，及1945年至1949年。本章和下章的討論即按照這個歷史順序展開。

二　登上歷史舞台

基督教唯愛主義運動是在第一次世界大戰之後在中國出現的。當時，大戰的規模和慘重後果給西方社會帶來了普遍的危機感和悲觀情緒，也給爭取國際合作與和平的運動造成了肥沃的土壤。國際主義與和平主義的影響盛極一時，威爾遜（Woodrow Wilson）的「十四點計畫」和國際聯盟（The League of Nations）等應運而生。在1920、1930年代的歐美基督新教界，國際主義也獲得了巨大的號召力，而且成為當時海外傳教事業中的一個主題。[4]

在中國國內，1919年的五四運動掀起了反帝愛國的新高潮，「外爭國權，內懲國賊」的口號愈來愈具有社會凝聚力。一方面，軍閥的割據和混戰為西方列強在中國的蠶食與爭奪提供了可乘之機；另一方面，形形色色的意識形態和社會思潮為中國民族自救提供了多種道路的選擇。中共的成立與壯大，及其與國民黨的合作，都表明激進的、武力革命的道路正在取得優勢。

在1920年代初的中國教會內，唯愛的精神之所以得到張揚，既反映了當時部分中國教會人士和西教士對上個世紀以來傳教士依仗西方列強武力保護的事實的反思和懺悔，[5] 也反映了一戰所帶來的強烈震撼。尤其令他們痛心的是當時西歐各國教會在大戰中與本國當局同流合污，助紂為虐的醜行。正如有論者指出的：

> 在戰史中，激烈莫甚於歐戰，際此劇戰，全世基督教，曾無明白之表示，而持曖昧的態度，深可悲也！……基督教之世界大同，四海兄弟之教義，全被戰爭所壓制，奄奄一息，無可收拾。教堂對於徵兵委員會，專事退讓，講經之席，一變而為募兵之台。愛仇謙退之德，暫行擱淺，而傳道之時，且以提倡復仇讚揚帝國，為迎時之論，陷和平之君為慘暴之軍閥，拔十字架而易以利刃，且自稱其祖邦即天國焉。……慈愛之天父，一旦易以復仇之上帝，則大戰收創之局，孰有甚於基督教者！[6]

這類悲劇的出現正是教會「鶩傳教虛名，不肯真心求道的結果」，[7] 說明基督教在戰爭與和平的問題上存在著一系列錯誤的認識。所以，教會必須正本清源，重新發掘和張揚耶穌和平的福音。

另外，1919年以北京為中心的「五四」愛國運動極大地激發了基督徒羣體愛國情緒的高漲。誠靜怡曾這樣總結道：

> 我們不否認基督教會同情中國青年的愛國精神，……我們並不相信教會應當捲入政黨政治，……但是面對民族公正的問題，教會確實有其不可忽略的責任。我們很高興許多基督教學生參與

> 了這場運動，……我們為我們學生們的勇氣、英雄主義和犧牲精神感到自豪。[8]

這樣一種情緒也反映在徐謙、浦化人等人對基督教向來專注救世、救人，而忽視內憂外患的作法所進行的反思和批評當中。他們指出，不能把「政教分離」的原則曲解為漠視國事，「蓋不能救國，則人與世均不能救」。[9] 他們提出了救人、救世和救國並重的所謂「基督教救國主義」，並有成立基督教救國會之舉。[10] 這就使基督教界與正在興起的民族主義運動正面接觸，甚至捲入其中。教會因此必須審視自己的「博愛」與「和平」的資訊，發現其在當時中國情境之下的意義與位置。

就中國國內的形勢而言，軍閥混戰愈演愈烈，戰亂頻仍和社會動盪造成社會上的厭戰情緒不斷增長。誠如吳雷川於1924年所感歎的：「民國十餘年中，最初為帝制而戰，其後為復辟而戰，就一方面而論，也許有人要稱之為義戰，但幾年前有所謂直皖之戰，奉直之戰，現在又有所謂……之戰……之戰，又將何說之辭呢？」[11] 這種情緒的彌漫為和平主義運動的擴展提供了肥沃的土壤。同時，社會主義激進革命思想在中國社會影響的擴大也引起了基督教思想界的關注，教會在思考救國改革的道路之時，必須面對暴力革命與和平改良之間日益加劇的緊張關係。

就教會本身的思想準備來說，社會福音派神學迅速傳播，使得部分基督教知識分子的目光由靈魂的拯救轉向此世天國，即理想社會的建設，並相應地對基督教神學與信仰的主要方面作了重新理解和調整。[12] 按照基督教的社會理念改革社會，就必須發掘「博愛」原則的意義。所以，社會福音神學既是和平主義背後的推動力之一，也為其提供了強而有力的理論武器。日後中國教會中最重要的幾位唯愛主義者無不深受社會福音思想的影響，也就不足為怪了。

在這種國內外、教會內外的大環境之下，和平主義運動在中國教會內的形成和成長可說是水到渠成。1920年代上半期，和平主義運動在華影響擴大的主要標誌之一是唯愛社活動的開展。唯愛社（The Fellowship of Reconciliation）是一個國際性的基督徒反戰組織。其創始人之一是英國貴格會的霍德進（H. T. Hodgkin）。此人從1905年至1910年應英國貴格會國外佈道會之邀在中國四川作傳教士，主要從事醫療和教育工作。回國曾出任該會總幹事。不久即逢第一次世界大戰爆發。據他本人說：「戰事發生及進行的數年中，我始終主張和平，我反對從軍，我們所稱呼為仇敵的德國人，我仍舊和他取友愛的態度，我並且盡力幫助他們。」[13] 1914年大戰開始後，他目睹現存的和平主義組織紛紛背離了原本的理想，轉爾為各國政府辯護，乃聯絡友人，「相約不加入戰事」。[14] 1914年底，130餘位反戰的英國基督徒「不滿教會在大戰問題上所發出的混亂聲音」，[15] 在劍橋集會，霍德進任大會主席。為把分散在各種教會內的和平力量團結起來，此次會議遂決定成立 The Fellowship of Reconciliation。[16] 其宗旨包括4點：「一，個人具無限價值，不應因國際間之糾紛作無謂之犧牲。二，不應擇目的不擇方法。三，精神的努力，足為戰爭之代替。四，成功必須從冒險中得來。」[17] 該社每週集會一次。其成員除了為國際和平作輿論的呼籲之外，「並作服務俘虜，調停勞資間之糾紛，及排解種族間之仇視等工作」。[18] 由於他們拒絕參戰，而曾遭到審判。但他們所發起的運動卻逐步成長，在其他國家陸續出現了分支機構，發展成一國際性運動。1919年大戰停止後，唯愛社曾於荷蘭召開了第一次國際大會，以後每隔數年必在不同國家集會。到1930年代初，唯愛社已經傳播到歐美和亞洲20餘國。[19]

1920年底，霍德進再度來華。[20] 據他自稱，他此行的目的是「要想為中國改造的問題作實地的研究，並且商榷保存東亞和平的方法」。[21] 顯然，他有意要把他的唯愛主義運動介紹和推廣到中國來。在他的推動之下，唯愛社很快集合了在華傳教士和中國基督徒當中的一批持守和平主義信念者，1922年正式在北京成立中國唯愛社。該社總部設在南京，內部有全國委員會，負責主持、研究、宣傳、通訊和執行等項工作。[22] 寶廣林為全國幹事。[23] 在短短的3年時間內，該社便在北京、上海、南京、天津、安慶、成都、廈門、福州開展了活動，並且出版了《唯愛》雙月刊作為宣傳唯愛主義的喉舌，各地分會的活動包括組織研究中西文化和國際種族問題，開會討論時局，調查本地生活、勞工和慈善活動等等。

中國唯愛社曾於1922年在上海舉行全國會議，通過宣言闡述了其基本信仰：

> 我們信，耶穌基督的愛是勝過世界一罪惡，建設我們理想社會惟一無二的能力，並且信個人有神聖的價值。所以我們決定：
>
> 一，我們個人要以耶穌基督的愛作我們生活的標準，並且情願為這個標準給任何的代價。
>
> 二，以互助精神謀社會的進步，並本諸博愛的能力免除社會間競爭和自私自利的行為。
>
> 三，因為我們如此尊重耶穌的愛，所以我們絕對不參加何種戰爭。無論是侵掠的，或防禦的。因為戰爭永遠不能根本解決人的紛爭，並且蔑視人的價值，違反

> 耶穌基督的愛。我們信惟有善可以勝惡，所以無論在何種境遇中，各國應以互相服役為目的。我們個人既有這種覺悟，就應用負責宣傳和實行責任。[24]

這確實是當時中國基督教唯愛主義者們的共識，他們力圖把社會公義和博愛精神緊密地結合在一起，使之相得益彰。唯愛社的規模雖然不大，但起初的發展還算平穩。以北平唯愛社為例，曾每週舉行一次公開演講和討論會，題目包括「領事裁判權」、「關稅」等當時備受關注的問題，到會者可達百餘人。[25] 藉著這些活動，唯愛社起到了把分散的唯愛主義者團結起來，賦予他們以共同的強大聲音的作用。從一開始，在唯愛社的成員中，西教士便較中國基督徒為多。這又從一個側面印證了中國唯愛主義運動的國際性。但是，不能因此得出結論說，中國的唯愛主義運動只是舶來品。

1920年代初基督教和平主義運動在中國的興起，固然離不開國際和平主義運動借著唯愛社這樣的機構所發揮的促進作用，但是也反映了和平主義思潮在中國基督教思想界的生根發芽、嶄露頭角，以及一批持唯愛主義立場的教會知識分子的出現。換句話說，唯愛思想在中國教會的成熟，也為和平主義運動的崛起鋪平了道路。這方面最好的例證是，中國基督教界最著名的兩位唯愛主義者——吳耀宗和徐寶謙——都是在1910年代末和1920年代初開始轉向和堅定了其唯愛的思想觀念。先以吳耀宗（1893～1979）為例。據他自己回憶，在他於1918年決定接受基督教信仰之前，對他觸動最深的便是「登山寶訓」。[26] 有論者指出，「登山寶訓」中所宣示的愛仇人的精神對他神學思想的形成產生了巨大的作用，「所以在1921年7月到1931年的10年中，唯愛思想佔據了他神學思想的統治地位」。[27] 所以，當霍德進於1920年底和次年年初來華開展唯愛社的工作時，曾尋求時任北京基督教青年會學生幹事的吳耀宗的協助。[28] 吳氏本人也於當年5月加入該社，並很快成為其中的骨幹分子之一，曾任中國唯愛社全國委員會委員、主席和《唯愛》的主編。

中國教會歷史上另一位著名的和平主義領袖徐寶謙（1892～1944）於1913年受洗入教後，曾持相當激烈的民族主義的立場，尤其是因為日本的侵華活動而對日本人頗為仇視。從1921年起，他曾數次赴美就學和進修，其間結識了一些日本同學，以後又有機會親赴日本訪問，結果他的觀點發生了變化，轉而擁戴唯愛主義和國際主義。[29] 終其一生，徐氏都是一名堅定的唯愛主義者。他雖然從未正式加入唯愛社，曾自述：「但在主張上，我是完全與唯愛社相合的」，[30] 所以他與唯愛社始終過從甚密，大力襄助。

三　早期的思想

在1920年代上半期，隨著和平主義運動在中國的成長，以及形勢發展的需要，帶有唯愛主義和國際主義傾向的言論愈來愈多地見諸於基督教的報刊，它們從不同的角度透露出當時唯愛主義思潮的主要關懷與進路，反映了基督教對唯愛精神本質及其應用的認識的深化。

第一，當時已經有中國基督教學者指出愛的本體論意義，愛是上帝的根本屬性。這種突出「博愛」的上帝觀明顯有別於突出「公義」的上帝觀。這種新的上帝觀已經帶有社會福音派神學的色彩。燕京大學「生命社」成員和「唯愛社」會員寶廣林的一段論述頗有典型意義。他在一篇發表於1923年的文章中指出：「上帝觀念自然是人類的最高理想了，上帝觀念正確與否，實在足以影響於人生。」[31] 接著，他指出了傳統上帝觀的特徵說：「古代的人，都信上帝是非常嚴正的，賞善伐惡，無所或爽。」而這種上帝觀最終只能支持人類社會中的暴力行為：「有了這樣上帝觀念，於是社會生活，也是恩怨分明，睚眥必報的；寬忍，是不會有的。……推而至之於家庭社會國家國際，無不計及錙銖。這個上帝觀念，便引起了人類的相殺。」[32]

在寶廣林看來，上帝決不是這樣一位好罰好殺的上帝，而是不計人類的冒犯，愛人救人的至尊者。這種上帝觀其實正是耶穌所提出的革命性的上帝觀：「耶穌的上帝，是救人的上帝，不是殺人的上帝，他是天父。……上帝不只是愛人的全體，也更愛個人。不是只愛公正的，也更愛軟弱的。」耶穌所倡導的這種以愛為核心的上帝觀，「真是改革社會的第一步」。[33] 寶廣林的觀點頗契合於以上帝為天父、人類互為兄弟姊妹的社會福音派的思路。社會福音神學與和平主義在思想上的密切關係於此可見一斑。通過這種上帝觀的論證，基督教博愛的精神與教訓超越了倫理道德的範疇，而獲得了上帝觀，或本體論的意義。

第二，唯愛主義的基督論浮現出來，耶穌的一生被視為博愛精神的典範。這種基督論的聖經依據主要是馬太福音五至七章所記載的「登山寶訓」，耶穌拒絕暴力抵抗而死在十字架上的事迹也常被引用。對耶穌唯愛言行比較典型的一個概括如下：

> 耶穌的觀念，根本上說只是一個愛字可以包盡；分析著說，有以下四條：(一)犯而不校，……(二)，以德報怨，……(三)，尚同於天，……(四)，恆久饒恕，……耶穌的言行歸結起來，就是：既有戰爭，既

> 有抵禦，便無人道，便無公義，只是愛，只是饒恕，只是忍耐，全人類無一不是弟兄，無一是仇敵。……世界上沒有一個人能用刑罰懲戒其他的人，即知沒有一個國當用武力強奪其他的國；因為殺人流血，無論如何，都是罪惡。……因為耶穌的道理，完全是愛，只有愛，別無他事。[34]

可見，在唯愛主義者看來，耶穌一生事工的核心內容完全包括在愛的概念之中。而這愛不僅僅是一種道德精神，也是一種社會關係的準則，或者說是一個社會模式。正如有論者所指出的：「耶穌立意，做天國的事業。他卻又曉得天國，並非『空中樓閣』，天國是一種新社會，其中凡一切交際，都以信代猜忌，以仁愛協作代私爭，以謙卑之服務，為無上之尊榮。」[35] 既然耶穌為他的門徒樹立了這樣一個唯愛的榜樣，基督徒便沒有任何理由不效法他，追求他所設定的理想。可悲的是，很多信徒對耶穌的榜樣視而不見，對他的教訓聽而不聞。所以，有人感歎說：「為甚麼後世宗徒，毫不念及；仍自攜帶刀槍去爭戰不休呢？基督在天，當如何歎息！」[36]

第三，在耶穌身上所體現出來的愛，是一種打破了世上一切藩籬的普世之愛，所謂「無有國界，因為國界是罪惡湊成的，無有種界，因為信奉主的人，全是兄弟姊妹」。[37] 這其實就是基督教普世主義和國際主義的精神實質。早期的唯愛主義者震驚於第一次世界大戰所造成的災難性後果，深感提倡國際主義之必要性，因此對基督教的國際主義精神多有闡發。在他們看來，消弭仇恨、世界大同的國際主義乃是基督教的根本理想，所以說「國際的精神根本上就是基督的精神」。[38] 作基督的門徒在這個問題上除了服從以外，並沒有其他的選擇。或者說：「基督教人類以上帝底父格，教人類以寰海逮通愛鄰為己底大道理。所以作他門徒的都承認他們的祖國便是大地本身，他們的教區便是全般世界。」[39] 按照唯愛論者的觀察，基督教的國際主義不僅僅是一種理想，而且有現實的可能性，因為當時全球科技、經濟、文化和宗教的發展已經縮短了各民族、各國家之間的距離，出現了一種「聯合的趨向」。[40] 這證明人類社會是在向著大同前進著。

第四，那麼，基督教在促進國際主義運動方面又能夠具體做出甚麼樣的貢獻呢？首先，「真要使國際主義得最後的勝利，非先創造和培養全副的國際精神不可」。[41] 基督教的信仰中已經包含著世界大同的理想與精神，所以以此普世的精神教訓和薰陶人，必能完成培養國際精神的使命。所以說：「世界上要是沒有提倡和培養國際精神的機構則已，有之，基督教教會當然要算最適宜的了。純正的國際精神就是純正的基督精神；凡是明白基督教底普遍性的，和了解基督教底根本的倫理觀念的人們，自然而然會有一種國際的精神。」[42] 更明確地說：「任何基督教宗派，當其承認為基督徒時，被信仰所覆，不啻已承認加入一『世界的神聖的家庭』，……無論何國信徒，視異邦信徒尤親切於本族者也。」[43] 因此，基督徒之間的兄弟之情，實在是克服狹隘民族偏見和國家隔閡的良藥。這基本上是一種人格改造的進路。

另外，也有人開始走出「精神改造」和「人格改造」的進路而強調教會在組織上對國際性聯合的促進作用。他們常常把教會的國際性聯合看作是國際性協作組織的雛形，和邁向人類社會大同的第一步。正如寶廣林所言：

吾輩應於大同精神豐富之區，有所組織，使之擴大，

> 於荒僻之域，宜設法提倡之創造在之，此種組織，名曰國際間或國際上之聯合——名稱無關緊要——此種組織而實現，當較今日已有之任何基督教團體，其範圍較為廣也！此組織應由萬國真正基督教聯合會產出之，而後真能代表民意，國際聯合，乃獲實效，對於世界之政治，國際間之重大問題，乃可發表一致的基督教意見矣。[44]

1920年代中國教會的領袖人物之一劉廷芳也把1922年剛剛成立的中華基督教協進會，與世界大同的理想緊密地聯繫其來，認為它是對基督教大同理想生命力的一個驗證。他呼籲説：「我們該怎樣努力，先使國內基督教協進會強固完全，然後再與世界各國的基督教協進會握手，達到『天下一家』基督教的大同主義。」[45]

第五，第一次世界大戰結束不久，民族主義的情緒在中國便逐漸高漲起來。如何應對民族主義和愛國主義已經成為中國教會內的唯愛主義者羣體所必須正視的課題。就當時的唯愛主義言論來看，唯愛論者們並沒有對民族主義和愛國主義採取籠統反對的態度，他們對反對外來侵略，維護民族權益的鬥爭持同情和支持的態度，主張「基督徒既是良好底國民，基督教又不是出世底宗教，所以凡社會上所發生的舉動，以及國民應盡的本分，應享的權利，基督徒都當爭先恐後，一致的加入，指導；不當犧牲權利，更不當放棄責任。」[46] 本著這種認識，部分教會領袖和知識分子對「五四」愛國運動持積極肯定的態度，鼓吹基督徒救國運動及其具體措施。

同時，教會內這些最早的和平主義的思想者們也開始以基督「博愛」的精神來理解和評價愛國主義與民族主義，力圖把兩者結合起來,形成一種基督教的愛國主義。他們指出,真正的愛國主義既愛本國本族,又能推己及人,兼愛它國它族,與基督教國際主義是並行不悖的。或者說:「真正的愛國主義,親親仁民,愛自己的邦國愈深,則愛他人的邦國彌篤。他實在是國際主義底一個訓練底場所。」[47] 基督徒本著這種愛國主義,「我們很可以愛我們自己的國,盼望我自己的國能服務於別的國家,將本國一切好的供獻出來為謀求公共的利益,不是謀求己國的私利。」[48]

這與世俗的、狹隘的愛國主義有著根本的區別。早在五四運動前後,徐謙便已經明確指出:「今吾之所謂救國主義者,打破國家主義者也。救國不分人己。耶穌言愛人如己。故救人國與救己國一也。於此世紀,闡明基督教救國主義,使人人持此主義,救己國,救世界各國,基督徒之責也。」[49] 至1920年代,這類對世俗民族主義的評價與分析則更多、更深刻。當時的共識是,許多所謂的民族主義者只以「富國強兵」為目的,「國家的榮光可說完全是強權的,是物質的」,與「軍國主義,政治的朋黨,和階級的爭霸」聯繫在一起。[50] 這種精神體現到國際關係之中,便是「只顧己國的尊嚴,不顧他國的地位;妒嫉和仇恨他的仇敵;不明瞭自己的弱點,也不詳查他國的長處。」[51] 這種民族主義當然是與基督教的博愛精神格格不入的,必須為基督徒所不齒、所抵制。對於民族主義者指責和平主義為「一種夢幻泡影」,有的唯愛主義者以當時國際上政治、經濟和文化的種種聯合趨勢為依據,回擊說:「真正癡人說夢,自己騙自己,不知近世風氣之所趨的還是那些競談自私的偏見的國家主義者,而決不是談國際主義者。」[52]

第六,針對國內軍閥爭權奪利的行為,基督教人士往往以基督的「博愛」精神作為批判和號召的利器。吳雷川在其基督徒生涯的早期頗傾心於「愛」的原則，實在與他對時局的不滿有關。在一篇名為〈戰〉的短文中，他有感於中國歷史上的橫暴充斥，尤其是民初的軍閥混戰，提供了如下兩個問題供基督徒思考：

> (一)基督教是說愛上帝愛人，並且不愛人就不能愛上帝的，是不許一面媚神，一面殺人的，如果作基督徒而從事與殺人，是否合乎基督教義？(二)耶穌是極端主張和平者，他寧可犧牲自己生命，決不肯貶損自己的主張，枉道以徇人，然則作基督徒者，可否因時局與地位的關係，不恤違悖所信仰的教義，而參與禍國殃民的行動？[53]

基督教的和平主義無疑給吳雷川這樣身處亂局之中的中國人提供了一個明白無誤的參照系，反襯出中國現實社會狀況的極端不合理。中國人應當因此而覺醒和奮起。其他不少基督徒作者對內戰的指斥則更為激烈。例如，1924年發表的一篇署名任夫的文章稱：「我們今日已飽受武人相戰的教訓了，試問我們該有何種覺悟與決心？據我想來，第一我們該深切地斷定各種殺人的戰都是罪惡；攻侵之戰，固是罪惡，自衛之戰，也是罪惡；……次之，我們該明白承認人類的天性都是反對戰爭，自信我們反對戰爭，必能得人類普遍的同情。」[54]

為制止內戰，作者除了提出了一些軍事和法律上的措施外，還主張發動大規模的和平運動，積極推行廢督裁軍，這樣不但可以澄清國內局勢，並且可以貢獻於國際性的非戰和平運動。他說：

> ……我們不信兵能制勝，更不信我們能用兵力去戰勝世界各國。不但不能戰勝各國，一國的真文明和真偉大也斷不是能從戰備和武力中產生的。……那麼，我們要督軍要兵幹甚麼？要他們自相殘殺麼？要他們殺我們人民麼？總之，都沒有是處。我們快起來進行我們的主張。到我們的運動在國內已告成功時，我們便可毅然以不養一兵為天下倡，引導世界各國共進於高尚文化的康莊大路。中國人啊！這是一件人類絕大的事工，它究竟能否成功，全視我們做中國人的今後努力的程度怎樣了。[55]

這樣，中國國內和平的反軍閥的運動便獲得國際的意義。

第七，針對影響日益擴大的社會主義思潮，基督教界最常見的回應之一是在同情其反對剝削和壓迫，爭取社會平等的目標的同時，懷疑或反對其暴力革命的手段或途徑，堅持和平改良的社會改革之路。這種回應的和平主義色彩非常鮮明。比較典型的一個例子是張仕章於1922年著文，比較系統地對比了基督教與社會主義。他認為，二者在世界觀、人生觀和社會觀諸方面都頗為一致，但是在實現目標的方法上卻迥然不同。「……基督教的方法是和平的，通俗的，感情的，慢性的，進化的；社會主義的方法呢，他是激烈的，學理的，勉強的，急性的，革命的。」[56] 前者依託教會，從個人改造入手；後者依託政權，從社會改造入手。[57]

這種看法不斷得到其他基督教人士的不同程度的回應。對他們來說，這兩種改革道路的優劣高下是不言而喻的，所以，他們對武力革命道路的批判也就不絕如縷。例如寶廣林曾指出：「……社會主義者，與政治家，宗教家的目的都是想改造社會,不過手段方法不同。政治的革命家,無不主張鐵血主義的。殊不知世界的變化,不能太急,革命家心太急了,於是革命的結果,便是幾個革命家,得到政權,變成政治家,從而姑息一切,就把本來的主張失掉了。」[58] 而且,他明言,這個結論是吸取了俄國和中國革命的教訓所得出的。[59] 更有人呼籲社會主義革命家們「要去掉獨斷的『唯物史觀』,破除偏狹的『階級覺悟』,也不可偏重有機的社會改造,用『武力革命』和『強制共產』的手段。要採取基督所找的新生命,著手個人道德的遷善,人格的提高,用『和平進化』,和『自由共產』的方法。」[60] 這些提法都反映出和平主義對中國基督教社會政治態度的深刻影響。

第八,中國教會中早期的和平主義思潮已經開始從中國傳統文化中尋找思想資源。有的基督教作者指出,中國傳統文化始終帶有和平主義的色彩和傾向,這是中華民族的一筆寶貴遺產,值得發揚光大。一位作者這樣說:

> 我民族文化所以高過世界各國文化之處,就是它的文治主義,就是它主張在仁恕揖讓之中,寓平治天下,輯和萬邦之道,而以力征攻克為卑卑不足道。這種理想是否最適於人類社會,是否我們當奉為人生最高准鵠,看到古文化國存留至今日的惟有中國,有看到軍備精良武力充實的各國時時有同歸於盡的危險,我們至少當認為或然的。在沒有確實證明它為不可行之前,我們該努力保存和發揚我們固有的精神文明,維持永久有力的和平。[61]

作者又頗有針對性地指出:「……軍事上和戰術上的進步,便是我民族最優美文化衰退的大徵兆，應當引為奇恥大辱，不當稍存自滿之意。」[62] 顯然，這主要是在指斥軍閥們的迷信武力。但對當時正在抬頭的民族主義思潮也是一個相當有利的警告。

王治心也把「柔和」定為中國文化的一個主要特徵，指出其與「動極」的西方近代文化「成為反比例」。儘管這種「柔和」、「靜止」的特色在近代以來常常成為嘲笑、批評的對象，其實它「足以補世界文化之偏，救世界文化之弊」。王氏更進一步指出：「不獨中國人有如是精神，基督教道，亦何嘗不勉人以無抵抗的忍受。（太五39～48）可見基督教的精神，實與東方民族的精神異常密切。」[63] 他的後一個觀點尤其重要。其他基督教作者對此看法也多有發揮，積極闡釋中國傳統文化與基督信仰在非暴力、愛和平方面的契合點。

范皕誨曾於1924年撰文考察中國遠古歷史上的重文輕武傳統，又歷數儒、墨、道諸家，認為「沒有一家不是注重和平，反對戰爭的」。[64] 他借用尼采「弱者文化」的說法，指出中國文化和基督教同屬所謂「弱者文化」。不過，他對「弱者文化」的評價卻與尼采截然不同。他說：「……尼采不知道弱者文化遠在強者文化之上。又不知道弱者文化，他的度量，包涵強者文化而有餘。又不知道弱者文化，乃是永遠的悠久的真強的文化，不是暴發的狂熱的偽強的文化。」[65] 而第一次世界大戰的結局標誌著崇尚武力的「強者文化」神話的破產，而「弱者文化」的意義應該重新得到世人的重視。他又告誡中國那些咒罵自己的文化傳統，而迷信西方「強者文化」的人，不要拋棄了自己美好的東西，卻搬來了人家的糟粕。[66] 對於那些極力鼓吹強軍救國的民族主義者，范氏雖然認同其憂國憂民的意識，但呼籲他們認真思考德國失敗的教訓，重新估價中國和平的民族性和文化的價值。[67]

范氏看到，第一次世界大戰以後，人們對武力有了更清醒的認識，更加渴望和平。這對於和平運動來自是一個歷史的契機，所以「吾們應該火急的發揚中國文化，和基督教合作，共造世界的和平大同的將來」；[68]「吾祝中國文化和基督教文化合而為一，而且共同協作，使兩種弱者的文化，能救全世界於水深火熱之中。」[69] 可見，早期和平主義思想中的主流是拒絕民族文化虛無主義，擁護基督教與中國傳統文化的結合的。

總起來看，在1920年代上半期，基督教和平主義運動已經在中國形成。它既受到國際和平主義運動的直接影響，也是中國教會思想界趨於成熟的結果。它對唯愛主義的神學內涵及其社會應用均有了一定的思考與認識，其關注和討論的國內外的問題相當廣泛，這些都為它進一步的發展奠定了基礎。

註釋

1. 羅志田：《亂世潛流：民族主義與民國政治》（上海：上海古籍出版社，2001），頁1。
2. 劉廷芳：〈國難中教會的使命〉，載《真理與生命》（*Truth and Life*），6卷3期，1931年12月，頁1。
3. 簡又文：〈救國的基督教〉，載《真光》（*The True Light Review*），24卷11～12合號，1926年2月，頁24。
4. 關於那個時期國際主義與傳教運動的關係，參 Dana Robert, "The First Globalization: The Internationalization of the Protestant Missionary Movement between the World Wars," in *The International Bulletin of Missionary Research*, vol. 26 no.2 (April 2002), pp.50～66。
5. 參紹明：〈耶穌的戰爭觀〉，載《生命》（*The Life*），3卷7～8期合刊，1923年4月，頁4。
6. 寶廣林：〈基督教的大同主義〉，舒舍予譯，載《生命》，3卷3期，1922年12月，頁3。
7. 紹明：〈耶穌的戰爭觀〉，頁4。

8. C. Y. Cheng, "The Chinese Christian Church and National Movements," in *The Chinese Recorder* (July 1919), p.457.
9. 徐謙：〈基督教救國會成立宣言〉，載《聖報》，11卷2期，1921年2月，頁5。
10. 參徐謙：〈基督教救國主義〉，載《月報》，16期，1918年，頁4～7；〈基督教救國會成立宣言〉，頁1～8；浦化人：〈中華基督徒救國意見書〉，載《月報》，27期，1919年7月，頁18～21；〈中華基督徒救國意見書（續）〉，載《月報》，28期，1919年8月，頁18～21。
11. 吳震春：〈戰〉，載《聖公會報》，17卷21期，1924年11月，頁3。
12. 關於「社會福音」神學的主要特點，可參拙作：〈社會福音神學與基督新教在華傳教事業〉，載《基督教與中國：歷史、神學與對話》，王忠欣編（多倫多：加拿大恩福協會，1999），頁55～76。
13. 霍德進：〈中國在世界的位置〉，胡學誠譯，載《生命》，2卷4期，1921年11月，頁2。
14. 徐寶謙：〈記南京唯愛社會議〉，載《真理與生命》，4卷1期，1929年3月，頁8。
15. Brock and Yong, *Pacifism in the Twentieth Century*, pp.23～24.
16. 參 Ceadel, *Pacifism in Britain*, pp.34～35。
17. 徐寶謙：〈記南京唯愛社會議〉，頁8。另據徐寶謙所述，該社的宗旨「在實現基督教義，反對戰爭，使人生社會的各方面，受理性與愛心的支配」。參徐寶謙：〈宗教隨感錄〉，載《真理與生命》，3卷17期，1929年1月，頁16。
18. 徐寶謙：〈記南京唯愛社會議〉，頁8。
19. 吳耀宗：〈徵求唯愛社員〉，載《唯愛》，第11～12卷，1933年11月15日，頁2。
20. 關於霍德進生平的主要材料來自劉廷芳：〈悼霍德進先生〉，載《真理與生命》，7卷6期，1933年4月，頁1～8。此人於1922年曾出席中國基督徒全國大會，並被選為協進會幹事。1929年他離華赴美，1933年去世。
21. 霍德進：〈中國在世界的位置〉，頁2。
22. 征帆：〈中國唯愛社宣言〉，載《青年進步》，第122冊，1929年4月，頁75。
23. 參徐寶謙：〈二十年來通道經驗自述〉，載《真理與生命》，第8卷4期，1934年6月，頁181。
24. 寶廣林：〈社論：甚麼是唯愛社？〉轉引自阮成國：〈徐寶謙的基督教思想〉（未出版論文）（香港建道神學院碩士論文，1998），頁46。
25. 徐寶謙：〈記南京唯愛社會議〉，頁9。
26. 參吳耀宗：〈一個基督徒的自白——基督教與唯物論〉，載《天風》（*Tien-*

feng, *The Christian Weekly*），102期，1947年12月，頁4；〈我所認識的耶穌〉，載《真理與生命》，3卷11期，1928年10月，頁8～9。

27. 巫國駿：〈吳耀宗先生神學思想初探〉，載《吳耀宗生平與思想研討——紀念吳耀宗先生誕辰100周年》（上海：中國基督教三自愛國會，1995），頁169。
28. 參阮成國：〈徐寶謙的基督教思想〉，頁45。
29. 關於徐氏的轉變過程，可參阮成國：〈徐寶謙的基督教思想〉，頁3、57～58；吳利明：《基督教與中國社會變遷》（香港：基督教文藝出版社，1990），頁192～193。
30. 徐寶謙：〈宗教隨感錄〉，頁16。
31. 寶廣林：〈基督教改造社會的原理〉，載《女青年報》，1923年11月，頁6。
32. 寶廣林：〈基督教改造社會的原理〉，頁6。
33. 寶廣林：〈基督教改造社會的原理〉，頁6～7。
34. 紹明：〈耶穌的戰爭觀〉，頁2～3。
35. 洪煨蓮：〈耶穌與國家〉，載《生命》，4卷8期，1924年4月，頁5。
36. 紹明：〈耶穌的戰爭觀〉，頁3。
37. 紹明：〈耶穌的戰爭觀〉，頁3。
38. 巢坤霖：〈愛國主義國際主義和基督教會〉，載《生命》，3卷1期，1922年，頁4。
39. 巢坤霖：〈愛國主義國際主義和基督教會〉，頁1。
40. 霍德進：〈中國在世界的位置〉，頁2。
41. 巢坤霖：〈愛國主義國際主義和基督教會〉，頁3。
42. 巢坤霖：〈愛國主義國際主義和基督教會〉，頁4。
43. 寶廣林：〈基督教改造社會的原理〉，頁5。
44. 寶廣林：〈基督教改造社會的原理〉，頁5。
45. 劉廷芳：〈中華教會——中華基督教協進會——世界大同〉，載《生命》，3卷5期，1923年1月，頁2。
46. 彭長琳：〈基督徒與國民〉，載《生命》，4卷8期，1924年4月，頁3。
47. 巢坤霖：〈愛國主義國際主義和基督教會〉，頁2。
48. 霍德進：〈中國在世界的位置〉，頁6。
49. 徐謙：〈基督教救國主義〉，頁7；參徐謙：〈基督教救國會成立宣言〉，頁7。
50. 巢坤霖：〈愛國主義國際主義和基督教會〉，頁1。
51. 霍德進：〈中國在世界的位置〉，頁7。
52. 巢坤霖：〈愛國主義國際主義和基督教會〉，頁3。

53. 吳震春:〈戰〉,頁4。
54. 任夫:〈內戰中國民應有的警覺〉,載《青年進步》,78冊,1924年12月,頁3。
55. 任夫:〈內戰中國民應有的警覺〉,頁5。
56. 張仕章:〈中國的基督教與社會主義〉,載《青年進步》,56冊,1922年10月,頁6。
57. 參張仕章:〈中國的基督教與社會主義〉,頁6～7。
58. 寶廣林:〈基督教改造社會的原理〉,頁8。
59. 寶廣林:〈基督教改造社會的原理〉,頁8。
60. 柯豪:〈基督與十三年之中國〉,載《青年進步》,71冊,1924年3月,頁28。
61. 任夫:〈內戰中國民應有的警覺〉,頁3。
62. 任夫:〈內戰中國民應有的警覺〉,頁3。
63. 王治心:〈中國本色教會的討論〉,載《青年進步》,79冊,1925年1月,頁14～15。
64. 范皕誨:〈和平性質的中國文化與基督教在現世界之合作〉,載《青年進步》,73冊,1924年5月,頁31～32。在1925年1月發表的一篇文章中,范氏認為「基督教是東方的世界主義,不是西方的國家主義。……基督教是東方的和平主義,不是西方的競爭主義。」(范皕誨:〈東方的基督教〉,載《青年進步》,79冊,1925年1月,頁8～9。)
65. 參范皕誨:〈和平性質的中國文化與基督教在現世界之合作〉,頁29。
66. 參范皕誨:〈和平性質的中國文化與基督教在現世界之合作〉,頁29。
67. 參范皕誨:〈和平性質的中國文化與基督教在現世界之合作〉,頁36。
68. 范皕誨:〈和平性質的中國文化與基督教在現世界之合作〉,頁29。
69. 范皕誨:〈和平性質的中國文化與基督教在現世界之合作〉,頁36。

備註

第二章和第三章的撮寫版本曾以〈曠野中的呼聲——20世紀前半期中國基督教和平主義運動與思潮〉為題,發表於《基督教思想評論》,總第7輯,2007年第2冊,頁256～285。

第三章

從五卅運動到國共內戰：唯愛運動的起伏

一　五卅運動之後唯愛運動的困境和衰落

1925年的五卅運動大大激化了中國人民與帝國主義列強的矛盾，掀起了全國性的革命高潮，成了北伐的序幕。從那以後，在革命和外患的雙重刺激之下，民族自救的任務變得愈來愈緊迫，民族主義運動也趨於激烈。

在這種形勢之下，正在緩慢發展的中國基督教和平主義運動很快遇到了艱巨的挑戰，一度良好的發展勢頭受到了挫折。唯愛論者們固然也對帝國主義的種種暴行表示憤慨，認同改革社會，振興民族的目標，但在武力抵抗的呼聲日益高漲的環境中，是否還要堅持非暴力的立場，則成為最大的考驗。尤為嚴重的是，基督教因為其與西方列強的歷史聯繫正遭受非基督教運動的批判，被國人目為帝國主義的走狗和資本家的工具，如與民族主義意見相左，則承受的壓力會更大。不足為怪，為數相當多的唯愛論者和唯愛主義的同情者紛紛改轅易轍，把基督教社會倫理中的博愛精神束之高閣，或者重新解釋，轉而強調公義的概念，認可在民族革命中使用武力的必要性。所以，在1920年代下半期，基督教唯愛主義者的隊伍急劇縮小，影響力迅速下降，和平主義運動很快陷入了低潮。

中國唯愛社的命運再次成為和平主義運動處境的晴雨表。五卅運動以後，該社的成長勢頭很快發生了逆轉，變為嚴重的衰退，每況愈下。1929年，徐寶謙所寫下的一段文字相當深刻地道出了唯愛社的困境，及其部分內部成因：

> 我嘗說中國唯愛社之現狀，是一種心理的僵局。一方面，西國社員，應為避嫌的原故，對於中國的局面，不肯說話。他方面，中國的社友，因受國民革命運動的影響，多數已改變其向日所持唯愛的主張，對社務取冷淡的態度。如友人某君，本為唯愛社執行幹事，新近同我說：中國要談唯愛，須在十五年以後。又有友人某君，本為唯愛社之書記，近年來主張大變，以為要救中國，非用武力不可。至於其餘的中國社員，雖無顯著的改變，但求其能有堅決的信仰精進的努力者，實不多見，……[1]

連唯愛社內的部分中方骨幹分子，都對和平主義和非暴力不抵抗產生了根本的懷疑和動搖，其陣營中其他人員的渙散即可想而知了。其中最著名的例子當屬吳耀宗的轉變。正如我們上面提到的，吳氏當時是唯愛社的主要領導人之一。日本對華加緊侵略和中國抗日風潮的高漲對他的衝擊很大。儘管他在1930年代的大部分時間裏堅持唯愛的根本立場，但據沈德溶的研究，他早從1931年「九·一八」就開始有所鬆動：

> 吳耀宗先生在「九·一八」以後的短短四年中間，他在

> 思想上就從「對日不合作」──→「理論上唯愛，行動上支持武力抵抗」──→「同各界愛國人士並肩參加抗日救亡運動」──→「因愛而用武力，不悖唯愛精神」──→「歌頌武力抵抗侵略的精神」，最終完成了他的這一政治思想改變的過程。……早在他從早組織上脫離唯愛社之前，思想上經過一系列的變化，已逐漸拋棄了唯愛主義，……[2]

吳氏最終於1937年2月退出了唯愛社。沈德溶對吳氏的轉變過程的描寫在細節也許並不完全準確，但的確指出了吳氏的思想變化的基本方向。抗戰勝利後不久，原本是中國唯愛主義頭面人物的吳耀宗，便以社會主義革命的堅決支持者的面貌出現，這不能不說是一個巨大的變化。

由於當時唯愛陣營內不少人像吳耀宗一樣開始對和平主義產生了懷疑，結果唯愛社內本已是少數的中國成員進一步減少，例如到1929年，南京唯愛社15名成員中，只有1人是中國人。北平的唯愛社已基本陷於癱瘓。[3] 1929年的中國唯愛社南京會議曾通過一系列決議，充實全國領導機構，加強各地方團體的聯繫，改善其工作等等，[4] 希圖重振唯愛社。但收效甚微。到1932年11月，在僅存的200名會員中，只有35名中國人。[5] 1935年3月，《唯愛》雜誌壽終正寢。全面抗戰爆發前，某些教會人士維持和平、化解危機的努力還時有所聞。譬如，在徐寶謙和顧子仁的主持下，8位中國基督徒曾與5位日本基督徒知識分子於1934年8月14至18日在北京聚會，了解彼此國家內的民情和輿論，以消除誤解。[6] 到抗戰全面爆發後，唯愛社在中國活動空間更小，勉強支撐了數年，便悄然星散了。

八年抗戰期間，唯愛主義所鼓吹的愛仇敵和寬恕之道頗不得人心，伸張正義和抵抗日寇乃是多數基督徒共同的心聲。至抗戰接近尾聲時，唯愛主義還常常被看作一種脱離現實的價值體系，而成為眾矢之的。尤其是在法西斯敗局已定，如何懲治做惡者的問題上，有的基督徒論者對唯愛主義之重視寬恕仇敵提出了尖鋭的質疑。例如，有一位筆名為謝道的作者對唯愛主義作了如下相當激烈的批評：

> 那些專門講泛愛，無所不愛，無原則，無目的的愛，講起來是滿嘴響，多動人呀，我們要愛世界上一切的人，要寬恕一切的罪人，寬恕一切的敵人。其實，我們撕去這美麗的面巾，看看那真的貨色，這不是證明了他們的愛太多，或太豐富，而相反的，只是說明了他們自己的愛，只能像浮萍一樣，在水上飄著，紮不下根。在本質上，這些論調，只是由於用庸俗的中庸主義的結果；而在實際的應用上，正是取消了愛，取消了基督的真理，取消了把基督的福音帶到世界上的具體任務！這無異是糖衣包毒藥！[7]

在作了這番相當尖刻的評價後，這位作者指出，基督教的寬恕其實應該只適用於「朋友」、「同志同道」和「由於過失而悔改的『罪人』們」，「這裏的寬恕，是因為同站在被壓迫者，或同站在追求真理的立場，而彼此寬恕由於不慎或疏忽中帶來的錯誤或過失。」[8] 同時，由於「我國愛基督，愛人民，我們愛世界上廣大的受難者，被壓迫者」，所以「對敵人——人民的敵人，人民的罪人——對劊子手，對法西斯匪徒，對殘害人民的幫兇走狗，我們是絕不能寬恕。我們不但不能寬恕，相反的，我們要求重重的審判他們，懲罰他們，讓正義公理伸張，使基督的愛發揚光大，讓全世界人民睜開眼看見亮光！」[9] 在這位作者所代表的觀點看來，基督徒首先應該本著正義的原則劃分階級和敵我的界限，而一旦這個界限劃清後，愛與寬恕也就不可能是普遍的、無條件的。另外，這位作者溢於言表的憤激之情恰如其分地反映了當時基督教界，乃至全社會的精神面貌，也可以讓我們感受到唯愛主義生存環境之惡劣。

其實，在抗戰期間的基督教思想界，對正義原則的高舉是非常普遍的。特別是在處理社會團體之間和國際關係的時候，正義被看作首要的原則；而基督教博愛的精神更多地適用於個人關係的協調。譬如，1945年4月《天風》上登載的屬名尹德華文章在解說「登山寶訓」時認為，「對私仇應該寬恕，而對公敵必須制裁」，「因為私人利益的被損害，我們可以忍受；而國家利益的被破壞，我們不應坐視。」[10] 他又從分析宗教與政治的區別入手，認為「宗教家所謂仇敵，是指一般性的仇敵，不是階級性的仇敵；即是指私仇，不是指公敵，所謂愛仇敵，就是以寬大的胸懷，無限的愛心去對待這種偶然性的個人私仇，而不是以屈服的態度，奴隸的面孔去對待那種必然性的社會公敵。」[11] 可見，在抗戰期間，基督教的博愛和寬恕的原則只能在個人道德的範圍內棲身，對社會道德的影響則微乎其微。

二　唯愛主義思想的成熟

有意思的是，從五卅運動到「七七事變」，雖然唯愛主義運動在中國開始走下坡路，但卻是中國基督教界和平主義思潮成熟和活躍的時期。[12] 民族的危機與救亡的需要都在迫使唯愛論者們重新審視自己的立場，認真地整理自己的思路，回答別人的誤解與指責，提出自己對時局的看法和對策。而對於一般的教會會眾而言，如果說以前還可以在基督的博愛教訓與武力反抗的需要之間保持一種相對模糊的態度，新的形勢則要求他們必須作出明確的取捨。「九·一八」和「一·二八」事件相繼發生後，金陵神學院的陳晉賢這樣描述了基督徒所面對的困境：

> 我國自去歲九一八與今年一二八受創以來，舉國上下的人，在思想上，都受了極大的刺激；基督徒當然也不是例外。不過在基督徒的思想歷程中，在表示態度時，特別要感受困難，因基督徒有他們特殊的立場，比方說：基督一貫的精神在愛，做基督徒的當然要效法基督的精神，主張愛的方法，但這種愛的方法，和一般人所主張的戰爭的方法，是冰炭不相容的，同時我們基督徒也是國民的一份子，對於日本這次侵佔我們土地的暴行，既不能毫無表示，更不能絕不主張不抵抗，而一人所主持的武力抵抗主義，又是我們平素以愛為懷抱的基督徒，所不敢贊同的，於是矛盾的心理，就產生了，如果這種矛盾的思想，在基督徒的心中，一日不剷除，則對於我們基督徒的信仰上，和生活上，都要發生不安的現象，……[13]

毫無疑問，是否還要堅持非暴力的原則已經非常尖銳地擺在中國基督徒面前。在1920年代下半期和1930年代上半期，教會內在這個問題上曾有過相當廣泛的討論。同一位作者在「九·一八」發生尚不到一年的時候，即從35種教會刊物內搜得各類有關文章達176篇。這些文章在異口同聲地譴責日本侵略行徑的同時，對基督徒應採取的態度和對策發表了不同的看法，互相之間還有過相當激烈的爭辯。在這些文章與辯論中，唯愛主義者的思想觀點得到了較為透徹的說明，我們據此可以整理出他們思想的主要組成部分與思路，及其這一時期的特殊關懷。

1. 唯愛的上帝論和宇宙論根據

首先，我們應當注意到，這時期的唯愛論者對唯愛主義上帝論的根源作了更為明確，更為詳盡的闡釋。「愛」是上帝的根本屬性，也是宇宙的普遍原則。這使博愛走出了倫理學的範疇，而進入了本體論、宇宙論的領域，獲得了更為堅實的基礎。吳耀宗進一步發展了他早期的愛的觀念。在他看來，基督教所持守的「愛」其實就植根於人性之中，「這個愛的根苗，是種在個個人的心內的，如果不把她傷折，遇見了時機，她就要勃發而長大，把萬有都陰庇在她翅膀之下。」[14] 所以，基督之愛乃是人性之愛的昇華。這昇華的愛便是支配宇宙的原則：「愛是人類經驗中最寶貴的一件東西，而且是人類生存的一個要素，因為沒有愛，人類自己就會消滅。萬有的生，與人類的生，同是一個理，所以維持人類生命的，與維持萬有生命的，都應當是同樣的東西——愛。萬有是有主體的，這個主體就是上帝，上帝的中心就是愛。」[15] 這種以愛為核心的上帝觀體現在人論上，則是對人的價值肯定，以及對人類之間兄弟之愛的張揚。用吳氏自己的話來說：「上帝是一切生命的根源，上帝是父，我們是子，人類都是弟兄，甚至人以外一切有生無生的萬物，在上帝的眼中都是神聖的。……人既是與上帝同體，所以人是絕對有價值的，不應當被看為一種手段與器具，受任何組織、制度、個人、團體的壓制與利用。」[16] 這樣，對一切生命價值的肯定便為否定暴力鋪平了道路。

另一位名為新銘的作者則循著類似的思路，把「愛」確定為宇宙間最大的力量：「其實宇宙最大的力量是『愛』，愛有無上的威權，是維繫一切的；宇宙一切的背景，都有上帝(愛)的存在。聖經說：『上帝是愛』，可知『愛的力量，就是上帝的力量』，『上帝的力量就是愛的力量』，所以宇宙的最大力量是『愛』，這句話是不會錯的。」[17] 愛同時也是普遍存在的一種力量：「世界上無論有甚麼的建設——有真、美、善，這種完美的作為的，一定少不了『愛』來做她的惟一原素。……所以在基督教看來，人類有三件重要的事：一是要有『信仰』，一是要有『希望』，一是要有『愛心』：但這三件事之中，還是要以『愛心』為最要，最大。」[18] 這些言論清楚地表明，唯愛主義是有其上帝論和本體論的維度的。唯愛論者要在社會倫理的領域內自成一說，自成一派，必須在上帝觀方面要有獨特的理解。很明顯，他們大為拓展了「愛」的主題在整個基督教思想體系中的地位和作用。「愛」不但是上帝自身，而且是統禦基督徒信念、人生的基本原則。這後一點在唯愛主義的基督論裏又得到了強化。

2. 耶穌與「登山寶訓」

在唯愛主義者看來，耶穌的一生便是唯愛與非暴力的典範，他的「登山寶訓」(太五至七章)便是基督教和平主義的精髓。在社會各界，甚至基督徒自己都對和平主義產生了質疑的時候，唯愛論者均提出耶穌的榜樣，突顯唯愛在耶穌思想和教訓中的核心地位，發掘其精義，消除人們的誤解。吳耀宗是這樣來描述耶穌的基本精神的：「耶穌的主張最突出的一點，就是他的唯愛主義。」[19] 「他愛人類，愛個人，愛兒童，愛軟弱的病夫，愛無告的罪人，愛花，愛鳥，愛宇宙與人類一切的美。同時他嫉惡如仇，用警告，用震怒，用信心，用溫柔的聲音，用婉轉的譬喻，用愛用血，去做拯救迷路的人。」[20] 顯然，吳氏並不否認耶穌強烈的正義感，但是耶穌對和平的嚮往和對暴力的拒絕卻使他與當時反羅馬的猶太革命者們區別開來。其他唯愛論者也看到了耶穌的資訊在當時社會環境中的獨特性。例如《真光》雜誌曾載文指出：

> ……基督為甚麼不肯依著當時的民眾的理做去，成一個時勢的英雄，成功的俊傑呢？這種原因，在聖經中，處處可以求得，就是這種方法和目的，都和他的人生觀，他的人生目的，背道而趨；他很高的人生目的是甚麼呢？他的目的，要造成一個上帝的家，在這一家中，以上帝為父。以大眾為兄弟，這是一個大同的家庭，無論羅馬人，撒馬利亞人或猶太人，皆為兄弟，無分彼此，無分高下。這是基督的人生目的，這也是基督徒的人生目的，這種人生，是以家庭觀念為根本，世間一切制度，一切方法，苟違反這理想的家庭觀念，皆非基督所願。爭競之心，報復之念，都不是他所願聞。昔人有怨必報，以目還目，以齒還齒，可是基督的說理，完全和此說相反。……
>
> 基督將一切的法，一切的福音，一切的聖訓總結起來，造成了一種愛的真理—家庭的倫理觀念，愛神和愛人。我們在家庭裏面，愛我們所喜歡的，也愛我們所不喜歡的，一視同仁，盡力相助。「愛你們的仇敵，恨你們的要待他好，詛咒你們的要為他祝福，虐待你們的要為他祈禱」，這是基督的精神，這是世間的真理。[21]

這段話是對基督博愛精神的精闢概括。它説明了，基督超越了人性中的競爭和仇恨，也因此超越了民族主義等一切意識形態和社會運動，他要達成的理想是不分種族和階級的人類大和解。也可以看出，唯愛論者所描繪的耶穌形象是有相當強烈的針對性的，他們同意「基督原是一個熱烈愛國之人——他愛國之熱度，比較我們，恐怕還高幾點」，但是特定民族的自由並非他的全部理想，民族主義也不是他的根本信念，所以「基督以為『國家主義』不是一件絕對的東西，須要和其他的主義——個人主義，世界主義——相輔而行。」[22] 或者說，在基督那裏，愛國的情緒總是受制於他的博愛精神和大同主義，才形成了他特立獨行的社會倫理觀。

耶穌的「登山寶訓」中最招人非議的是他「愛仇敵」的教訓，特別是「有人打你的右臉，連左臉也轉過來由他打」（太五39）一句。尤其是在當時的中國，這些教訓被斥為「奴隸道德，這是耶穌教我們亡國，這是耶穌叫被壓迫的勞動者，永遠忍氣吞聲，靜靜的做資本家的奴隸，死死的受他剝削，……」[23] 所以，基督教的倫理道德對於中國的民族救亡和社會改造是有害無益的。這是當時基督教的批評者常常持的一種論調，對基督教的社會形象也極具殺傷力。因此唯愛論者紛紛起而替「登山寶訓」的不抵抗主義辨析。他們一致認為，耶穌並不是在主張對邪惡的逆來順受，而是樹立起一種精神境界，使達到此境界者能夠以「愛」來克服「惡」，對強暴施行精神的抵抗。所以吳耀宗說：「唯愛主義不是消極的無抵抗，乃是積極的愛；消極的無抵抗是懦夫的所為，積極的愛，是大勇的努力。」[24] 當時金陵神學院的學生、以後任職於中華基督教會總會的張雪岩對此作了更為詳細的說明：

耶穌並不是消極，也不是無抵抗，他乃給了我們一

> 種抵抗的進攻的新武器，那就是更高的無限的善意。……這種作法表面看似乎是甘受強暴者的欺凌，情願作他的奴隸。然而事實卻正是相反。……因為這樣的態度，其立場不是由於懦弱，乃是出之積極的徹底的愛。他用拳頭來打你，你以愛的感力來還他，請問那是最後的永久的力量，是拳頭還是友愛！不過要達到友愛卻不是對立的兩恨所能造成的了。[25]

「登山寶訓」之所以是強者的道德，乃是因為它重在精神感化的力量。正如有論者所指出的：「耶穌的教訓，並不是叫我們做萎靡不振的弱夫，他叫我們要做頂天立地的勇者，具有抵抗的實力，而取無抵抗的方法，得更上的效果。以其用動的武力抵抗，不如用靜的愛抵抗，使敵人心眼發生畏敬的觀念。世界趨向和平的道上，建設所謂『愛的天國』」。[26]「耶穌所用的政策，是戰勝罪惡的一種新方法。用善德去克服邪惡，用仁愛去克服仇恨，用正義去克服不義。」[27] 所以，在耶穌的身上，基督教和平主義的精髓得到了最完美的詮釋。

唯愛論者既然把「登山寶訓」視為耶穌的核心教訓，那麼對有人利用馬太福音二十四章6節和路加福音二十二章36節等經文來鼓勵基督徒參加戰爭行為，頗不以為然。他們堅持，「唯愛」是耶穌一生言行貫徹始終的主線，「耶穌一生卻沒有留下一個殺人的榜樣。戰爭不過是一種大規模的殘殺罷了。」[28] 靠曲解個別的新約經文來認可戰爭行為，不但會與耶穌的一生發生明顯的矛盾，而且重犯了第一次世界大戰期間許多歐洲國家的基督徒打著信仰的旗號自相殘殺的歷史錯誤。所以，有唯愛論者公開勸戒道：「凡有人主張與日本開戰，還不如不引耶穌的榜樣或他的教訓為優。與其說耶穌是主張武力的，毋寧說耶穌的宗教在這種情況之下是不適用的，否則他的教訓『須愛你的仇敵』，『使人和睦的人有福了，因為他們必稱為上帝的兒子』豈非自相矛盾呢。」[29] 對唯愛主義者來說，耶穌的唯愛立場是明白無誤的，用他的例子來鼓勵參與武力，是一件無法接受的事情。

耶穌的非暴力的立場決定了基督教的和平主義的性質。有唯愛論者這樣總結基督教的和平本質說：

> 基督教是沒有侵略的和平，……基督教是沒有抵抗的和平，……基督教是沒有階級的和平，……基督教是沒有狹隘的和平，……基督教主張上帝為人類的父親，人類都是上帝的兒女，不拘那一種那一族，都是兄弟。……基督教的和平就是從博愛，互助，平等，自由裏產生出來的。因基督教是博愛互助的，自然就沒有侵略的行動，抵抗的作為了。因基督教是平等自由的，自然也就沒有階級的制度，狹隘的偏見了。所以就知道，基督教的和平主義，是根本的主張，徹底的討論，不是屬於外面的皮毛的。[30]

因為耶穌的榜樣，和平主義和國際主義成了基督教的根本追求和原則，基督教的價值觀是對仇恨、偏見和暴力的批判和否定，這便是唯愛論者所不能妥協的立場。

3. 和平主義的實踐和措施

基督徒既自稱為基督的門徒，則除了追隨基督的榜樣，把「登山寶訓」的教訓身體力行以外，沒有甚麼其他的選擇。五卅運動以後，基督徒在中國社會中經常承受著放棄和平主義立場的強大壓力。所以，唯愛主義的堅定信仰者們感到有必要一再提醒和勸勉基督徒們，作為耶穌門徒的責任。例如，有位名叫李次芬的作者在論述了基督教和平主義的內涵之後說：「我們作基督徒的，當有耶穌那樣的精神，把我們基督教的和平主義實行出來，那麼世界的和平，必日有進步。」[31] 另一位作者發問道：「我認為他（耶穌）所發明的原則，（愛的原則）是世界上惟一的希望，因而我稱自己為他的門徒。朋友們！你怎樣呢？若是這種教義不合你的思想，請你另作別人的門徒罷！」[32] 有的作者指出，信徒為時局環境所迫而在個人和社會生活中放鬆唯愛的原則乃是歷史上一個屢見不鮮的悲劇，「假使普世的基督教會，始終能一致的主張，一切信徒非但須受浸禮，且必須實行耶穌的主義，那麼，世界的戰爭，早已絕迹了。」[33] 換句話說，世界為戰爭所苦，歷代未能貫徹耶穌原則的信徒難辭其咎。

許多人之所以發現「登山寶訓」在現實中難以實行和堅持，是由於它普遍被人認作「太空洞，太理想，事實上是辦不到的」。[34] 儘管基督博愛和犧牲的精神一直廣受尊重，但在中國國難臨頭的局勢中，對它的實用性和有效性的懷疑的確大大限制了其社會影響力，使之成為陽春白雪。不少唯愛主義者對這種困境是有清醒的認識的，他們極力論證唯愛主義的現實可行性。這方面比較突出的例子是張雪岩所撰寫的〈登山寶訓有實行的可能否？〉一文。他把「登山寶訓」歸納為一種忘我的人生哲學，並且舉出甘地、胡適和賀川豐彥[35]對「寶訓」的讚賞和實行來説明「登山寶訓並不是虛空的臆説，乃是最切實際最合人生的教訓。」不過，他也承認，要真正把握「寶訓」的精髓必須付上很大的代價，「那代價是甚麼呢？就是同苦行家那樣有決心把自私自利嫉妒紛爭惱恨等一切私有財產完全放棄」，[36]也就是說是一次生命的徹底改變。

而且，唯愛論者也的確針對當時的形勢需要提出了一系列具體的救國措施，努力把基督博愛的精神轉化為實際的步驟。首先，唯愛主義者一般是擁護當時在中國教會十分流行的所謂「人格救國」論，贊成「基督教的使命則在建設心理，脱度人生，創造人生。」[37] 也就是說，在挽救民族危亡的鬥爭中，基督教最能做出貢獻的地方在於改造人民的精神面貌，樹立健全的心理與人格。在全體國民的人格再造方面，金陵神學院的黃敬三撰文指出，導致我國積貧積弱，飽受侵略的根本原因還是國民性的缺陷和陋習，所以基督徒的使命在於「認罪神前」、「祈禱上帝」、「宣傳真理」，

> 使上帝的公義聖潔得普遍和充實人類的心靈，恢復認為固有的純潔的天良，使全世界皆俯伏於仁慈上帝的足前，以主的犧牲和服務精神代替人們自私自利之心，以刻苦奮鬥代替懶怠苟安之念，加以公義，聖潔，虔誠，忠信等等，人們應有也是原有的諸美德，和基督博愛的精神，養成人們健全的人格，則貧國弱種的根本罪惡必無所寄，這樣我國自能達到強手的境地了。……我們實實在在很清楚地知道除了基督的真理，無以造就健全人格的人民，缺乏健全人格的人民，國家必不能達到興盛的地位。[38]

當時，教會的領袖人物劉廷芳也曾說：「教會的第一個使命是堅固國人的信仰。……教會的第二個使命是痛責中國的罪惡。」[39] 而吳雷川等人還沿著相同的思路鼓吹耶穌的人格對民族復興領袖人才的助益。[40] 一般來說，唯愛論者對基督信仰這

方面的作用並無太大的異議。

不過，唯愛論者對基督徒自身的精神改造的內容則頗有獨到的見解。《真光》雜誌1926年2月號登載的一篇題為〈愛國的基督耶穌〉的文章針對基督徒做出了如下的呼籲：

> 第一，基督徒應當愛自己的同胞，對於本國的最高目標，必要奮志努力。真正的基督徒，對於愛國二字，決不務空談，而從事於實際助人的工作，竭盡心力，以效忠國家。……我們現在最重要的使命，就是要使民眾都覺悟起來，知道愛國的真義，互助的利益，國家最高的目標，也要使他們徹底明白愛國，決不必含仇恨他國的意思，因為在各個國家以上，還有一種人道主義，實是最大的權威。
> 第二，……我們要照著救主的聖訓而行，所以，一個真正的基督徒，決不當仇視異族，時懷報復。……弟兄們，除惡之道，除了行善報惡外，別無他法，我人決不可以惡報惡，以撒但的兵器來剷除撒但。……[41]

這段文字實際上道出了一個唯愛的愛國基督徒所必備的兩種精神：愛國之心與博愛之心。前者決定了他不能對國難置若罔聞，不能對救國袖手旁觀；後者決定了他不能無條件地認同當時民族主義運動的主流。愛國之心不等於仇外之心，仇恨與報復的心理必須被清除。吳耀宗對這樣的唯愛主義心理改造也非常重視。他觀察到支配人們生活的是「競爭」、「報復」和「虛偽」3大原則，並主張用唯愛的原則加以徹底的改造：「唯愛主義的生活，就是要將競爭變作互助，報復變作同情，虛偽變作誠實。」[42] 張雪岩亦曾把「登山寶訓」的八福的要點歸納為

「虛心」、「溫柔」和「清心」3種精神品質，[43] 它們儼然就是唯愛主義者的精神標誌。可見，對唯愛主義者來說，唯愛首先是一種精神境界，只有先達此境界，才能形成與之相配的生活方式，才能有益於民族和國家。這其實是唯愛主義版的「人格救國」論。

其次，國際主義一向是唯愛主義的孿生子。在1920年代末國際局勢趨於緊張，中國外患加劇的情況之下，不少唯愛論者對之寄予厚望，把它作為戰爭的惟一有效替代物來加以鼓吹，具體的辦法是本著基督的大同精神，加緊和改善對外宣傳與溝通，強化國際性合作組織，以化解國與國，民族與民族之間的成見和怨恨。從這種認識出發，遼寧省青年會的幹事張松筠於1929年發表文章呼籲：

> 現在國際間的情形，即是弱肉強食，百般的侵略，現在的教育，當積極主張，各民族的諒解與國際的親善，促成人類平等，彼此相愛的生活。現在的基督教是當負這個使命的。在國外作宣教士者，對於國際間問題尤當主張公道，不當身居弱國，而坐視其被侵略，將宣教與國際民族平等，認為二事。中國基督徒，當在國內擔負這個使命；大聲疾呼，懇切實行，使帝國主義者，有所覺悟，痛改前非。[44]

這種主張是在肯定基督教具有國際主義思想資源的前提之下，重視精神感召的作用。也有一些唯愛論者強調國際性團體的作用。譬如吳耀宗曾指出：「世界和平，恐怕不能用政治的方式去實現，……將來真正能進世界於大同的還是那些打破國家界線，以主張和興趣為聯合基礎的國際團體，現在這樣的團體已經不少，如勞工界的團體，學術界的團體，宗教界的團體等。」[45]

隨著日本加緊對華侵略，特別是「九·一八」事變之後，如何抵抗日寇成為全國各界注意的焦點。對中國教會的唯愛主義羣體來說，如何根據基督教博愛和大同的原則來厘定對日的態度和策略，乃是當務之急。一般來說，唯愛論者重申：「……戰爭——無論是侵略的，是防禦的——不是解決問題的方法。」[46] 所以，他們並不認為武力抵抗是最好的辦法，而寧肯採取和平的抵抗辦法。毫不奇怪，有的唯愛論者對當時國民黨政府對日奉行的不輕易訴諸武力的忍讓政策頗有好感，說：「中國既將她的事件訴諸正義和法律，她已經得到了世界的同情和擁護了。所費時間雖是較長，她的結果可望圓滿。」[47]

當時，唯愛論者所提出的非暴力的抵抗辦法主要有兩點。其一，肯定抵制日貨等與日本不合作的措施，鼓吹：「我們基督徒，不論是華人還是西人，不論身在中國還是他方，都應該全心全意地投身抗日不合作運動中去。」[48] 1931年10月15日出版的《唯愛》雜誌上發表文章，列出了當時上海對日不合作運動的一系列具體措施，並表示贊成：「不購日貨，不乘日船，不存款於日本銀行，不用日本紙幣，不登日人廣告，不受雇於日人，不售貨於日人。」[49] 在唯愛主義者看來，不合作運動的目的一方面是對日本軍國主義暴行的抗議，另一方面也是要喚起日本國內開明的力量的良知，起來反對和遏制本國政府的倒行逆施。[50]

其二，與其他的中國基督徒一樣，唯愛主義者對大多數日本基督徒在本國政府的對外侵略行徑面前所保持的沉默態度非常失望，甚至憤怒。但是，他們沒有對日本的基督徒羣體絕望，而是堅信「在武力佔領中國領土的問題上，日本並非鐵板一塊。」[51] 日本社會中仍有反戰的開明人士，只不過他們思想暫時被本國的反動勢力所蒙蔽，或者他們的聲音被本國的政府所壓制、封鎖。[52] 中國的基督徒如果不願意參與武力抵抗的行動，那麼「我們就應當聯絡兩國國民的覺悟分子，用民眾運動的方法，去打倒日本的帝國主義。」[53] 時任華中大學校長的韋卓民在1938年所發表的一篇文章中，質問教會應該在這種情況下做些甚麼。他自己的回答是：

> 首先，它必須向中國和日本宣告，戰爭不能解決問題。解決中日問題的辦法應基於這樣的意願：像親兄弟般善待對方而非互相看作潛在的敵人，認識到建立在上帝父權基礎上的人類間弟兄關係是指導國家、團體和個人之間關係的基本原則。
>
> 當人們陷入戰爭狂熱時，教會必須宣告，即使是在交戰國家，教會依然是教會。提醒中日基督徒們教會的危險，即教會比教徒更具愛國熱忱。
>
> 世界各地的基督徒須盡力分擔中日基督徒的苦難，與他們一起祈禱，讓中日基督徒們能在苦難歲月中更深刻地感受到全世界教徒的友誼。[54]

本著這種思路，唯愛主義者始終把加強中日兩國人民的溝通，促使日本民眾的悔改和覺醒視為非暴力不合作策略的重要組成部分。

總而言之，1920年代下半期至1930年代上半期，在唯愛主義的可行性和有效性愈來愈受到懷疑的情況之下，其信仰者非常重視發掘和平主義可以為中國的民族救亡事業所能夠作出的實際貢獻。從「精神抵抗」到「國際合作」，連唯愛論者自己都承認「唯愛的效果是很慢的，有時幾乎看不見。」[55] 不過，他們所要追求的是基督教價值觀的完整性，和解決人類社會的根本、長期的問題，他們短期解決辦法的乏力也就是可以理解的了。

三　對民族主義的回應

隨著五卅運動以後中國民族主義高潮的到來，中國教會中唯愛主義分子對民族主義的思考與回應，也達到了一個新的水平。五卅運動前後，中國教會雖然飽受民族主義運動的批評與衝擊，但佔壓倒性的意見並沒有對民族主義採取一概否定或全面認同的態度，而是作了具體的分析。唯愛論者對這種分析是非常贊同，積極認同的。沿著早期就已出現的思路，他們將近代以來的民族主義分為兩類：合理的或「自衞的」民族主義，以及極端的或「侵略的」民族主義。[56] 前者是指弱小民族為爭取本民族的自由和獨立所作的奮鬥，也包括發揮本民族的特長和文化傳統，同時力求使本民族與其他民族和睦相處。對於這種民族主義，唯愛主義者持予以肯定和支持的態度，「因為基督教的理想，是使各國在世界的家庭裏，各獻所長，去謀求共同的幸福。博愛二字是基督教對於國際關係的標準。蓋一國自身的發展，在乎她有無使他國發展其特長的愛心。」[57] 所以，他們主張：「凡國家主義之能使一國一族發展其固有的特性，光大其文化的使命，並使之對於他國他族作重大之貢獻的，無不當極力鼓勵。」[58] 站在這種在自衞和爭取民族權益的角度上，唯愛論者對中國當時的民族革命是給予熱烈的支持的。事實上，這種合理的民族主義與國際主義不但不相互妨礙，甚至還相互輔助，「因為我們決不能離了固有的團體，去憑空服務人羣。一國一族文化的特長，如果用以服務人羣，其自身也必獲得發展的機會。如果有時不能單獨的去服務人羣，就當與他國他族，聯成一體，去盡他服務人羣的天職。」[59] 所以真正的民族主義是具有國際主義的眼光的，是通向國際主義的途徑。「凡真正的國家主義，必受基督教的擁護。」[60]

另一種近代以來驅使一些西方國家走上帝國主義和殖民主義道路，並釀成了第一次世界大戰的民族主義，在實質上是「獨尊自國，藐視他國，還要用武力經濟和陰謀政策，去侵略別國，務要將別種人所愛的民族，吞併在己國版圖之內。」[61] 這是一種部分人利用人民的愛國情操追求本民族私利的利己主義，它依賴武力，靠犧牲別人的利益來達到自己的目的。從唯愛的立場看來，「這種國家主義的概念是與基督教相反的，因為基督教的主張是人類都是弟兄，並且我們願意人怎樣待我們，我們就要怎樣待人。」[62]

按照一些唯愛主義者的觀察，這兩種不同的民族主義在中國都存在，並且都在爭取對中華民族未來的主導權。一位名叫恩乃斯（T. Ennis）的傳教士這樣描述當時的形勢說：

> 如今在中國有一個滿有戲劇意趣，而勢力不平均的競賽，就是那走錯了路的國家主義——帝國主義——與理性化的國家主義——普世平等及博愛——的競賽。簡言之，就是基督教與物質主義的競賽。這種帝國主義的或近代的國家主義的政策，主張先開發中國的富源，然後製造一個帶帝國主義彩色而且強有力的國軍，就可以使中國與美，英，法，日並駕齊驅，使中國為抱帝國主義的第五強國。這個形勢不是一個可樂觀的。歷史如果能教訓我們，從現在起再過五六十年，帝國主義的中國，將來也必走戰爭或滅亡的途徑。[63]

可見，唯愛論者們對一味追求富國強兵的民族主義是有著非常深重的疑慮的，甚至認為它代表著一種相當危險的趨勢，會使中國重蹈帝國主義列強的覆轍。而基督教所倡導的民族主義則對這種極端的、狹隘的和物質的民族主義形成了真正的挑戰。綜合當時受唯愛思想影響的基督教知識分子對民族主義的批評，他們的質疑有以下3個要點。

第一，他們指出，無論從基督教的社會思想，還是從人類歷史的發展進程來看，民族主義都不代表一種絕對的理想和價值。首先，民族主義的眼光局限於某個特定民族的歷史、文化和利益，缺乏基督教對個人價值和世界和平的關懷。嶺南大學教授招觀海曾經以耶穌為榜樣分析道：「雖然，基督愛國之感情，無論如何熱烈，但從未曾把國家一個組織——或民族的團結——當作一件絕對的東西看待。就他的眼光看來，因為國家或民族不是絕對的，所以承認『個人主義』有存在之地位。因為國家或民族不是絕對的，所以承認『世界主義』有存在之地位。」[64] 所以，民族主義的價值不能被過度膨脹，它應該受到其他一些條件的限制。其次，還有的作者指出：「他〔筆者按：指愛國主義〕不過是人類的文明進程中，所經過的一個階級，不是人類文明的最高理想。……但人類富有無厭盡的合羣性，和進化力的，『愛國』的一個程式，不過比較『愛鄉』，『愛族』者僅高一級罷，我們哪肯就此裹足不前，我們哪肯幾度徘徊的，眷戀著這一個程式，不更求其更高更大的呢？」[65] 換句話說，民族主義是階段性和過渡性的，基督教的社會理想從不止步於國族之愛，而著眼於世人之愛。

第二，戰爭的心理動力是仇恨和偏見，其後果是毀滅。得勝者也許會得逞於一時，但必然會煽起復仇的火焰，最終怨怨相報，永無止境。唯愛論者總結歷史的經驗，把這看作一條鐵律，也是反戰的最有力的論點之一。中國基督教界的唯愛主義者也以此來挑戰主張武力抵抗的民族主義。在「九·一八」之後全國一片抗日熱潮中，吳耀宗曾公開宣稱：「……戰爭作一種手段，無論誰勝誰負，只有使彼此的仇恨增加；仇恨一日存在，則世界的和平永無實現之時。」[66] 這條規則歷經人類戰爭史的檢驗，更有結束不久的第一次世界大戰血的證據，所謂以暴易暴的方法，「試驗了再試驗，早已完全失敗了。大戰的慘劇，屍積成山，血流成海，世界的文化，幾乎完全破滅，人類的道德，幾乎完全消亡，我們豈可不像基督一樣，反對戰爭嗎？」[67] 而對軍閥混戰記憶猶新的中國唯愛論者，對戰爭的本質有一層更深的認識。他們看到，愛國的旗幟會被少數軍閥和政客所利用，戰爭也往往成為少數人謀利的工具。正如張雪岩所說：

> 戰爭這惡魔所最炫耀於人的口號，就是保國為民。然而事實卻警告我們這是最大的騙局。因為戰爭所保的倒不是國家反是總司令部的穩妥；所衛的倒不是小民，反是政客軍閥們少數幾個私人的安全。屢常的結果是人民塗炭了，國家動搖甚至毀滅了，所以不論國家，社會，或個人要想站得住立得穩那是非掉轉方向拿起耶穌所遺贈的新武器——愛，來把所有敵人降服到彼此友愛的地位不可。[68]

今日多數民族主義分子都以武力為解決國際爭端的惟一解決辦法，在唯愛論者看來，這其實暴露了他們的目光短淺。「要知戰爭的發動足以摧毀一般人類之個性，和掃盡一切物質上之享用，……他的影響，可波及全世界傳達至後代。」[69] 總之，由於戰爭本身的邪惡本質，即使把它用之於正義的事業也是不可取的。

第三，中國傳統文化中有和平主義的傾向。在歷史上，中國即常常以文化和道德的影響力，而非武力來稱雄。誠如有論者所言：

> 我們祖宗，對於異族外國，都是懷柔善待的，每只因拒絕外人之侵略，才動干戈以自衛社稷；但要他們停止侵略，我們便罷手撤兵互相友善了；至其極，也不過要他們年年進貢，歲歲來朝便足，從不至待人如奴隸禽獸，更不至要用種種酷法以芟除其種族，如今之帝國主義者之待亡國人一般，這是我們敝國的家風哩！[70]

中國的傳統給她的民族意識打上了烙印，也就是說，中國人的民族認同首先是一種文化上的認同：

> ……中國的國家主義，在一個很重要的特點上，與他民族是不同的；這個特點就是中國人忠心的物件，不是中國的政府，乃是中國的文化。政府自身並不是目的，乃是使個人達到協調，自治生活的一種工具。中國各類不同的種族所以能打成一片，不是因為有政府精密的組織，也不由於應用更大的武力，乃是借著一種更高的德化之薰陶。
>
> 一個不矜武力，專持德化的國家主義，惟有這樣的國家主義，有長存的價值。[71]

正如早期的唯愛思想一樣，唯愛主義者十分珍視中國文化和國民性中這種崇尚德化的特質，強調自西方傳入的崇尚武力的民族主義思潮與中國文化傳統的異質性。他們極力呼籲中國人民在維護民族主權的鬥爭中保持和發揚這個優秀的傳統，否則，這傳統在好狠鬥勇的民族主義浪潮中的失落，將是一個歷史性的悲劇。所以，我們常聽見他們在問：「然而我國的國民性，最高貴的，要算愛和平這一點，你試想想：要是我們日日鼓吹這樣的，狹窄的，報復的愛國主義，是否能夠培植這一點使其更有生命，抑或倒把這一點好處也催殘淨盡呢？」[72] 也常聽見他們在警告：「中國現在這已往的世紀中，得了這個高尚的理想，現在若把這個理想降低了，按我個人的意見，那是一個大錯。」[73]

抗戰全面爆發前後，中國基督教唯愛主義者同全國人民一樣，逐步把注意力集中到抵禦外敵上來，對共產主義等激進社會運動並沒有發表太多的議論。從他們發表的有關言論來看，大致上延續了以前的思路。楊蔭瀏下面一段對基督教與共產主義的比較可算是比較典型的：

> 我相信，在長時間中，基督教終有得勝共產主義之一日。共產主義，即使欲為窮人謀出路，但是，我相信，它的路，是走錯了。我不相信經由階級戰爭，會創造出甚麼友誼來。我不相信用了武力，會創立出甚麼人類大同來。我相信，要有好的結果，必得先有好的方法。基督教終久必能得勝，因為它的目的好得多，它的方法也好得多。我承認，基督教的方法，在外表看來，好像是比共產黨的方法，要慢得多，笨滯的多。共產黨的方法，是激進的，基督教的方法，是演進的，但是，

我相信，耶穌的方法，到底必能得勝。[74]

這種對共產主義實現社會公義的方法的質疑，正是唯愛主義的一貫態度。

總而言之，在1920年代下半期和1930年代上半期這段時間裏，唯愛主義在中國教會內外均備受冷落，它所代表的運動也隨之陷入低潮。然而，嚴酷的環境卻幫助催生了唯愛主義思想上的豐碩成果。與1920年代初相比，這一時期的中國基督教唯愛主義一方面完善了自己的本體論和基督論的理論基礎，另一方面面對中日關係這樣緊迫的現實問題，相對縮小了關注的視野，集中、深入地思考了自己對國難、戰爭與國際衝突應取的態度，提出了一系列具體的建議和措施，對民族主義思潮做出了較為全面的分析和辯駁。唯愛主義運動這個時期社會影響力和地位的低落，並不能掩蓋其思想上的成就和光輝。無怪乎有人在總結這個時期基督教神學思潮時，特意把唯愛社及其主張列為當時的一個重要流派。[75]

四　和平呼聲的再度高漲（1945～1949）

1945年8月抗戰勝利後，基督教和平主義運動在中國的命運出現了頗為戲劇化的轉折。急迫的外患已不復存在，多年飽嘗戰亂之苦的中國人民迫切要求和平與團結，渴望有一個和平與穩定的環境休養生息，建設自己的家園。結果，中國社會中要求「民主統一，和平建國」的呼聲隨之日益高漲，各派政治力量都為國家的前途提出了自己的意見，互相進行著磋商，避免內戰和成立聯合政府的前景一度頗為光明。但好境不長，國共兩黨的武裝衝突愈演愈烈，終於在1946年年中爆發了全面內戰。從那時起直至共產黨最終取得全國政權，國統區各階層羣眾「反饑餓、反內戰、反迫害」的運動此起彼伏，從未間斷過。

這種大的社會氣候就為和平主義思潮在中國教會內外的重新抬頭創造了極為有利的條件。在抗戰勝利後短短的幾年內，教會的領導層和平信徒分享中國人民的感受與期望，反對內戰、呼籲和平、抨擊腐敗成為中國基督教會的主要社會要求，和社會政治倫理思想的主要組成部分。雖然唯愛主義運動在大部分時間內融彙在反戰和平的大合唱內，沒有剝離出來形成自己獨立的身分和形象，也未能重建任何組織機構和出版物。但是唯愛主義思維和觀點的影響力有了迅速而明顯的擴大，往往成為反內戰的主要理論依據。這特別突出地表現在1945年2月創辦的中國教會主要的社會與時事評論週刊——《天風》的內容上。

日本宣佈投降後不久，《天風》編輯部在深切同情中國人民的艱難處境與和平企求的同時，敏銳地察覺到國內和國際戰爭威脅的增加，認為「人民渴望已久的和平，也仍是可望而不可及的理想」，並對此憂心如焚，痛心疾首。8月23日出版的第十五期的時評為此痛切呼籲：

> ……我國只希望那些握有大量武裝隊伍的先生們，能良心發現，想一想國家苦戰八年，人民所受的深重的苦難，……現在他們不能斫喪國家民族前途，破壞人類和平，而僅為少數野心家以人民的生命為兒戲的內戰而忍受一切了。……
>
> 對日戰爭結束了，到處在狂歡，在鼓舞，大家在額手稱慶中國的更生與復興，可是我們要提醒國內外的人士！在遠東平靜蔚藍的天空中，仍然浮游著一塊黑雲！……不管那一黨，假如希望自己能有政治前途，就老老實實

> 做一點有利於人民的工作。否則戰爭爆發，中國歷史有會倒退五十年，這八年來人民流熱血拋頭顱所得來的一點國運的轉機，又將付諸東流了。[76]

這段頗為沉重的話可以說表達了許多關心時事的基督徒當時的共同的心情與訴求，也是他們重新認識和突顯基督教倫理思想中愛的教訓的思想基礎。

不過，當時為爭取和平而奮鬥的基督教人士的思想背景是相當複雜的，並不是所有的人都是唯愛主義者。張雪岩曾經撰文分析說，基督徒在戰爭與和平的問題上歷來可分為兩大派：反對一切戰爭的唯愛派與區分戰爭性質的正義戰爭派。而在當時中國的環境之下，這兩派都是反對內戰的。他們取這樣的共同態度的理由主要有以下四點：因為這場內戰「違反民意」、「製造饑饉」、「斫傷國體」、「剝奪自由」。[77] 這幾點基本的共識促成了基督徒內部在反內戰問題上的團結，也促成了基督徒與教外一切反戰和平力量的協作。

然而，唯愛論者與非唯愛論者儘管在對時局的評估和具體的設想方面有搭界之處，但他們在思想認識上的差別是明顯而且深刻的，無法完全迴避。這也就難怪，在抗戰勝利後的幾年內，他們之間還時有小規模的辯論發生。例如，1948年初，吳耀宗和任職廣學會的加拿大傳教士薄玉珍（M. H. Brown）等人曾就「耶穌有沒有恨？」的問題在《天風》上打了一場小小的筆戰。當時實際上已經背離了自己早期的唯愛主義的吳耀宗聲稱：「我覺得『愛』的反面是『恨』，而基督教常常主張在積極方面提倡『愛』，而把『恨』當作是消極的具有破壞性的東西，這卻不能代表耶穌真正的精神。」其實，「耶穌的敵人是多麼的兇狠詭詐，……對於他們，耶穌只有恨。」吳氏反對把「罪」與「罪人」分開，認為這樣導致對「罪」的姑息。他的結論是：「耶穌是恨罪人的『現實』，但他卻愛罪人的『可能』。這就是說：他恨罪人，但不以為他們是不可救藥的。」[78] 另有一位署名向曙的文章在贊成吳氏的觀點的同時，更為明確地指出：「耶穌的愛是有條件的，不是無條件的『唯愛』，這條件是拯救善良的被利用的好人，除滅兇惡利用人的壞人；如果耶穌的愛成為無條件的，連惡人也加以熱愛，甚至還勸我們以熱愛對待惡人，這還成了甚麼邏輯？」[79]

吳耀宗的文章遭到了薄玉珍的反駁。吳氏的觀點令薄氏感到非常的「惋惜」、「詫異」。薄氏認為，吳氏誤解了耶穌的態度，忘記了耶穌「愛仇敵」的命令。她質問：「如果耶穌對於他的敵人只有恨，那麼我們相信耶穌的人又有甚麼盼望呢？『要愛你的仇敵』一語也成為廢話了。」[80] 在指出了吳氏對某些新約經文的錯誤解釋後，她得出結論說：「耶穌對於罪大惡極的人，都沒有存著『恨』的心，……讓我們記住耶穌只恨『罪』，卻愛『罪人』，愛『敵人』的。」[81] 這場爭論的實質是耶穌的愛是不是普世的，這的確突出了唯愛和平派與正義戰爭派的一個主要區別。

這場爭論還表明，耶穌的榜樣依然在唯愛主義的心目中佔著至關重要的位置。耶穌非暴力、自我犧牲和爭取公義的一生，在戰火紛飛的年代裏是和平主義者汲取力量，堅定信念的源泉，也是他們行事為人，指陳時政的準則。《天風》的主要撰稿人之一陳炳仁，是這樣概括耶穌的精神的：

> ……他看世界之任何人都是以平等之道理來看待。自己有父母兄弟姊妹，而遵上帝之意旨者，他亦視是他的父母兄弟姊妹。且極力提倡博愛之最高道德，要愛

仇敵，要為逼害自己的人禱告。仇敵尚且愛之，則非仇敵者，豈不當更愛麼？推此愛德，人我已成為一元，人即是我，無差別相；人即是愛，無你我相。[82]

當時的一個重要現象是，唯愛論者不把耶穌榜樣的道德意義局限在個人生活的領域內，而是重新努力發掘其社會意義。在烽火連天，民不聊生的形勢之下，他們感到耶穌所體現和宣示的原則和理想是這個支離破碎的世界惟一的希望和出路。因此，耶穌作為「和平之君」的形象才格外有現實的意義，因為「這世界，因他之來，才有是非，才有真理，懲戒不義，遏制強權，種族不歧視，四海皆兄弟。從此，個人的得救，家庭之間的和睦，社會安寧，國家康泰，進而世界大同。那裏還有猜疑、懼怕、恐怖、戰爭，和自相殘殺、自取滅亡的『叛道離經』的事實！」[83] 耶穌所代表的正是這樣一個公正和大同的世界。

長期擔任《田家》半月刊主編的張雪岩，是這一時期鼓吹唯愛主義思想最有力的基督教學者之一。他以《田家》為陣地，對唯愛主義在新形勢下的意義，作了甚至常常比《天風》還要系統的說明。他重新發揮了社會福音派和唯愛派的上帝論和基督論。他指出：

以基督為中心的上帝觀，是上帝為全人類仁愛無比至尊至貴的大父親，是聖善的靈，是慈悲的神，天下萬世都應崇拜。這樣一來，天下一家的和平互愛自由平等的天國，就可臨現人間，因為原則上既承認上帝是父，人類是弟兄姊妹，就決不會再以國家、種族、政治、社會、文化等偏見彼此猜忌仇視，甚至演成戰爭。[84]
耶穌為實現人類和平的信仰，犧牲了家庭，犧牲了職

> 業，犧牲了利祿機會，犧牲了國家種族的觀念和權益，以獻身流血的方式，完成了上帝託付的神聖使命，即舍自愛人的和平天道的推行。……耶穌以自己的生命奠定了世界和平的基礎，藉教會擴大了和平的範圍，這是多麼值得珍愛的事。[85]

在一個戰亂的世界上，張雪岩這樣的唯愛論者越發看重和強調基督教的上帝與基督作為和平化身的意義。在他們看來，只有在福音當中，人類才有和平的希望。

既然耶穌帶給我們的是一個「和平福音」，那麼基督教社會倫理必然以「唯愛」和非暴力為主要特徵。在一個黨爭不斷、迷信武力的時代，唯愛論者相信，基督教要傳達給世界這樣一個資訊：

> 我們確信世界的太平不能由武力獲得，惟一能叫世界獲得太平的只有「愛」，沒有「愛」，任何主義都不成。這「愛」就是赦免的愛、無私的愛，是神藉著他獨生子耶穌基督所表顯出來的愛。理想的國度，就是由「愛」來掌權的國度。除此之外，任何方法概歸無用。「愛」是世界最後的歸宿，也只有它，才能獲得最後的勝利。新約啟示錄書論到世界的結局時指出：獲得最後勝利的不是獅子，不是老虎，乃是羔羊！[86]

張雪岩更是直接了當地把基督教的核心與真理歸結為「仁愛」與「和平」：「……耶穌創教的基礎是『仁愛』與『和平』。仁愛是和平的前提，和平是仁愛的實現。這就是基督教信仰中的永久真理。」[87]

同時，基督教「愛」的原則是與正義的原則相輔相成的，「唯愛」絕不是無原則地姑息和漠視不公正的現象，恰恰相反，「……基督教所講『仁愛』與『和平』是嚴格的根據是非之道來施行運用的。他絕不對罪惡施仁愛，更不向非法非理求和平。他所宣揚的救人救世的福音，就是要以自由平等正義互愛的真理，把個人與社會從違反這些真理的罪惡捆鎖中解放出來。他用的方法，是講道說理，……恨是戰爭的基因，愛是和平的礎石，所以基督教對自相仇恨的內戰，是強烈反對的。」[88] 因此，基督教的博愛精神不但體現在其社會理念之中，也體現在其對實施方法的選擇之中。仇恨他人的心態與暴力的方法在任何情況下都是被排除在外的。

當時橫行中華大地的內戰、貪污和專制，正是與基督教的這種「和平」與「公義」的精神背道而馳的，所以為唯愛主義和一般的教會輿論所痛責。張雪岩把這些惡劣的社會現象稱為「猙獰的惡魔」，[89] 並且沉痛地質問：「抗戰是挽救國運，但斷送國魂的內戰又是為的甚麼！除了不顧民意的黨派私爭，還有甚麼理由。凡是忠愛國家疼愛骨肉的全國同胞，看見這種只重黨私不顧國公的自相殘殺毀壞國家前途的大悲劇，又哪能不傷心不痛哭！」[90] 這種批評意見本身並沒有明顯的宗教色彩。事實上，當時許多基督教人士的確都是聯同全國各界反內戰的力量，一同從戰爭對國計民生的破壞作用來展開批判的。但是，他們並沒有停留在這裏，而總是進一步引用基督教的和平反戰資源來論證內戰的不義。再以張雪岩為例，他經常告誡說：「暴力不能招致和平，戰爭只能引起更多的戰爭，……往古來今，歷史的事實啟示出一個真理：窮兵黷武者是必要失敗的，……；」[91]「戰爭是違反上帝和平友愛的旨意的，尤其今日中國自相殘殺的內戰。」[92]《天風》的一篇社論也這樣說：「我們當警告世人，時約在二千年前，耶穌曾説過這句話：『凡動刀的，必死在刀下。』……務要勸告有耳當聽的『動刀』的人，該自己有所警惕：『該收刀入鞘罷！』」[93]

在這場反內戰的鬥爭中，教會應該扮演甚麼角色？這也是唯愛主義者所十分關心的。張雪岩認為：「今日仇恨爭殺的中國，正需要教會和信徒以耶穌的血來換取仁愛和平，假如耶穌生在今日，無疑的他見此互相仇視彼此殘殺的內戰慘像，一定要熱血沸騰，挺身而起，誓死反對，以求仁愛臨現和平恢復，教會和信徒原應擔此重任。」[94] 這可以説是許多基督教人士的共同心聲。不過，令張雪岩等人心寒的是教會的「保守」、「陳腐」和「冷漠」，無心也無力來擔當起先知的角色。因此，張氏一再呼籲教會要迅速覺醒，「面對現實並勇敢的接受現實的挑戰」。[95]

正如我們在前面提到的，在抗戰勝利後4年多的時間裏，唯愛主義的影響所及，已經走出了純粹唯愛論者的圈子，在教會內更大的範圍內獲得了愈來愈多的聽眾。在戰亂再起，社會動盪和迫害加劇的境況下，更多的教會人士重新看到了耶穌非暴力、愛仇敵的教訓的意義與價值，把它們當作在一些非常困難的問題上決定自己立場的指導原則，並以之作為批評時政的標準和武器。譬如，吳高梓、邵鏡三、梁小初、崔憲詳、鮑哲慶等11位教會領袖人物曾聯名於1946年發表一封公開信，陳述對時局的看法與建議。該信所提出的第一個問題即為：「正在劇烈進行著的內爭，我們無論本著基督博愛主義，或人道主義，都不得不呼籲和平。」[96] 再以中華基督教會為例。1948年年底，該教會總會鑒於局勢的迅速變化，曾制定和發表了一份對時局的宣言，闡述了自己的基本神學信仰和社會觀。其中講道：「我們相信這世界和其間的情欲，與乎一切戰爭的罪惡，和類似戰爭如以暴易暴，瘋狂殘忍，毀滅人性，……都要過去，並且難免將來上帝的審判。……對無理加害於我們者，應本我主訓示，運用最高的道德法則，即你的仇敵也要愛他，這是戰勝世界的惟一利器，要在困難當中表現出愛力的偉大！」[97] 很明顯，這些言論帶有強烈的和平主義的色彩，而這類聲明的出現說明基督「登山寶訓」中的精神和原則正在轉化為教會的具體行動。所以說，了解當時和平主義思潮在中國教會內影響力的增長，實在有助於我們認識當時相當多的教會團體和人物所採取的行動背後的信仰與理念。

可以說，在這3年多的內戰期間，唯愛主義在中國基督教界展現了它最後的輝煌。在1949年中華人民共和國成立後不久，隨著基督教界對自身在新社會中的處境之思考與討論的深入，要求教會愛國，並且與新社會相適應的呼聲愈來愈高，唯愛主義的命運有發生了逆轉。當時，我們還可以偶爾聽到以下這種相當經典性的唯愛主義聲音：「（我們）要本著耶穌基督的真理，目標，方法來表示愛我們的國家，基督徒愛國，不是狹義的國家主義，乃是普世的，更不是盲從的，乃是要把握基督徒的立場，走向普世合一，世界大同的程途。」[98] 同一位作者又特別強調所謂「基督徒愛國的真精神」，說：「基督徒愛國，擁護政府是應該的，但在一切愛國的行動上要分辨是非真假，乃是要把握基督教的真理，在不違反真理的原則下來服務社會，建設新國家，不是用妥協的態度來應付新時代，……。」[99] 考慮到這篇文章是緊接著所謂《三自宣言》出台後發表的，其針對性也就相當明顯了。

不過，這種較為獨立的思考在當時已是鳳毛麟角。在基督教界更常見的是根據形勢的需要，對基督的博愛精神作出的種種有側重性的解釋。歸納起來，這主要是沿著兩條線展開的。其一，強調「『提倡愛祖國，愛人民，愛勞動，愛科學，愛護公共財物』的公德，就是基督教應提倡的最具體最真實的愛。」[100] 按照吳耀宗的說法，基督教在新中國的地位部分地取決於「它能否本耶穌基督博愛犧牲的精神，真正為人民服務。」[101] 其二，歡迎中共和社會主義陣營以維護世界和平為號召，以對抗西方敵對陣營的作法，認為「基督教最拿手的好戲，就是提倡人間和平。所以對和平國策，基督教應有最具體最領先的貢獻。」[102] 可以說，配合現實，調整對博愛原則的理解已經成了當時的主流。

這種對現實往往一廂情願的貼近，發展到抗美援朝期間，便導致了基督教和平主義原則的質變。如下的言論在當時的基督教界極有代表性：「中國人民需要和平，朝鮮人民需要和平，全世界人民需要和平；只有以美帝為首的帝國主義者要戰爭，不要和平。因此，保衞和平就成了全世界人民最重大的任務。我們基督教一向講愛人，講和平，我們基督徒就必須為保衞和平獻出一切力量，……就是用我們一切的力量，加強抗美援朝的工作……。」[103] 和平必須靠武力來捍衞，和平的目標必須靠戰爭手段來達到，這與中國基督教會史上的唯愛主義確是南轅北轍。唯愛主義後來成為批判、聲討的對象，終於在中國教會內消聲匿迹也就是歷史的必然了。

註釋

1. 徐寶謙：〈中國唯愛社之危機及任務〉，載《真理與生命》，4卷3期，1929年4月，頁4～5。
2. 沈德溶：〈吳耀宗與唯愛主義〉，載《在三自工作五十年》（上海：中國基督教三自愛國運動委員會，中國基督教協會，2000），頁185。他對吳氏思想轉變的總結，反映了中國大陸教會學界對此問題的普遍看法。
3. 徐寶謙：〈記南京唯愛社會議〉，頁9。

4. 參徐寶謙：〈記南京唯愛社會議〉，頁9～11。
5. 沈德溶：〈吳耀宗與唯愛主義〉，頁113。
6. 參 P. C. Hsu, "A Sino-Japanese Christian Conference," in *Truth and Life*, Vol.VIII no.5 (October 1934), pp.1～7。
7. 謝道：〈愛與寬恕〉，載《天風》，13期，1945年7月16日，頁10～11。
8. 謝道：〈愛與寬恕〉，頁11。
9. 謝道：〈愛與寬恕〉，頁11。
10. 尹德華：〈私仇與公敵〉，載《天風》，5期，1945年4月10日，頁3。
11. 尹德華：〈私仇與公敵〉，頁4。
12. Martin Ceadel 指出，當和平主義不為社會的大多數所認同，而處於孤立地位時，也往往是其有突出表現和作為的時候。（Ceadel, *Pacifism in Britain*, pp.16～17.）
13. 陳晉賢：〈基督徒對於國難態度的分析〉，載《金陵神學志》（*Nanking Seminary Review*），14卷5期，1932年5月，頁7～8。
14. 吳耀宗：〈我所認識的耶穌〉，頁17。
15. 吳耀宗：〈我所認識的耶穌〉，頁18。
16. 吳耀宗：〈我所認識的耶穌〉，頁12～13。
17. 新銘：〈基督的博愛主義〉，載《真光》，29卷3號，1930年3月，頁28。
18. 新銘：〈基督的博愛主義〉，頁29。
19. 吳耀宗：〈中國基督教學生運動前途的事業〉（以下簡稱〈事業〉），載《真理與生命》，4卷2期，1929年4月，頁5。
20. 吳耀宗：〈我所認識的耶穌〉，頁14。
21. Kirby Page、陳文藻：〈愛國的基督耶穌〉，載《真光》，24卷11～12合號，頁6～7。
22. 招觀海：〈基督底國家觀念〉，載《真光》，24卷11～12合號，1926年2月，頁15。
23. 陳華洲：〈「有人打你這邊的臉，連那邊臉也由他打」與「國民」〉（以下簡稱〈國民〉），載《真理與生命》，4卷20期，1930年7月，頁33。
24. 吳耀宗：〈事業〉，頁5。
25. 張雪岩：〈登山寶訓有實行的可能否？〉（以下簡稱〈可能〉），載《金陵神學志》，14卷9期， 1932年11月，頁25～26。
26. 陳華洲：〈國民〉，頁33。

27. 普體德（Gordon Poteat）：〈國難問題〉，載《金陵神學志》，14卷2期，1932年2月，頁25。
28. 普體德：〈國難問題〉，頁23。
29. 普體德：〈國難問題〉，頁24。
30. 李次芬：〈基督教和平主義〉，載《神學志》，12卷4號，1926年冬，頁1～4。
31. 李次芬：〈基督教和平主義〉，頁4。
32. 〈國難時期基督徒的信仰問題〉，載《華北公理會月刊》，6卷2期，轉引自陳晉賢：〈基督徒對於國難態度的分析〉，頁11。
33. 普體德：〈國難問題〉，頁24。
34. 張雪岩：〈可能〉，頁22。
35. 當時日本基督教界著名的和平主義者、勞工運動領袖和作家。
36. 上段及這段引文摘自張雪岩：〈可能〉，頁23。
37. 趙紫宸：〈基督教與中國的心理建設〉，載《真理與生命》，6卷8期，1932年6月，頁12。
38. 黃敬三：〈國難中基督徒的使命〉，載《金陵神學志》，14卷2起，1932年2月，頁28～30。
39. 劉廷芳：〈國難中教會的使命〉，頁2～3。
40. 參吳雷川：〈基督教對於中華民族復興能有甚麼貢獻？〉，載《真理與生命》，9卷2期，1935年4月，頁62～66。
41. Page、陳文藻：〈愛國的基督耶穌〉，頁8～9。
42. 吳耀宗：〈事業〉，頁7。
43. 參張雪岩：〈可能〉，頁25～26。
44. 張松筠：〈我所希望於教會的幾件事〉，載《真理與生命》，4卷6期，1929年6月，頁21～22。
45. 吳耀宗：〈事業〉，頁5。
46. 吳耀宗：〈鼙鼓聲中的唯愛〉，載《唯愛》，第7～8期合刊，1933年3月15日，頁3。
47. 普體德：〈國難問題〉，頁25。直至1937年5月，中華全國基督教協進會的總幹事還在第十一屆大會上發言稱：「中國政府對此危機完全採取和平方法，可為世界各國之表率，證明有可能不用武力而解決變亂。而外交政策，根本也是以和平為主。我們不肯拋棄和平，假使有一點和平的希望。」（《中華全國基督教協進會第十一屆年會報告書》，頁89；轉引自姚民權、羅偉虹：《中國基督教簡史》〔北京：宗教文化出版社，2000〕，頁235。）
48. Y. P. Mei, "The National Crisis: A Call for Repentance," in *Truth and Life*,

vol. VI no.4 (January 1932), p.3.

49. 〈對日不合作運動〉，載《唯愛》，2期，1931年10月15日，頁3。
50. 參 Mei, "The National Crisis," p.4。
51. Mei, "The National Crisis," pp.5～6.
52. 參 Mei, "The National Crisis," p.5。
53. 吳耀宗：〈事業〉，頁6。
54. 韋卓民：〈遠東鬥爭和基督教面臨的挑戰〉，載《韋卓民基督教文集》，馬敏編（香港：漢語基督教文化研究所，2000），頁183。原文為英文，載 *The Chinese Recorder,* vol.69 no.3 (March 1938), pp.122～125。
55. 吳耀宗：〈事業〉，頁5。
56. 王克私（Philipe de Vargas）：〈國家主義是甚麼？〉，載《生命》，5卷4期，1925年，頁7。
57. 博晨光（Lucius C. Porter）：〈基督教與國家主義〉，載《生命》，5卷4期，1925年，頁9。
58. 博晨光：〈基督教與國家主義〉，頁8。
59. 李瑞德（Richard Ritter）：〈國家主義的工具性〉，載《生命》，5卷4期，1925年，頁14。
60. 博晨光：〈基督教與國家主義〉，頁9。
61. 諦牟：〈一張供狀〉，載《生命》，5卷4期，1925年，頁15。
62. 王克私：〈國家主義是甚麼？〉，頁7。
63. 恩乃斯（T. Ennis）：〈國家主義與基督教——中國的歧路〉，載《生命》，5卷4期，1925年，頁12。
64. 招觀海：〈基督底國家觀念〉，頁12。
65. 陸博愛：〈與亦鏡先生談談愛國〉，載《真光》，25卷9～10號，1926年10月，頁31～32。
66. 吳耀宗：〈吳耀宗覆倪清源〉，頁19。
67. Page、陳文藻：〈愛國的基督耶穌〉，頁9。
68. 張雪岩：〈可能〉，頁26。
69. 〈世界基督徒與中日問題的危機〉，載《金陵神學志》，14卷1期；轉引自陳晉賢：〈基督徒對於國難態度的分析〉，頁12。
70. 諦牟：〈一張供狀〉，頁15。
71. 恒慕義（A. M. Hummel）：〈「超國家的」國家主義〉，載《生命》，5卷4期，1925年，頁16。

72. 陸博愛：〈與亦鏡先生談談愛國〉，頁33。
73. 恒慕義：〈「超國家的」國家主義〉，頁16。
74. 楊蔭瀏：〈非師尊，是僕人〉，載《紫晶》，3卷1期，1935年3月，頁34。
75. 參沈亞倫：〈四十年來的中國基督教會〉，載《金陵神學志》，26卷1～2期合刊，1950年，頁25。
76. 〈時評：人民需要徹底的和平〉，載《天風》，15期，1945年8月23日，頁3。
77. 張雪岩：〈基督教與和平〉，載《天風》，81期，1947年7月6日，頁1～3。
78. 吳耀宗：〈耶穌有沒有恨？〉，載《天風》，5卷5期，總107號，1948年2月，頁14；參吳耀宗：〈粉飾的墳墓〉，載《天風》，1945年3月31日，載《基督教講話》（上海：青年協會書局，1950），頁15～19。
79. 向曙：〈愛與恨〉，載《天風》，5卷9期，總111號，1948年3月，頁13。
80. 薄玉珍：〈致《天風》編輯部〉，載《天風》，5卷5期，總107號，1948年2月，頁14。
81. 薄玉珍：〈致《天風》編輯部〉，頁14。另參薄玉珍：〈再論「耶穌有沒有恨?」——答吳耀宗先生〉，載《天風》，5卷6期，總108號，1948年2月，頁13。
82. 陳炳仁：〈基督之完人道德觀與人生觀〉，載《天風》，5卷14期，總116號，1948年4月10日，頁5。
83. 〈社論：在地平安——寫迎和平之君〉，載《天風》，6卷25期，總152號，1948年12月25日，頁1。
84. 張雪岩：〈上帝至尊，基督至上〉，載《田家》，40卷3期，1947年9月1日，頁21。
85. 張雪岩：〈基督教和平福音的前瞻〉，載《田家》，40卷10期，1947年12月15日，頁21。
86. 翌明：〈基督徒看共產主義〉，載《天風》，6卷24期，總151號，1948年12月18日，頁7。
87. 張雪岩：〈耶穌的血〉，載《田家》，30卷23期，1947年7月1日，頁21。
88. 張雪岩：〈基督教與和平〉，頁3。
89. 張雪岩：〈耶穌復活與中國復興〉，載《田家》，30卷18期，1947年4月15日，頁21。
90. 張雪岩：〈哭國運，招國魂〉，載《田家》，30卷16期，1947年3月15日，頁21。
91. 張雪岩：〈基督教與和平〉，頁3。
92. 張雪岩：〈願你的旨意行在地上〉，載《田家》，30卷24期，1947年7月15日，頁21。

93. 〈社論：我們要提高警覺性〉，載《天風》，6卷23期，總150號，1948年12月11日，頁1。
94. 張雪岩：〈耶穌的血〉，頁21。
95. 張雪岩：〈耶穌的血〉，頁21。
96. 〈基督教徒對時局的意見〉，載《盡言半月刊》，復刊第20期，1946年7月16日，頁96。
97. 〈中華基督教會總會對時局發表宣言〉，載《天風》，6卷23期，1948年12月11日，頁15。
98. 劉岫青：〈基督徒應怎樣愛國〉，載《恩友團契月刊》，2卷11期，1950年11月，頁18。
99. 劉岫青：〈基督徒應怎樣愛國〉，頁18。
100. 〈基督教與共同綱領〉，載《田家》，16卷8期，1949年11月15日，頁2。
101. 〈基督教與新中國——人民政協基督徒代表的話〉，載《消息》，35期，1950年1月，頁2。
102. 張雪岩：〈解答宗教問題〉，載《田家》，16卷9期，1949年12月1日，頁12。
103. 〈慶祝聖誕，加強保衛和平的力量〉，載《田家》，17卷4期，1951年12月15日，頁2。

第四章

唯愛還是抗戰：爭論的旋渦[1]

我們前面講過，如果說1925年五卅運動以前中國基督徒羣體在追求和平的道德取向上還保持著表面上的、相對的一致，那麼五卅運動以後這種一致便開始面臨著日益嚴重的考驗。特別是「九·一八」引發了教會內在此問題上的熱烈討論，一直持續到抗日戰爭全面爆發，結果造成了基督徒在戰爭與和平問題上的分裂。當時，唯愛主義者的非戰立場已不復具有往日的號召力，反而處在爭辯的旋渦中間，承受著來自各方的批評與質疑。中國基督教唯愛主義思想的成熟與完備，其實正是在與各種立場的辯駁和互動之中完成的。因此，了解當時中國教會在戰與和問題上的掙扎和討論，可以幫助我們看清唯愛主義運動所面對的歷史處境與挑戰，深刻地認識唯愛主義思想在中國的針對性。

1938年，《真光》雜誌這樣概括當時的情形說：中國基督徒「對於基督教的愛敵問題，和當兵問題，已經引起了不少的疑難與爭論；其中主張抗戰的固然不少，但是主張積極用愛來感化敵人，作為進攻利器的也不乏人。」[2] 也有人作了更加細緻的總結，指出當時基督徒的反映有3大類：

> ……年青而血沸的基督徒，憤懣填胸，獻身疆場，以赴國難者，大有人在。一般忠誠穩健的領袖們，以為平時提倡博愛，反對戰爭，不好意思忽而改口：殺敵，收回失地，共赴國難……。似乎他們的心也不能斷定基督徒應否加入抗敵，赴國難的工作。處於這種進退維谷的期候〔筆者按：原文如此〕，他們應付這種嚴重時局的方策，是私下說幾句憤慨的話，當公眾前則不置可否，不贊一詞。另有朋友會及唯愛社的諸公，……站在耶穌唯愛主義的立場，反抗戰爭之爆發，不贊成抗敵的行為。雖不批評他人抗敵行為，至少他們自身，要保持信仰的一致，人格的統一，決不參加任何抗日的事工。[3]

雖然這段文字對3派立場特點的刻畫不一定完全準確，但這樣一種三分法是大致可信的。要審視這一階段中國基督徒對待戰爭與和平的態度，就不得不注意這3派的立場。隨著時局的變化，武力抗敵派的影響在不斷擴大之中。但從「九·一八」到「七七事變」相當長的時期內，中間派立場在教會內，尤其是教會的領導和知識精英階層是有很大市場的，在教會的輿論界也極有影響力。本章的目的是要疏理出這兩派的思想脈絡，同時對福音派的立場有所論及，特別突出各派對唯愛派的評議。

一　武力抵抗派

「九·一八」日本侵佔我國東三省之後，中國舉國上下一片譁然，抗日救國運動掀起了新的高潮。基督教的團體也紛紛發表聲明、通電，譴責日本的暴行，為解決危機表明自己的立場。「我們應當快去趕走日本的強盜啊！我們應當速去解救東北的同胞啊！」[4]「全體基督徒武裝起來，努力奮鬥，犧牲到底！」[5] 這類的憤激之言常見於基督教的報刊雜誌。以後，隨著日本侵略勢力的步步緊逼和國難的加深，基督教界主張武力抵抗之聲不絕於耳，而且逐步增強。「七七事變」之後，基督教界採取了各種形式投入抗戰的熱潮之中。例如難民救濟、傷兵救治、國外宣傳等等。另外，還有更直接的抗日行動。例如，1938年馮玉祥等人在武漢發起組織基督徒救國總會，曾開展為抗戰募捐的活動。[6] 至於平信徒之拿起武器，投身軍旅者則更為普遍。

除了作為中國人的滿腔義憤和愛國之情外，這些基督徒作出積極擁護武力抵抗的選擇，多多少少有其信仰的根據。他們也必須為他們的立場從基督教信仰的角度作出合理的說明，特別是要協調好自己的參戰行動與基督教傳統的「博愛」精神的關係。綜合考察他們的言論，我們可以看來有以下幾個重要觀點。

第一，武力抵抗派認為，無論從聖經的記載，還是從耶穌的言行來看，都不能說絕對的非暴力和不抵抗是基督徒惟一的選擇。在一定的情況之下，戰爭與武力是為基督教的信仰所認可的。有論者認為，舊約就已經確認了戰爭的合理地位：「若是照舊約以色列人歷史，摩西，約書亞，大衛等都是畢生在戰爭之中。如果斷定基督教義就是非戰主義，那末除非將舊約完全焚毀，試問誰敢這樣武斷？」[7] 即便是素有「和平之君」的耶穌也是一向嫉惡如仇，不排除使用激烈的手段對付邪惡。所以有位名叫熊鎮岐的論者這樣解釋耶穌的「愛仇敵」道：

「……耶穌愛仇敵的意思，也只是愛那些值得人愛的，愛那些有出息的，愛那些可以悔改的。否則他乾脆的不和他往來，甚至還要鞭打，而是加以詛咒。」[8] 毫無疑問，武力抵抗派是高度重視基督教社會思想中的公義主題的。在他們看來，為了保證社會正義的實現，基督教的經典和教義，甚至連「愛仇敵」的信條都沒有反對武力的必要使用。

第二，一些論者認為，「愛仇敵」的倫理是否可以應用，還要視面對的物件的性質而定。熊鎮岐的一段話頗有代表性：「我以為耶穌其所以能夠愛仇敵，乃是因為他覺得仇敵有希望可以變成朋友。其所以願意為那些逼迫他的人禱告，也是因為他承認：『他們不知道他們所作的。』如果他對於這兩點失了信心與希望，我恐怕他也難免不加以咒詛。魔鬼在他的威嚴下永遠逃避，那麼對於這種不知感恩，不可理喻，不能悔改的罪魁，又豈可饒恕？」[9] 所以，對於「仇敵」和「魔鬼」當區別對待，後者根本無法以「愛」來感化，必當以嚴厲的辦法來處置。

在武力抵抗派的眼裏，日本帝國主義正是這樣一個不可救藥、十惡不赦的惡魔：

> 日本這次在東三省的暴行，完全把它的原形顯露出來了！它的真面目實在好像是二十世紀文明世界的怪物：它是帝國主義，資本主義，武力主義三位一體的魔鬼；它是無法無天，隨手殺人的瘋人；它是黑夜潛伏，趁火打劫的強盜；它是張牙舞爪，狼吞虎噬的猛獸。[10]
>
> 日本此次舉動，破壞了維持人類的一切公理與道德，犯了人類無可赦免之罪惡，無論是誰人，都可得而討伐之，況我嫉惡如仇的基督徒呢？[11]
>
> 我們不願對牛彈琴，不願對頑石作揖，有望何必對於

> 不能感化的侵略者，永遠加以容忍呢？所以我們應當打死這匹兇惡的狼，免得自己的生命危險，同時對於別人亦去了一個大害，對於這樣的仇敵，我們應當和他們拼命。[12]

與唯愛論者不同的是，這一派的激烈譴責言詞並不是那麼經常地、小心翼翼地把少數冥頑不靈的日本軍閥和廣大受蒙蔽的日本人民區分開來，而更多地把日本侵略勢力看作一個極危險、極殘暴的整體，除以武力抗爭外，別無它途。

第三，武力抵抗派十分看重所謂基督徒的雙重身分的理論，強調基督徒作為天國選民的身分與作為本國國民的身分並不衝突，都不可偏廢。實際上，在當時的環境之下，他們比較突顯的是基督徒國民身分的重要性。作為中國的國民，基督徒同樣需要為國家服務、盡義務，包括扛槍打仗。這是有聖經依據的：

> 國與國宣戰多屬於國家的特權，耶穌在世的時候是服從國家的治權的，所以有「該撒的東西當歸給該撒」的話，而保羅在羅馬書十三章1節中也明明白白地說：「在上有權柄的，人人當順服他，因為沒有權柄不是出於上帝的。」如果我們承認這一點，那麼對於戰爭應持的態度也就可以思過半了。……末期還沒有到，戰爭是必有的，基督徒與非基督徒要忠於國家，都不能不身受這戰爭的賜予。[13]

這樣說來，基督徒的國民身分和義務便具有了神聖性，在國家有難之時，而不能挺身而出，履行國民的義務，便成了一件非常嚴重的事情。所以，著名的基督徒將軍張之江曾質問：

> 可見為天國的選民，也有選民應盡的本分。那麼你一方面做本國的國民，是否就應該聽敵人侵略深入，刀俎魚肉，一切抱無抵抗主義呢？神的恩典賜我們有一個國籍，而我們不用心用力，牢牢保守，以致於有滅亡的危險。這是如何違逆神旨！大傷天父的心！可以比之於不孝！這樣的人，還指望他進入天國嗎！你在小事上不忠心，豈能在大事上忠心呢！對於你知得到有形的仇敵，尚且不抵抗，何以證明你能向無形的仇敵爭戰呢！由此得一結論，凡基督徒愛國衛國，要站在眾人面前，做榜樣給人看。然後可以因行為引起信心，領眾歸主。[14]

所以，在這一派看來，在抗戰期間基督徒為信仰作見證的最佳方式便是站到抗戰的第一線，為國家、為民族流血犧牲。

第四，這部分基督徒之所以力主武力抵抗，也是由對時局演變的不滿和焦慮所致。「九·一八」事件發生後，南京國民政府採取了避免全面戰爭，爭取國際輿論，依靠外交途徑，等待國際公理的判決的政策，尤其是對國際聯盟所進行的調查寄予厚望。當時基督教界的領導層和唯愛主義者們都對此政策頗為讚賞和支持，採取不少爭取國際輿論、抵制日貨，與日本民眾中的開明分子溝通的行動。但隨著時間的推移，這些和平的解決辦法愈來愈顯得軟弱無力，缺乏任何實質性的成果。中國社會上要求武力收復失地的呼聲，也隨之趨於高漲。

部分基督徒也對這種種非暴力的嘗試逐步失去了信心，不耐煩於緩慢、長期的和平鬥爭，而傾向於激烈、迅速的戰爭手段。所以有人說：「空口說愛國就是假冒為善的，終日做禱告不能嚇退日兵的。乞憐於國際聯盟會，真如同病人去請鬼郎中。哭訴於日本的基督徒，又好像石子拋在大海裏。」[15]「經濟能夠徹底的絕交，不合作辦法能夠切實的做到，自然是很有力量的；但是我們總覺得緩不濟急。」[16] 這種焦急和失望交織的心態在當時的基督徒羣體中非常普遍，而且日益強化。所以，愈來愈多的基督徒接受這樣的一種看法：「暴日的侵略，已經到了頭上，呼籲於鄰邦而鄰邦不睬，求救於國聯而國聯無法。這種情形下，我們必須掙扎了，拼著血和淚去力爭世間的公理；」[17] 武裝抗日的立場也日益鮮明：「如日本一再執迷不悟。得寸進尺，國際聯盟不能保持和平，主張公理；為死中求生計，只有全國武裝起來，對日宣戰爭。」[18] 而這種結論的得出和普及都是在「九·一八」之後短短的3個月之內完成的。

第五，客觀地說，武力抵抗派從來不否認「博愛」作為基督教的一個基本價值和最高理想的意義。他們當中的不少人從不諱言基督的「和平之君」的身分，而且在積極鼓吹抗戰的同時，刻意地指出自己的立場與狹隘的民族主義和武力主義有著本質的不同。有的人甚至試圖從國際主義和世界主義的角度來說明武力抗日的合理性：「我們主張以武力剷除世界的暴行，當然不是基於狹隘的愛國心，甚至可以說並不是有甚麼國界的成見。此次日本的暴行，並不是因為我們是中國國民，出而反對，就是世界任何國民，即日本國民凡屬基督徒，均應反對，因為他們的暴行，是世界人類的極大罪惡。」[19] 這種論點，顯然比一味強調基督徒的國民身分少了許多民族主義的色彩。同時，它越出了民族抵抗的窠臼，而把抗日戰爭定性為一場全人類對抗戰爭罪犯的鬥爭。

而且，部分主戰論者在討論基督徒參與抗戰的動機與動力時，仍然給予「博愛」以一席之地。譬如熊鎮岐認為：基督徒反抗侵略的動機「不該是報復的、黷武的、劫奪的。在我們反抗的時候，我們心裏還要抱著愛人的目標。所以我們要從愛心出發，採取力的方式，然後又回到愛的目的去。要這樣，到了勝利了以後，才不致於像列強一樣重新跌倒。……」[20] 在他們看來，這正是基督徒的抗戰行動之有異於民族主義者之處。

不過，武力抵抗派要把自己的主張與耶穌在「登山寶訓」中所宣示的不抵抗主義協調起來，還是要對後者的涵義作一些重新的解釋，對其適用範圍作一些規範。總的來說，他們最常用的處理辦法是把「博愛」原則私人化與未來化。首先，他們指出：「基督這樣的教訓只是關乎個人不抵抗的一方面，並不是叫人受著帝國主義的侵略，也白白把國人托己保守的國土不抵抗地拱讓與人。」[21] 這就是把「博愛」原則限制在個人生活的範圍內；其次，他們主張，把美好的理想與嚴酷的現實區別開來。「……殺人流血的勾當，必不是耶穌所贊成的。但我們要知道，耶穌贊成不贊成戰爭是一件事，而世界上免不了戰爭又是一件事，……非等到基督再來，世界上不會有永久的和平。」[22] 在這樣的世界上，基督徒如欲追求社會公正，則不可能完全避開暴力而潔身自好。所以，「在耶穌的理想的天國，尚完全實現以前，即在今日的大凌小，強欺弱，眾暴寡的世界中。自衛的戰爭，是不違反基督教義的。」[23] 其三，耶穌的不抵抗主義本身的內涵其實也並非無條件、無限制的。按照某些人的說法：「況且耶穌所用的無抵抗，也僅以個人所能忍受的事而說，如多行幾哩路，連內衣也脱下來等類的情形，耶穌並沒有說『凡砍你右臂的當轉過來，再讓他砍你的左臂』，因為臂膀被砍，是超出我們容忍力所能容忍的範圍了。」[24] 經過這樣的處理，耶穌的「博愛」精神作為道德原則便失去了其普遍性。

可以說，武力抵抗派為他們的立場所作出的種種辯護和解釋也就是對唯愛主義和不抵抗主義的批判。在他們的筆下，唯愛主義不但缺乏基督論和其他的教義基礎，而且與時代的需要格格不入。在中華民族國難當頭的危局中，再堅持和宣傳非暴力主義簡直是一件荒唐透頂的事情。所以，一部分武力抵抗派對唯愛主義的反應是相當激烈，相當情緒化的。例如，「九·一八」之後有人著文質問：「如果非武力不足以保障世界的和平，為甚麼基督徒不可以借用武力呢？如果非戰爭不能夠實現人類的正義，為甚麼基督徒不應該參加戰爭呢？我們別再為絕對無抵抗主義者所愚弄了！我們別再為極端和平主義者所麻醉了！」[25] 這就等於說，唯愛主義對當時的民族救亡運動只能起到負面的作用。這一類對唯愛主義的嚴厲指責在那個時期是相當普遍的。

就武力抵抗派對唯愛主義的總體評價來說，熊鎮岐發表於1938年的長文〈基督徒愛國〉可以說相當有系統性和代表性。像大部分的武力抵抗派人士一樣，該作者並沒有否認基督教「愛」的觀念及其價值，而是提出：「愛心與愛的條件同是並重的。愛的條件有二。第一要努力自愛，第二要具備愛的資格。如果要想人格偉大，便須首先愛人，如果要愛人，便須首先自愛，努力向自強的路上跑去，發展自己的才能，奮起前進的勇氣，振刷創造的精神，培養自己的實力，保障自己的主權，鞏固我們的基礎。」[26] 而目前的中國積貧積弱，自愛的任務還有待完成，連保護自己領土和主權的實力都不足，所以遠遠不具備實行唯愛的條件，「博愛主義和唯愛主義我們現在都是談不到。如果硬要談，便不免要犯弱者的毛病。」[27] 這「弱者的毛病」一是敵我不分，是非模糊；[28] 二是對敵人抱有幻想，以為可以靠唯愛的辦法感化他們，取得最後勝利。「這種論調不消說是懸想太高了，因為站在我們現在這種地位，從事實方面看來，我們根本不配有這種奢望。」[29] 三是「如果叫人在不可愛人的時候去愛人，那就無異於送羊入狼羣，使他更痲木，更懦弱，更快的走到滅亡的路上去。」[30]

熊鎮岐對唯愛論者的忠告是：「……不要空言愛字。在人的壓迫下，宰割下，支配下，尤其不要說，因為這是自欺欺人的話。」[31] 而且「暫時把這『愛的宗教』藏在心的寶庫裏，且等到自己的羽毛豐滿了以後，才配用這愛的翼翅來撫護眾生。」[32] 總之，在這些武力抵抗派的眼裏，唯愛主義在內容上則不切實際，在效果上則有害無益。它的理念確實高尚，但脫節於中華民族的嚴酷生存環境，其真正的實行還有待將來。

二　中間調和派

「九·一八」之後，相當多的中國基督徒既不願意斷然拋棄或大幅修改對基督「博愛」精神的傳統認同立場，但又充滿了民族義憤，深感有參加抗日救國運動的必要。在兩難的選擇之中，他們採取了一種介於武力抵抗派與唯愛和平派之間的立場，試圖在堅持基督教「博愛」傳統的同時，儘量為適當的武力反抗開拓一些空間，使其在基督教信仰框架之下獲得一定的合法地位。這種立場在教會的領導層以及掌握教會輿論的知識精英當中尤其具有影響力。

「九·一八」事變爆發後，基督教界的不少重要機構所發表了一系列通電、聲明和公開信等均反映了這一派當時的思想動向。在五卅運動和「九·一八」大大加深了民族矛盾和危機之前，和平主義思想的影響在教會主流內相當強大，武力抵抗與和平抵抗的選擇還不突出，不尖銳。從不少教會頭面人物所發表的有關言論看，他們與唯愛主義者的立場似乎也沒有根本性的區別。例如，中華全國基督教協進會的主要領導人誠靜怡曾於1928年1月發表〈歐戰停止十週(年)紀念感言〉斷言，歷經世界大戰的血腥經驗與慘重後果之後，「從此『戰以止戰』之說，不過為統治階級與陰謀家本來面目之一種暴露，世人當復不再如此容易受其愚弄欺騙耳。」[33] 本著耶穌和中國古聖先賢的訓言，以及大戰的惡果，他針對基督徒發出告誡稱：

> 戰事與耶穌基督愛的主義，根本不相容納。……將來世界不欲追求長治久安則亦已矣，如欲追求長治久安，斷非循由武力爭執互相殺戮傾覆之途徑，可以獲得。惡因不可再種，殺機更不可屢開。人類果有鑒於歐戰經過之慘酷可哀，必也及早悔悟，實現互愛互助精神，一致遵崇上帝為父人類皆兄弟姊妹之旨，實莫之由。凡我宗主同道，對此偉大寬宏之人道正義，善體而倡導之，責無旁貸。[34]

誠氏對當時國際上的非戰、裁軍的種種運動和舉措十分讚賞，號召基督徒「隨機贊助『停戰』『裁兵』『非戰』『和平』種種運動。……隨時為我國和平建設前途祈禱。」[35] 這一類的主張無疑是與唯愛主義者的主張基本一致的。實際上，誠靜怡在同一篇文章中也把自己和自己所代表者稱為「服膺耶穌基督和平主義者」。[36]

「九·一八」之後，協進會同全國各界一樣對日本的侵略行徑表現出極大的憤慨，接連致書全國教會，致電國際聯盟、世界基督教協進會和日本基督教協進會，發表對時局的看法，訴諸國際輿論。總體而言，協進會對「九·一八」與「一·二八」的反應仍然體現出和平主義的強烈影響。它在痛心「戰爭已經爆發，公理已被摧殘，歐戰後普世人類力謀建設之新國際道德標準，幾被窮兵黷武者之鐵蹄蹂躪一盡」之餘，[37] 沒有明確鼓動對日宣戰，而是一方面告誡基督徒「救國大計，任重道遠，妄逞意氣，途托空談，均非救國之道。甚望全國同道，深自警惕，遵基督之寶訓，為人道作前驅，以沉毅之精神，作持久之奮鬥」；[38] 一方面重申對國際和平與國際主義的信心：

> 凡我同道尤當放大眼光，負大責任，不僅盡中國國民之天職，以救吾家於垂危。更當盡世界公民之天職，以維持世界文化於不敝。亟起聯合舉世同道，仗義執言，以冀與基督教旨絕不相容侵略政策，能為普世文明人類所共棄，而國際聯盟非戰公約等所代表之理想，得以實現。[39]

可見，協進會對立即實施武裝鬥爭是有所保留的，而傾向於依靠當時的國際維持和平的機制，尋求和平的解決辦法。從這種指導思想出發，協進會對外則向國際社會和基督教界力陳日本行為之不義，與中國所受之苦難，呼籲國際和平力量主持公道；[40] 對內則主張「對於政府以此次日本稱兵東省事付之國聯公決之辦法，表示同情。但同時深維救國之道，端在自強。僅持自身以外之援助，終非根本之圖。更覺自強之道，不僅在軍備之充實，尤在國事全部之發展。」[41] 所以中國當務之急，在消除黨爭內訌，勵精圖治。而基督徒「尤宜勤懇謙誠，祈禱於上主之前，或公開會集，或私自修養。為人為己，為家為國，痛心認罪，迫切祈禱，出於至誠，持以堅忍，以冀上主俯聽，大施拯救之恩。」[42] 在協進會看來，這樣一套非暴力的應對之策顯然是最符合基督博愛精神，也是最現實可行的。

不過，協進會並沒有公開地、明確地譴責暴力，也沒有完全把武力反抗排除在解救民族危機的辦法之外。事實上，協進會為「一·二八」所發的聲明曾明確讚揚當時在上海與日軍作戰的國民黨軍隊說：「我方將士激於義憤，忠勇奮發，不為威武所屈，且能屢挫強敵。」[43] 而它所主張的救國之策並沒有否定「軍備之充實」的必要，而是要求超越單純軍事的努力，而謀求「國是全部之發展」。從這一點來說，協進會的立場又與唯愛主義者有著微妙，而本質性的區別。如果說協進會在「九·一八」之前還帶有相當明顯的反戰傾向，那麼到了「九·一八」之後，協進會不再能與唯愛者一道批評戰爭的邪惡本質，而只是把解救國難的重點依然放在和平解決一邊。應該說，協進會的這種立場在當時的基督教界是有代表性的。當時全國各地基督教會主要領導和教育機關所發表的對時局的聲明和看法，與協進會的觀點大同小異。

1937年抗日戰爭全面爆發之後，協進會進一步修正了自己對戰爭的態度，而公開認可抗戰的正義性。1943年，協進會召開了抗戰開始之後首次全國性的擴大會議，並發表了宣言。該宣言明確指出：「我們這次的大戰是為著民主而戰，民主的中心意義，就是基督教尊重人格，尊嚴個性，主張平等，主張自由的基本精神。我們對於侵略的軸心國家，所以深惡痛絕的，就是因為他們違反了這種精神。」[44] 對於教會在戰時開展的救死扶傷的服務運動，宣言也極表贊同，而且鼓勵全國教徒「盡其有錢出錢，有力出力的國民本分，使最後勝利能夠早日實現」。[45] 可見，協進會無論是從理念上，還是從實踐上都對反法西斯戰爭做出了肯定。

不過，同一篇宣言也顯示出，協進會即便是在抗日熱潮的氛圍之中，還是在試圖保存基督教博愛原則的價值，有意在自己與民族主義思潮之間保持一定的距離。協進會的這篇宣言稱：

> ……正當此艱危困苦的局面中，基督教益當表彰其固有的高瞻遠矚，冒險創造的精神。基督教最基本的教義，為博愛為服役，為自由為平等，為克己為犧牲。……決定世界命運的，不是強權，而是公理，不是一國一族的私願，而是全人類亙古的要求。我們堅決的相信，無形中統治著世界，指示著歷史的途程的，不是煊赫一時的暴力與野心，而是上帝永恆不變的公義慈愛的旨意。[46]

在此，博愛精神和國際主義都是被作為基督教基本原則而得到重申的。與此相配合的，宣言還特別強調：「基督教還有一個很重要的使命，那就是站在一個超然的立場上，去觀察現在世界的秩序和社會制度中的一切的現象與演變，拿耶穌的教訓，去批評它們的得失，鑒別它們的是非。」[47] 這樣一種先知的精神與態度，使教會得以在任何問題上都保持特立獨行的風格和標準。宣言接著告誡說：「現在基督教最大的危險，就是在現狀包圍之下，失掉這個先知先覺的功能。基督教最大的危險，就是同流合污，人云亦云，不能領導時代，而反為時代所同化。」[48] 協進會在舉國上下抗戰壓倒一切的大環境之下，而能一再發此警語，用心頗深，目光頗遠。

協進會在戰與和的問題上的這種態度和變化，在主流宗派、合一組織和教會學界、輿論界都是相當常見的，甚至可以說在大部分時間裏代表著主流意見。儘管這批人的立場隨著局勢的惡化而有所改變，但這種改變並不是根本性的，或者說更多地是側重點的不同。所以說，我們還是有可能從這些所謂中間調和派的言論中歸納出一些主要的思想特點。

首先，中間派贊同博愛是耶穌的根本精神，是基督教倫理的支柱和支配性原則。在這個基本的信念和理論預設上，他們與唯愛主義者並沒有原則性的分歧。甚至在基督博愛精神的具體應用上，或者説基督徒道德實踐的大方向上，他們的主張也與唯愛主義者基本一致。典型的例子是趙紫宸在1926年出版的《耶穌的人生哲學》中把博愛的道德實踐，總結為所謂「超抵抗主義」與「超國家主義」。用他自己的話來説：「不用惡方法抵抗惡，乃用超於惡，終必勝惡的方法抵抗惡，這教訓就是超抵抗主義！」[49]「在於今日，有人格的中國人應當與抱負廣大的日本人，英國人，法國人，美國人等，相交以信，相尚以德，在我們必須共居的地球上，在我們逃不出的世界上，建造永久相愛的生命。這些人以人格相見，要以上帝為標準，主張用愛解決一切問題。這個主張，是超國家主義。」[50] 這不但是趙氏本人，也是其他許多教會人士貫徹始終的立場。

具體到戰爭的問題上，中間派均不否認和平為基督教的最高社會理想，而戰爭在本質上是一種邪惡。直到抗戰全面爆發的前期，我們還時常聽到這樣的言論：

> ……聖經看戰爭是由罪惡來的，是人類不應有的事。而且一切的先知使徒以及基督自己都遙指那將來化戈矛為犁鋤的和平世界為人類的理想社會，為天國的實現！
>
> ……戰爭既是不應該有的，我們就應當竭力設法使之消滅，至少我們不應當反對一且消除戰爭的企圖，反應該向它們表示相當的同情和合作。……
>
> ……我們當知道天父的旨意不是要我們徒抱消極的

> 悲觀，以為戰爭永不得止息，或以為止息戰爭全是上帝的事，與我們無干，乃是要我們與他合作，使和平的天國早日實現。
>
> ……宣傳基督「和平的福音」是解決戰爭問題治本的一個方法。[51]

這類言論的和平主義傾向是毋庸置疑的。

然而，在民族危機日益深重的情況之下進一步思考「和平福音」的含義與後果的過程之中，中間派卻發現他們無法像唯愛主義者一樣，把「博愛」、「和平」的理念作為無條件的絕對道德律令，從動機、目的與手段諸方面來規範基督徒在任何情況之下的道德決定與行為。特別是在抗戰救國的鬥爭中，徹底堅持非暴力的原則無論在理論上、感情上和實踐上，都是不可能的，而基督徒必須對民族救亡的武裝鬥爭做出正面的回應。因此，中間派人士從不同的角度對「博愛」的內在含義與適用範圍，作出了一些重新解釋和限制，為武力鬥爭留出餘地，使其在基督教倫理思想體系內獲得合法性。他們在這方面提出的觀點與看法多種多樣，角度各異。其中較有特點的，有以下幾個方面。

第一，在抗戰的形勢下，中間派對耶穌「愛仇敵」的自我犧牲精神的內涵與性質作了不同程度的再認識，和再陳述。他們認為，這種精神實際上並沒有完全排除武力抗暴的可能性。1938年10月《真光》雜誌的一篇編者評論指出，新約馬太福音五章所載的「登山寶訓」是最容易引起人誤解。它批評說：「若照著段經文的字面籠統直解，那就不是愛敵之道，乃是害敵之道，並且是害一切人類——連自己也在內——之道；所以若不根據整個的基督教道，和歷來的社會實情，簡直是謬解聖經了。」[52]

這是對唯愛主義解經法的直接挑戰。這種不拘泥於聖經經文的態度，為「登山寶訓」的另類解釋打開了大門。

果然，該文作者接著提出：「愛仇敵不是怕仇敵，也不是屈伏於惡勢力。……愛敵不是縱敵。……仇敵且須愛，那麼親屬和善良的人更須愛。……犧牲，是捨己救人，不是捨人救己。……犧牲是有限度的，也是有時間的。……若感化敵人和造福人羣，兩者不可兼得，那只有犧牲敵人，而求造福人羣。」[53] 這樣，基督「博愛」的精神普世性和絕對性便遭到了削弱，武力並不是絕對地與「博愛」精神相抵觸，有時甚至是「愛」的實現。

還有的論者在「愛」的性質上作文章說：「耶穌所講的『愛』是積極的，不是消極的，也不是極端的無抵抗主義。……耶穌說『愛仇敵』(love your enemies) 並不是說『容忍仇敵』(yield to your enemies)。」[54] 作者的言外之意是認定唯愛主義的精神實質過於被動、消極，而耶穌所倡導的「愛」是積極奮進的。「愛」的這種性質，就決定了武力的對抗有時是必要的。「若一味的不抵抗與罪惡妥協，而反說是愛仇敵，未免污辱了耶穌的精神與教義。」[55] 這位作者對唯愛主義的理解與事實不盡相符，不過他的確道出當時唯愛主義者在教會內外很多人心目中的形象。

第二，在上面引用的言論中，已經隱含著對基督教「公義」原則的強調。在抗戰需要急迫的情況下，不少中間派人士明顯地開始突出「公義」原則的重要性。《真光》編者的同一篇文章是這樣陳述「公義」的重要地位的：

> 要和平，必須維持公義；能維持公義，才有真正的和平。基督教是主張和平的，但和平必須維持公義，沒有公義，是不會有真正的和平的。所以基督教一方面主

> 張和平，一方面也要維持公義。不過維持公義的力量，不只是靠法理，也須靠法理背後的武力。所以在這奸惡的世代，基督教還不能不擁護法理背後的力量。[56]

其實，中間派與唯愛論者的分歧，並不在於是否承認「公義」原則在基督教倫理思想中的地位，而在於是否可以以此原則來認可使用武力的正當性。

第三，早在「九·一八」之前，趙紫宸在對耶穌的所謂「超抵抗主義」一再表示崇敬之時，主張把「超抵抗主義」的精神實質與具體的實行辦法區分開來，認為只要把握住前者，對後者「不必咬文嚼字，泥守章句」。[57] 更明確地說：

> ……耶穌教訓人，除了家庭問題之外，只為人類說原理，沒有為人類立細則，……愛仇敵是原理，不是對付仇敵的規則。仇敵不害我，或害我，而我有法可使仇敵變態度，可使自己得保護，我便沒有理由宣戰。……仇敵必對我宣戰，操刀挺戈，尋釁於我，……我必自衛衛國，挺身而戰！……我不能愛仇敵而讓仇敵殺我；難道愛仇敵，就不能自愛了嗎？[58]

在趙氏看來，「我戰不出於憎毒，是出於服從道德律，未始不是愛仇敵」。[59] 所以只要在動機上本著「愛」心，採取暴力與非暴力的手段可視特定的情況而定。對「登山寶訓」的這種抽象化處理也為基督徒投身抗日武裝鬥爭開闢了道路。

第四，唯愛論的許多批評者常用的作法是把耶穌「愛仇敵」教訓的適用範圍加以極大的限制，尤其是限制在個人生活的領域之內。部分中間派人士也持有類似的看法。前引《真光》雜誌的文章，便要求在考察基督教愛敵問題的時候，「私人的仇敵，與人類的蟊賊，要分別清楚。」而基督徒的「愛」只可施之於前者，「但是人類的蟊賊，就不能這樣對待他；因為若這樣待他，那便是犧牲眾人的幸福，以滿足少數惡人的欲念，是違背愛敵真理的。」[60]

而1933年3月《真理與生命》刊登，由劉子靜撰寫的一篇文章則從歷史的角度來論證這一點：「……我們覺得耶穌愛仇敵，……是為人與人之間的敵視而說的；至多只能應用到小團體與小團體的對抗方面去，而不是為國與國之間敵抗行為而說的，未有想到要應用到國際方面去。……把耶穌唯愛主義的原則應用到國際間去，不爭戰，不抗敵，是晚近的事，是現代申引耶穌主義的結果。」[61] 按照劉子靜的看法，耶穌唯愛主義的原則最初只限於在基督教團體之內應用。「其所以當日基督徒不能把耶穌唯愛主義，解釋敵視的原則，推行，應用到教團之外去，正是因為對方團體缺乏採納這原則的條件。」[62] 這樣，基督教「博愛」原則之能否實施，又多了一個外部的條件，即接受這「愛」的對象自身是否具備被愛的特質與作為。而耶穌唯愛的原則一直未能成功地應用於國際關係，「正是因為國際間未有具備採行唯愛主義的條件。今日中國與日本，不能採用唯愛主義的原則，以解決一觸即發的大戰，更是因為我們與日本亦未具備採行耶穌唯愛主義的條件。」[63]

第五，這種實行「唯愛」的條件尚不具備、尚不成熟的觀點在中間派內頗為常見。其結果必然會得出這樣的結論：「相親相愛」和「世界大同」固然是基督教的最高理想，但沒有立即實現的可能性。在當下的世界上，暴力還是不可全免的。「七七事變」之後不久，中華全國基督教協進會的執行委員朱立德著文討論「基督徒可否參加作戰」的問題。他首先把內戰與外戰區別開來。一方面，他確認「戰爭是一種罪惡，而對於內戰是絕對不容許。……凡能根據公理，服從民意，出之以至誠之心，以謀國是之解決，可以不用內戰的方法，而能達到目的。從此可知，內戰不但不可用，而且不必用。」[64] 另一方面，對外作戰問題則遠為複雜。因為內戰各方比較容易達成一致的立場和目標，進而找到解決糾紛的和平辦法。但「國際糾紛不用戰爭之惟一出路，只有根據基督教的原則，以『上帝為父，世人同為兄弟姊妹』為共同之立場，『創造大同世界，建設上帝國在地上』，為共同之目標。然而在世界各國信仰分歧，思想複雜，基督教影響尚未普及的時期，此項立場與目標當然不能得到世界各國的贊同。」[65] 所以，「唯愛」還暫時無法成為塑造國際關係的準則。

既然如此，則解決國際紛爭的途徑亦應分為兩個層次來談：「一為過渡的時候，一為理想的辦法。」[66] 所謂「過渡的時候」，即世上還存在著帝國主義野心家，他們「迷夢方酣之時，無論任何真理，任何和平主張，俱難邀其一盼。」而「被侵略者若無相當防禦，一味任其摧殘，是不啻縱虎狼而入羊羣。」[67] 在這嚴酷的現實面前，「世界大同」理想的實現就不得不以待來日，同時武力抵抗還有其必要性。所以，朱立德主張：「……凡是維護公理，抵禦強暴，以及不得已出為自衞的戰爭，基督徒盡可參加。」[68] 但是，他也強調，這個過渡時期實在是一個迫於現實情況的權宜之計，「乃暫時的而非永久的。乃反常的而非經常的，希望由此一渡而得漸入佳境。」[69]

按照他的設想，所謂「佳境」即「理想的辦法」。武力的抵抗並不是目的本身，而是要使侵略者的行為受到遏制。「迨其野心稍及，而後再以人格與公理感化之，而使其接受耶穌基督所主張之公義與和平，至始得根據上文所提及之『上帝為父，世人同為兄弟姊妹』的共同之立場，『創造大同世界，建設上帝國在地上』的目標為大前提，進而討論如何相安相處與互助互惠的方法，因以奠定世界和平的基礎。」[70] 極力在「唯愛」的理念與「公義」的需要之間取得平衡和妥協，是中間派立場的一大特色。

第六，中間派中有人以基督教的神學觀念和語言來論證「民族自衛」與「民族自強」的必要性，指出在侵略者面前一味退讓，毫不自衛也並不為上帝所悅納。例如，前引謝受靈的文章就這樣說：

> 我們也應該知道善與強是分不開的。自然，持強欺弱是積極的惡，我們應該反對。但是無論是個人或國家，弱到一點自衛的能力都沒有，一讓外來的仇敵把他生吞活剝，這至少也要算是消極的惡。……自謀生存與自衛生存是生物界公例，是上帝所定的例。失了自衛能力即違反了上帝旨意，即是罪，罪的工價就是死！雖說自衛的能力過於發展常易流於侵略的行為，我們還是不可因噎廢食，變作印度、朝鮮的樣子。[71]

這類觀點立論於「自衛生存」的世俗性觀念，把自身實力與愛人之心掛起勾來，同時暗指徹底的「唯愛」主義會導致「消極的惡」，這與前述把唯愛批評為「消極」、「被動」的愛類似，都傾向於把唯愛論視為帶著柔弱、退讓特質的一種主張。

第七，上述這幾點都從觀念上認可了基督徒參加抗戰的正當性。但是在基督徒具體以何種方式參戰，也就是說基督徒能否抗槍殺敵，還是有爭論的。一般來說，在抗日戰爭爆發之前，中間派人士多對此含糊其詞；至抗戰全面展開之後，則多公開贊成基督徒參軍殺敵。他們從信仰和神學的角度對此做了這樣幾點論證：首先，「耶穌和使徒們，都沒有禁止信徒當兵的明訓。」[72] 其次，「基督教仍然承認現在國家行政的權力，是上帝所給予的。」[73] 保羅在羅馬書十三章自然經常被引用來支持此點。基督徒既要服從掌權的，當然要參與一定強制和暴力行動。這是基督徒在世上為公民所必須盡的義務。正如有人所說：「我們也應該知道我們與國家脱不了關係，服從政府，無論人的宗教信仰如何，當作國民的天職。」[74] 這裏可以看到所謂「兩個國度」理論的潛在影響。第三，實際上，有的論者確曾明確引進了「兩個國度」論來為基督徒參戰辯護：

> ……耶穌處現世的環境中，是主張盡兩方面的責任的；一方面向靈性，要盡天國子民的責任；一方面向肉體，要盡世國子民的責任。所以我們在天國方面，有權利有義務；在世國方面也有權利有義務；都是不可放棄的。這義務不單指納稅的問題，也指當兵的問題；因為在天國方面，我們要有『精兵』的資格，在世國方面，也要有『精兵』——不是強暴勒索侵略的兵，乃是維護人道正義和平的兵——的資格。[75]

所以，在中間派看來，在抗日戰爭中，扛槍打仗這種最直接的暴力形式也沒有甚麼信仰上的障礙。

第八，不過，中間派最重視個人良心和選擇的自由。所以，他們多主張：「我們的良心若不許可我們當兵上陣殺敵的話，還得隨從良心的自由。而且服務國家，拯救人羣，也不一定要做到當兵的地步；即如在戰爭的前方後方，服務軍人，拯救傷亡，救濟難民等，也是在在需人的重要工作。」[76] 這種尊重個人選擇權利，強調民族自救辦法的多樣性，不強求在暴力與非暴力的救國方式上的一致也是中間調和派的主要特色。

「九·一八」之後，雖然大部分中間派人士都愈來愈傾向於承認，甚至鼓吹基督徒拿起武器，投身抗戰的合理性和必要性，但是他們從來沒有失去這個特色。以趙紫宸為例，他在「九·一八」之後雖然屢屢單獨或聯名發表政見，為挽救國運獻計獻策，向基督徒參與救國提出種種建議。但是他總是要求基督徒「本耶穌的精神及信徒自己的理解參加救國運動」。[77] 也就是說，只要把握住「博愛」與「公義」的總原則，在具體的作法上可以靈活掌握。有人借「靈巧像蛇」的經句，主張信徒在戰亂的局面下要「兩利相形權其重，兩害相形權其輕」，[78] 自行做出判斷與決定，也表達了相近的意思。

第九，儘管中間派從各種角度認可了基督徒從事的武力抗日活動，但是他們所帶有的強烈唯愛主義的影響又使他們始終對武力心存戒懼，一再強調暴力本身的邪惡性和破壞性，尤其堅決拒絕「帶有侵略，或報復彩色的武力」。[79] 因此，他們堅持他們所贊同的武力鬥爭是正義的、民族自衛性的。更有人為基督徒所可以參與的武力鬥爭制定了以下的條件：「(1)為維護公理而非盲從。(2)為自護而非侵略。(3)為憎惡對方之罪惡，而非憎惡對方的人民。(4)適可而止，不多事毀滅與屠殺。」[80] 而且，不少人也指出，即使是正義的武力歸根到底也只是基督徒在一個不完美的世界上不得已而為之的行動，是暫時的、過渡的，決不是基督教理想社會的一個組成部分。基督徒對戰爭，即便是正義的戰爭的態度也必須慎之又慎，因為「一到用武力來解決問題，雙方所受的損害，人類所遭的摧殘，都是厲害到無法補償的，所以為維持正義起見，非到萬不得已的最後關頭，是不可妄用武力的。」[81] 這樣的言論在抗戰全面展開之後，也不難見到。

即使到了不得不參與戰爭的地步，有論者還指出，基督徒

> ……無論如何不應該存仇恨人的心，只應該抱反對罪惡勢力的態度。比如一切帝國主義，軍國主義以及資本主義等都是欺凌壓迫弱小的惡勢力。但同時我們也須知道那些為這種種惡勢力所驅使去欺凌壓迫同類的人也不過是為罪惡所蒙蔽，實在是可憐得很，我們雖然是深惡痛恨他們的思想和行為所代表的惡勢力，我們還是要愛他們，待他們如同類。這就是天父恨惡罪惡，卻憐愛罪人的心。[82]

這種在思想、感情和動機上不存恨人之心的態度其實也正是唯愛主義者所一貫積極倡導的。然而，有趣的是，唯愛論者與中間派的相同也就到此為止。與唯愛論者不同的是，中間派並不認為唯愛的動機一定會導致對暴力的拒斥。在他們的思想之中，唯愛的動機顯然比具體的行動更重要。前者屬於原則問題，不可動搖；而後者則屬於個人抉擇的範圍，可以靈活掌握。一名基督徒只要在大的原則問題上問心無愧，那麼便有自由決定自己的行動。正如有人所言：「……現在我們做基督徒的，無論對於國內國外的奮鬥，不只在方式，也在我們的動機。我們應問，是不是有耶穌那樣懇摯的愛？若有，我們奮鬥的方式，也許是武力，也許是經濟，也許是自己的生命！」[83] 事實上，正如前面已經提到的，有些中間派人士辯稱，武力抗暴也是基督徒「愛心」的一種表現。

由以上的討論可以看出，中國基督教界這批所謂「中間

派」人士在「九·一八」之後民族危機驟然加深的情況之下，對基督教倫理思想中傳統的「博愛」主題與現實民族鬥爭的迫切需要之間的矛盾採取了一種折衷調和的解決辦法，煞費心機地一方面要保全以「博愛」為核心的倫理思想體系框架，另一方面要為基督徒投入抗戰、直接參加武力抵抗爭得一席之地。他們的作法多種多樣，或者把「博愛」抽象化為一個總原則，或者從時間和空間上對「博愛」精神的適用範圍做出限定，從而為基督徒的武裝抗戰開拓了空間。同時，他們又沒有忘記「博愛」原則的指導作用，及其對基督徒戰爭行為的規範作用。

總的來看，中間派的思想頗為龐雜，它的某些方面與唯愛主義一致，另外一些方面則與武力抵抗派如出一轍。它與唯愛主義一樣，尊「博愛」為基督教的最高理想和主要社會理念；但卻無法像唯愛主義那樣，把「博愛」理念從信徒的動機到實踐，從理想到現實都一以貫之。它與武力抵抗論相似，都曾對「登山寶訓」做出了再解釋，並對唯愛主義的解經法和徹底的「非戰」立場頗有微詞；但卻不能如武力派那樣對正當的暴力如此高揚，對武力鬥爭的擁護如此熱情和爽直，而是多了許多的保留、謹慎與規範。由於有這些特點的存在，儘管中間調和派內部經常呈現出立場的多樣性與流動性，我們還是可以把他們看作有別於唯愛和平派與武力抵抗派的獨特一羣。

三　保守—基要派

迄今為止，我們所探討過的唯愛主義派、武力抵抗派和中間調和派多來自自由主義和社會福音的神學傳統。實際上，在「九·一八」之後中國基督教界關於「戰爭」與「和平」的討論之中，神學自由派與社會福音派的投入最深，聲音最強。甚至可以說，這場討論基本上是由他們支配的。然而，正如美國學者裴士丹(Daniel H. Bays)所指出的,1920、1930年代中國基督教史最重要的特點之一,即是獨立的、保守的教會與傳道人的出現。[84] 保守派團體的壯大和如火如荼的奮興佈道運動使保守—基要派迅速崛起,成為教會界一支不可忽視的力量。不過,在「戰爭」與「和平」的社會倫理的討論中,保守派似乎始終默默無聞,從未引起人們的注意。但是,這決不是說,他們對世上戰與和的大事毫不關心,對國難無動於衷。如果我們不對他們在這方面的思考、關懷與反應有所觸及,那麼我們的探討便不具有代表性。

平心而論,保守派的有關反應之所以長期遭到忽視直接導源於他們對當下社會政治問題的漠視或迴避態度。中國教會保守—基要派傳統對靈與肉、聖與俗、福音與世界之區分的執著,以及隨之而來的社會歷史觀,使得從屬於這個傳統的信徒個人和教會一向專注於墮落世界中福音資訊的廣傳與人們靈魂的拯救,而沒有如自由派那樣系統地、長期地,和主動地從基督信仰的角度來追蹤、觀察和思考當時中國和國際的社會、政治與文化問題,以便使基督信仰更加貼近現實,發揮社會與文化改造的功能。在保守派的思想體系中,社會和文化問題從未佔有其在自由派思想體系中那樣顯赫的地位。在20世紀上半期中國保守派的絕大部分教會領袖和神學家身上,我們都可以發現這個特點。即使陳崇桂等極少數較有社會關懷的保守派領袖人物,也沒有在社會與文化觀方面取得實質性的突破。[85]

然而,保守—基要派從來不是不食人間煙火的避世清修者。他們感受著世態的炎涼,必須本著信仰對人生和社會的經驗做出反思和詮釋。這也就是為甚麼他們的思想體系中的確包含著特定的社會歷史觀,儘管這社會歷史觀也許相比較而言並不博大精深。隨著1920年代末、1930年代初中國民族危機的步步加重和國際局勢的持續緊張，保守派與他們的同胞們一道承擔著國難家仇，自然要給予時局以較多的關注，並且要從信仰的立場做出回應。[86] 他們在「九·一八」之後針對時局所發表的言論既反映了保守一基要派傳統的社會歷史理念，又進一步強化了這個理念，以及與之俱來的對基督徒在世使命的理解。

首先，在中國教會保守一基要派的思維中，加爾文主義對人的罪性與上帝的主權的強調向來影響甚大，本源自路德主義和再洗禮主義的教會與世界的對立論也產生過極關鍵的塑造作用。其結果便是保守派一般對人類社會持有基本上負面的估計，認為此世為罪惡所充滿，為魔鬼所轄制，只有等待基督第二次降臨才可徹底改觀。而在保守派人士看來，「九·一八」之後國際、國內日益動盪、混亂的局勢恰好為他們的社會歷史觀提供了佐證。當時保守派人士所發表的言論都普遍地表達了這一點。譬如，「九·一八」之後，有人從人類始祖犯罪説起，來證明今日亂局的必然：「自從撒但混進世界的舞台，虛偽的罪惡，即佈滿了整個人心。亞當夏娃首先學會了偷竊，該隱遂著演成第一次流血的殘劇。從那時起到現在，撒但老是耍這把戲，他趁機作那罪惡的播種，即是日本這次的逞兇，和不負責的推諉，也無非是當年始祖們和該隱的俗套而已。」[87] 而對世界醜惡、混亂狀態的描述和定性則更為常見。下面這段話相當典型：

> 我們不要看錯了，以為世界愈文明，罪惡愈減少，其實是世界愈文明，罪惡愈加增的。因為現在的世界，不是耶穌為王的世界，乃是魔鬼操權的世界。所以現在之所謂世界文明，並不是真（精神的）的文明，乃是假

> （物質的）文明；在這所謂文明的幌子之下，是隱藏著許多猙獰的惡魔的。我們以前，以為姦淫邪盜，殺人放火，就算為逆天大罪，到了現在，炸彈毒氣的大量屠殺平民，卻算為平常的事了。以前個人與個人之間，失了信義，還為眾人所唾棄，現在國際之間，任意撕毀盟約，破壞協定，卻不以為希奇了。
> 這種世界罪惡之愈演愈奇，愈演愈凶，乃是聖經所明示，也是我們基督徒所素稔的；所以我們今日看見日本軍閥，向我們這樣無理的，殘暴的侵略，乃是這世界必有的事。……在直的方面查歷史，在橫的方面觀全球，何時何地，不有這種罪惡的殘劇呢？[88]

在這樣一個頗令人悲觀的世界上，保守－基要派在他們的末世論裏找到了希望。帶著對耶穌再來的企盼和聖經中預言的篤信，他們發現世界的亂像似乎在預示著末世的來臨：

> 「你們聽見打仗和打仗的風聲，總不要驚慌，因為這些事是必須有的，只是末期還沒有到。」（太二十四6）……到了現在，這一切預言的事情都逐漸的呈現在我們的眼前，使我們增加了不少的信心，確信他言語是不能廢去的。
> 現在打仗的事情和風聲，無時不湧進我們的耳鼓裏，繞在我們的心坎中，而這一切的槍炮聲，正像告訴我們，叫我們應當趕快的預備，等候，歡迎榮耀之主蒞臨。[89]

在保守派的眼中，世界的狀況無疑正在印證上帝給其所定的罪，世界的走向正在延著聖經的預言展開。對於處在戰亂中的人們來說，這種信念確實具有相當強烈的安慰作用。

在保守－基要派對當時形勢的這種認識中，我們可以看到前千禧年主義的痕迹。[90] 特別是在王明道對當時社會與形勢的看法中，前千禧年主義的影響則更為突出。在1936年春寫成的題為〈世界究竟能不能有和平？〉的文章中，王明道明白無誤地陳述了他對人類歷史演變的觀點：「聖經告訴我們說，這個世界是要一天比一天敗壞，一天比一天邪惡，因此社會間的禍患痛苦也必定一天比一天加增，直等到這個世界惡到極點，便要有一場極大的災禍臨到。這場災禍是神向惡人所施的刑罰，也是人類犯罪所結的苦果。這種道理與我們在世界上親眼所看見的事實是完全相符合的。」[91] 倪柝聲在這個問題上的立場也一樣鮮明。他曾在1936年比較了基督的兩次來臨，以此來解說基督徒對國家和社會問題應持的態度。他說：

> 基督第一次來到這個世界的時候，主要是完成了對付罪的工作，拯救了人脫離罪，叫人得著新的生命。基督第二次來的時候，才是來解決這個社會的一切問題，更新一切的政治制度。……基督第一次來，只救我們個人，沒有對付這個世界和它的制度，也沒有對付社會問題。基督第一次來，只解決屬靈問題，沒有對付物質問題。但他不是不解決這些有關國家、社會、國際等等的問題。基督是要來解決這一切的問題，而且要徹底解決。[92]

不言而喻，在保守派的這種歷史觀看來，人類歷史並無進步可言，戰爭與災禍在現世也不可避免。這是對自由派和社會福音派社會理念針鋒相對的挑戰。在同一篇文章中，王明道便批評了所謂「物質文明逐漸進步」、「人類信仰與道德不斷高尚」的說法，[93] 又指責相信這個世界可以實現和平的人說：

> 可惜現代多少人竟是這樣昏聵無知！所行的路都是向著災禍走去，心中卻作著和平的夢，口中卻唱著和平的歌。欺了自己，還要騙別人。於是造出甚麼「促進和平」、「建設天國」、「天下一家」、「世界大同」，等等的說法來。不信的人這樣作並不足奇，最希奇的就是許多稱為基督徒的，稱為傳道士的，也不顧事實，不信神的話，隨著世人喊那虛偽的和平口號，麻醉自己，欺騙別人。他們喊著說，「平安了！平安了！其實沒有平安。」遲早有一日正在世人作著和平之夢，唱著和平之歌的時候，災禍就忽然臨到他們。[94]

這就把矛頭直接對準了唯愛主義者，把他們為之奮鬥的理想說成是與歷史趨勢根本相悖的、無法實現的夢想。

另一方面，王明道並不否認基督教的最終理想是一個和平的國度。事實上，他也非常嚮往舊約以賽亞書二章所宣示的化劍為犁的理想狀態，憧憬一個「全地的人都要歸向神，敬畏神，遵行神的道。世上再沒有戰爭、兇殺的事，軍備完全撤除」的「大同的世界」、「黃金的時代」。[95] 不過，他按照前千禧年主義的思路認定，這理想國只有當基督再來把眾聖徒接去，人間經歷大災難之後才會在地上建立。而且這新天新地決不是人類所造，而是基督審判和打碎列國之後建立和治理的。[96] 這又從兩個方面否定了社會福音和唯愛主義的理論預設。其一，基督教理想中的公義、和平的社會不可能在當前社會的基礎之上經由逐步改革而確立，而只能在現世毀滅之後，在未來出現；其二，這理想社會不是經由人的努力完成的。所以，王明道拒斥「黃金的時代是藉著人的種種努力漸漸造成的」說法，指認這種人本主義色彩頗重的說法是「與神在聖經中所顯示的真理不合」，並且「今日教會中有一般有名無實的基督徒和傳道人，不信聖經中所記載神的這些寶貴的應許，同時卻從聖經中抽出幾段世界將要和平的話來，牽強附會的硬說那就是人用宗教道德科學所造成的天國。」[97]

保守—基要派的這種社會歷史觀的主要支柱之一，是對上帝執掌和支配歷史的權威的確信。因此，從民族的命運與遭遇背後都可以察覺上帝的意志。本著舊約聖經所記載以色列人與耶和華關係的歷史，許多保守派人士總結出，並且篤信這樣一條規律：當一個民族或國家順服上帝、行公義的時候，她就會蒙上帝的看顧；當她背離神、行不義的時候，她就會品嘗上帝的憤怒。循著這樣的邏輯，保守派人士常常指出，中華民族之所以迭造患難，歸根到底是因為國人信仰和道德上的敗壞，而招致了上帝的懲罰。正如王明道所言：「我們十分清楚的知道我們今日的遭遇就是全國人民悖逆不認識耶和華，任意妄為，硬心犯罪，所招來的。……既悖逆了神，一切其他的罪惡便如江河決口，洪水橫流了。……在這種景況中，我們還能希望國家民族的前途有光明與和平嗎？」[98] 而部分中國基督徒不能保持聖潔，甚至與國人同流合污，就更應該自省，承擔責任。難怪有人質問：「神的憤怒，臨到世界和中國，是否因為我們基督徒沒有脫離舊人的原因？以色列人何時遠離神，何時便有國難臨到，那麼我們豈不當猛醒嗎！」[99]

自然地，在保守派人士看來，中國扭轉國運的關鍵所在既不是整軍經武，也不是文化重建，而是徹底悔改，歸向上帝。

這神學上的根據便是「上帝是公義的，是信實的，只要你能悔改，他的義怒，馬上就可以收回。」[100] 所以，儘管中國已病入膏肓，危若累卵，「我們如果全國一心，悔罪改過，向上帝求恩，難道上帝就不聽我們的呼籲，這是一定聽的，不過要我們肯悔改祈求啊！」[101] 王明道也曾非常堅決地宣佈：「如果我們希望全國禍患減少，如果我們希望享受和平，只有羣眾痛心悔改離棄罪惡誠心歸向神。若不走這一條路，其他的道路都是走不通的。中國悲慘的命運決不是藉著其他的方法可以挽回的。」[102]

悔改歸主不但上可以挽神意，而且下可以促成天國的早日來臨。在保守—基要派的神學思想中，一切的社會問題總會被歸結為個人靈魂的墮落，以及隨之而來的道德淪喪。因此，解決社會問題的關鍵並非社會福音派所倡導的社會道德與文化改造，而是福音的傳播與靈魂的拯救。在國難當頭的形勢中，這種經典的思路依然左右著保守派對時局的意見，促使他們發出這一類的言論：

> 制裁罪惡的惟一辦法，就是宣傳福音。因為宣傳福音，有極切實雄厚的制裁罪惡勢力——1，可以叫人知道罪悔改；2，可以叫人崇善好義；3，可以叫人敬神愛人；4，可以團結善義的力量；5，可以制裁殘暴的行為；6，可以促成天國的實現。照這些效能看來，可見無論是促成國家的興盛；增進善義的能力，抵抗暴力的侵略，制裁罪惡的兇橫；為自己計，為國家計，為世界計，為子孫計，都是有密切關係的。[103]

宣傳福音甚至被直接了當地認定為解決中日爭端、實現和平的不二法門，「因為日本人若得了這永生的應許，便強如得了東三省。中國人若都信了真道，全國也就一定和平起來。這一種和平的真諦，是超過一切的號召的。」[104] 那些思想上受前千禧年主義影響者，常常把戰爭看作末世的徵兆，強調宣傳福音是和平之君再來的先決條件，因此強化了傳福音、救靈魂的緊迫性。誠如有論者所言：「在基督尚未復臨之前，福音傳遍天下，對萬民作證，是一件刻不容緩的事情，因為福音必須普遍，然後末期才來到，神的國才能降臨在地如同在天。而我們要盼望天國早日降臨，實現在地，那就應當趕緊把這福音傳開。」[105] 世界的邪惡、悔改的必要，與傳福音的急迫均是中國教會內保守一基要派神學傳統的重要主題，也是他們眼目中基督徒在世的惟一真正使命。「九·一八」和抗戰的爆發不但沒有迫使保守派弱化或放棄這些在主題和使命，反而更新和強化了對它們的篤信，因為它們又成了解釋民族危機的鑰匙和解決危機的根本出路。這使保守一基要派與社會福音一唯愛派之間在神學和社會觀上的認識差距不是縮小了，而是擴大了。前者對後者在在依賴世俗的運動和人類的努力而非上帝的大能十分不滿，批評之聲時有所聞。下面這段話頗能表達保守派的立場：

> 國聯的能力不能使世界和平，非戰的公約，不能停止世界的惡潮，這都是虛偽的欺詐品。要找真正的和平，惟有到天國來到時，假若我們願天國來到，除了宣傳福音別無他法，除了主的名以外，沒有名能藉著設立和平天國的。新神學派的謬說，正是撒但作工的詭計，利用似是而非的道理，叫人類離卻上帝，依靠自己的結果，只有失敗，連永生也沒有的。因為他們並不是福音的宣傳者，他們的言論離開聖經，他們是一羣

撒但的走狗。[106]

毫不奇怪，「九·一八」之後，保守—基要派在工作實踐上人仍然不改初衷，大致堅持以宣傳福音、靈性復興為教會工作的重心。抗戰前一年，王明道曾這樣鼓勵基督徒們說：「現在我們既已明白神在世界上的計畫，便當照著神的旨意向前進行，靠著主的大能大力，追求作完全的人；遠離一切罪惡和神所憎惡的事；忠心去作擺在我們面前的一切大大小小的本分；善用機會為主作見狀，引領他人同來接受神的救恩，在神的光明中行走，預備迎接那榮耀的日子來到。」[107] 在風雲變幻，世事動盪的日子裏，倪柝聲也一再地告誡信徒們，「我們今天就是好好的作個基督徒，不必想去改變政體，改良社會。我們一切的盼望，就是等候主的再來。他一來，一切的問題都要解決。」[108]

這些話頗能代表當時保守—基要派對基督徒在世上的任務的理解。在當時保守派討論時局的文章之中，「宣傳福音」、「努力佈道」、[109]「救靈運動」常作為救亡的主要對策被提出來，所謂「救國救世的、制裁罪惡的要圖，乃是宣揚福音。這宣揚福音的重責，已經放在我們基督徒身上，我們在這國難期中，是更要為這事努力的了。」[110] 保守派所關注的任務其實包括兩個方面的內容：追求聖潔與傳揚福音。它們乃是保守派一向為之奮鬥的目標，與當下的動盪局勢的確並沒有甚麼直接的聯繫，只不過適應抗日的需要而被賦予了新的意義和必要性。

不過，如果説「宣傳福音」即可以概括這一時期保守—基要派對國難的全部反應，那也是不正確的。的確，「宣傳福音」可説是保守派言論中最常見、最有支配性的一個主題。但除此之外，有些保守派人士還是提出了一些其他的應對策略。這些主張的多樣性尤其是在那些不太具有全國性影響力的人士中較為常見。或出於較少前千禧年色彩的社會歷史觀，或出於樸素的民族感情，他們主張基督徒在側重「精神上」的事務和「救靈運動」的同時，應該兼顧「肉體上」的事物和「救國運動」，[111] 甚至提出：「單講『救國』的，固屬是錯了方針，但單講『救靈』的，也未見得十分高妙，時至今日，道德斫傷，國家危亡，已經到了極點，所以我們只能雙管齊下，缺一不可。……在靈性方面，與空中的惡魔爭戰，消弭他那『殘民以逞』的毒心，在肉體方面，與那萬惡的倭奴爭戰，打破他那『大陸政策』的迷夢。」[112] 有的人還拓寬了「宣傳福音」的含義，主張：「所謂宣揚福音，它的方式，不只是用口講，也可以用錢傳，用力做；在形為上，在工作上，尤其是在這國難的前方後方，種種服役上，都是我們宣揚福音的機會。」[113] 這樣的觀點，無疑體現了對社會生活和抗日運動一種更為積極和參與的態度，不能不説是對保守－基要派傳統立場的突破。

本著這種較為積極入世的態度，一部分保守派人士也曾對武裝鬥爭的正當性問題進行過思考。他們珍視耶穌言行中所彰顯出來的博愛與和平精神，説：「我們十二分相信世界的國家，都是上帝子民的集團。神並不願他的孩子自相攻打。」[114] 他們也反對那種盲目的、侵略的民族主義。[115] 同時，他們一般承認中華民族自衛的權利，對唯愛主義所倡導的非暴力不抵抗持批評的態度。有的人從聖經中找出根據為武力抵抗辯護説：「我們站在肉體的立場，自然有持戈禦寇的責任，從以色列人的歷史上，來推擴到現在的中國。強鄰無端的欺負，我們為自衛而戰，也是絕對在神方面可蒙原諒的。先知尼希米的自衛政策，和大衛王的努力殺敵；這都是在聖經上的前轍，那喪國辱民的事，只有不長進的西底加，和認賊作父的老希律，才幹得出來。」[116] 有的人從神創論的角度來論證人的自衛權利：「上帝當初造人的時候，原知道人的爪、牙、角、毒，不及禽獸，所以特賜人以自己的靈氣，叫人能分辨是、非、善、惡，自己想出辦法制止外來的壓迫，保障自己的安寧。」所以，唯愛主義的錯處在於：「如果我們看見外面的壓迫來了，不加抵抗，反倒引頸受刑，美其名曰：『我是酷愛和平，採無抵抗主義』，唉！這樣的人，豈不是羞辱上帝嗎？」[117] 在基督徒參與抗戰的具體措施方面，一些保守派主張為國祈求得勝與和平，[118]「捐輸救濟」，[119] 乃至親身參戰[120] 等等。

通過以上的討論，我們可以看出，「九·一八」之後，保守一基要派沒有、也不可能超然於國難家仇之外而無動於衷。時代的風暴沒有從根本上改變他們的世界觀和歷史觀，只是促使他們進一步堅定了自己的信念，並且針對形勢的發展做出了自己的解釋與建議。他們也沒有完全置身於當時中國基督教就「戰爭」與「和平」、「唯愛」與「武力」所展開的大討論之外，而是以這場討論中的另類與少數派的面目出現。他們的言論表明，他們要麼把暴力看作是現階段人類社會中必要的邪惡，要麼鼓吹民族自衛的正義性，所以，他們決不是唯愛主義的同道。更有意思的是，他們對唯愛主義的挑戰比自由主義主戰派更為深刻，更為全面。從上帝的意志，到社會的發展趨勢，再到基督徒的責任，保守派對唯愛派的批判可說是全方位的。另一方面，保守派與唯愛主義的自由派批評者或懷疑者們在基本的神學框架上也存在著難以逾越的分歧。所以說，在「九·一八」之後的這場大討論之中，保守派一基要派聲音可算是非常特別的一方。

「九·一八」之後，中國基督教界在戰爭問題上的立場可謂精彩紛呈。日本的侵略把抵抗外侮的迫切任務擺到了中國基督徒面前，他們紛紛返回基督教的思想資源，重新檢視自己的傳統，試圖找到最佳的基督徒參與救國的態度和辦法。但在隨後的數年內，在日益深重的民族危機的壓力之下，大部分派別的立場又出現了某種程度的趨同，中間派與保守派紛紛認同武力抵抗的必要。

從這個過程一開始，唯愛主義就是中國基督教界中的少數派，在不同的時期內面對著各派的質疑與挑戰。到了抗日戰爭全面爆發之後，連立場與之最接近的中間調和派亦開始與其疏遠。而且各派對它的批評與指責也在很大程度上是一致的，主要集中在如何解釋「登山寶訓」等耶穌的言行，「愛仇敵」是否是普通的、無條件的原則，以及基督徒作為國民應盡的責任等等。其中有一些對唯愛主義的負面看法和評論，譬如唯愛主義代表著軟弱、一味退讓，實在是對它的誤解。不過，唯愛主義所宣示的理想始終得到了人們的尊重，即使它最尖刻的基督教批評者也不能否認唯愛的世界是人類終極的目標。但是作為一種救亡禦侮的策略，唯愛主義卻只贏得過極少的忠實信奉者。唯愛主義在中國教會內的這種時代處境，是我們在研究它的時候所必須考慮的。

註釋

1. 本章主要內容曾以〈「九一八」之後中國基督徒對戰爭與和平問題的討論與思考〉為題，發表于劉家峰編：《離異與融會：中國基督徒與本色教會的興起》（上海：上海人民出版社，2005），頁57～85。
2. 〈國難期間基督徒急於求解的兩個問題〉，載《真光》，37卷10號，1938年10月，頁1。
3. 劉子靜：〈基督徒與國難〉，載《真理與生命》，7卷5期，1933年3月，頁33。
4. 〈新文社同人告全國基督徒書〉，載《野聲·反日運動特刊》，1931年10月，轉引自張祖翼:〈基督徒對於東省事件態度的剖解〉,載《女青年月刊》,11卷1期,1932年1月,頁2。

5. 〈耶穌主義是不是絕對無抵抗主義〉,載《野聲·反日運動特刊》,轉引自張祖翼:〈基督徒對於東省事件態度的剖解〉,頁3。
6. 參余牧人:〈抗戰八年來的中國教會〉,載《基督教叢刊》,1945年2月,頁8～9。
7. 〈基督教義與非戰主義〉,載《興華》,28卷40期,轉引自陳晉賢:〈基督徒對於國難態度的分析〉,頁10。
8. 熊鎮岐:〈基督徒愛國〉(二),載《中華歸主》,184期,1938年3月1日,頁19。
9. 熊鎮岐:〈基督徒愛國〉(二),頁19。
10. 〈新文社同人告全國基督徒書〉,頁3。
11. 〈基督徒與抗日救國〉,載《新生命》,4卷十期,轉引自張祖翼:〈基督徒對於東省事件態度的剖解〉,頁4。
12. 熊鎮岐:〈基督徒愛國〉(二),頁19。
13. 楊道榮:〈基督徒與戰爭問題答客問〉,載《信義宗神學志》,6卷4期,1936年4月,頁186。
14. 張之江:〈鄉村牧師當提倡國術〉,載《金陵神學志》,14卷7～8期,1932年10月,頁11～12。
15. 〈新文社同人告全國基督徒書〉,頁2。
16. 〈對於反日的意見〉,載《野聲》,2卷2期,轉引自陳晉賢:〈基督徒對於國難態度的分析〉,頁10。
17. 〈我們的呼聲〉,載《青年友》,11卷11期,轉引自張祖翼:〈基督徒對於東省事件態度的剖解〉,頁4。
18. 〈山西汾陽基督徒救國會宣言〉,載《女青年月刊》,10卷10期,轉引自張祖翼:〈基督徒對於東省事件態度的剖解〉,頁4。
19. 〈基督教義與非戰主義〉,載《興華報》,28卷40起,轉引自張祖翼:〈基督徒對於東省事件態度的剖解〉,頁3。
20. 熊鎮岐:〈基督徒愛國〉(二),頁20。
21. 〈不抵抗主義經文的意義〉,載《衛道》,3卷1冊,轉引自陳晉賢:〈基督徒對於國難態度的分析〉,頁10。

22 楊道榮:〈基督徒與戰爭問題答客問〉,頁186。

23. 〈基督教與戰爭〉,載《河南中華聖公會會刊》,5卷8期,轉引自陳晉賢:〈基督徒對於國難態度的分析〉,頁9。

24. 〈日本佔領東三省後宣教師應有的態度〉，載《紫晶》，3卷1期，轉引自陳晉賢：〈基督徒對於國難態度的分析〉，頁10。
25. 〈新文社同人告全國基督徒書〉，頁2。
26. 熊鎮岐：〈基督徒愛國〉（二），頁16。
27. 熊鎮岐：〈基督徒愛國〉（二），頁20。
28. 參熊鎮岐：〈基督徒愛國〉（二），頁18～19。
29. 熊鎮岐：〈基督徒愛國〉（二），頁19～20。
30. 熊鎮岐：〈基督徒愛國〉（二），頁16。
31. 熊鎮岐：〈基督徒愛國〉（二），頁16。
32. 熊鎮岐：〈基督徒愛國〉（二），頁20。
33. 誠靜怡：〈歐戰停止十週（年）紀念感言〉，載《中華歸主》，88期，1928年1月，頁1～2。
34. 誠靜怡：〈歐戰停止十週（年）紀念感言〉，頁2。
35. 誠靜怡：〈歐戰停止十週（年）紀念感言〉，頁2。
36. 誠靜怡：〈歐戰停止十週（年）紀念感言〉，頁1。
37. 誠靜怡：〈為上海事變敬告全國教會書〉，載《聖公會報》，25卷78期，1932年4月，頁24。
38. 誠靜怡：〈為上海事變敬告全國教會書〉，頁24。
39. 誠靜怡：〈為上海事變敬告全國教會書〉，頁24。
40. 參〈為日軍侵佔東省事敬告全國教會書〉，載《聖公會報》，25卷1期，1932年1月，頁10～11。
41. 〈為日軍侵佔東省事敬告全國教會書〉，頁11。
42. 〈為日軍侵佔東省事敬告全國教會書〉，頁12。
43. 〈為上海事變敬告全國教會書〉，頁23。
44. 〈中華全國基督教協進會擴大會議宣言〉，載《基督教叢刊》，第3期，1943年8月，頁1～2。
45. 〈中華全國基督教協進會擴大會議宣言〉，頁2。
46. 〈中華全國基督教協進會擴大會議宣言〉，頁1。
47. 〈中華全國基督教協進會擴大會議宣言〉，頁1。
48. 〈中華全國基督教協進會擴大會議宣言〉，頁2。
49. 趙紫宸：《耶穌的人生哲學》（上海：中華基督教文社，1926），頁173。
50. 趙紫宸：《耶穌的人生哲學》，頁197。
51. 謝受靈：〈基督徒與戰爭〉，載《信義宗神學志》，6卷4期，1936年4月，頁203～205。

52. 〈國難期間基督徒急於求解的兩個問題〉，頁1。
53. 〈國難期間基督徒急於求解的兩個問題〉，頁1～2。
54. 王梓仲：〈基督徒與國難〉，載《真理與生命》，7卷1期，1932年10月，頁35。
55. 王梓仲：〈基督徒與國難〉，頁36。
56. 〈國難期間基督徒急於求解的兩個問題〉，頁3。
57. 趙紫宸：《耶穌的人生哲學》，頁174。
58. 趙紫宸：《耶穌的人生哲學》，頁194～195。
59. 趙紫宸：《耶穌的人生哲學》，頁194。
60. 〈國難期間基督徒急於求解的兩個問題〉，頁1。
61. 劉子靜：〈基督徒與國難〉，頁35。
62. 劉子靜：〈基督徒與國難〉，頁35。
63. 劉子靜：〈基督徒與國難〉，頁35。
64. 朱立德：〈基督徒可否參加作戰〉，載《聖公會報》，13卷15期，1937年8月，頁3。
65. 朱立德：〈基督徒可否參加作戰〉，頁4。
66. 朱立德：〈基督徒可否參加作戰〉，頁4。
67. 朱立德：〈基督徒可否參加作戰〉，頁4。
68. 朱立德：〈基督徒可否參加作戰〉，頁4。
69. 朱立德：〈基督徒可否參加作戰〉，頁4。
70. 朱立德：〈基督徒可否參加作戰〉，頁5。
71. 謝受靈：〈基督徒與戰爭〉，頁205。
72. 〈國難期間基督徒急於求解的兩個問題〉，頁3。
73. 〈國難期間基督徒急於求解的兩個問題〉，頁3。
74. 謝受靈：〈基督徒與戰爭〉，頁205。
75. 編者：〈耶穌的愛國精神〉，載《真光》，37卷11號，1938年11月，頁3。
76. 〈國難期間基督徒急於求解的兩個問題〉，頁2～3。
77. 趙紫宸：〈基督徒對於日本侵佔中國國土應當持甚麼態度〉，載《聖公會報》，25卷1期，1931年12月，頁10。
78. 迂唐：〈基督徒與二次世界大戰〉，載《真光》，34卷5號，1935年5月，頁4。
79. 王梓仲：〈基督徒與國難〉，頁36。
80. 朱立德：〈基督徒可否參加作戰〉，頁4。
81. 〈國難期間基督徒急於求解的兩個問題〉，頁3。
82. 謝受靈：〈基督徒與戰爭〉，頁205。

83. 王梓仲：〈基督徒與國難〉，頁36。

84. 參 Daniel H. Bays, "The Growth of Independent Christianity in China, 1900～1937," in *Christianity in China: From the Eighteenth Century to the Present*, ed. by Daniel H. Bays (Stanford, CA: Stanford University Press, 1996), pp.307～316。在20世紀上半期的中國基督教界語境中，屬靈派、保守派、基要派和福音派基本上是通用的，因此本書也沒有做出區別。

85. 關於陳崇桂的社會關懷，可參邢福增：《中國基要主義者的實踐與困境——陳崇桂的神學思想與實踐》（香港：建道神學院，2001），第四章。邢福增指出：「嚴格而言，陳崇桂沒有真正從基要主義傳統中，建構出一套社會關懷的理論，其社會關懷的最大特色，主要是心態上的突破而不是內容上的創新。」（《中國基要主義者的實踐與困境》，頁166～167。）

86. 倪柝聲於1936年在天津的一篇講道中提到：「有的朋友問我說，對於基督耶穌，我是相信了，靠著他的救贖，我的罪得著了赦免，我得救了，可是對於國家的事，對於社會的問題，甚至對於國際間的糾紛，我當採取甚麼態度呢？我應該採取消極的態度，對這一切的問題不聞不問呢？還是應當積極的投身在其中，去解決這些問題呢？」（《倪柝聲文集》第二輯，第二十六冊〔台北：臺灣福音書房，1997〕，頁247。）

87. 姜樹藹：〈國難聲中基督徒應有的認識和努力〉，載《真光》，31卷1號，1932年1月，頁44。

88. 編者：〈基督徒在國難當中應整理的世界觀念〉，載《真光》，36卷11號，1937年11月，頁2。約一年之後，《真光》雜誌在對待國難問題上的立場似乎發生了微妙的變化，接進中間派的立場，故該雜誌發表的兩篇重要文章放在本文的第二部分討論。

89. 張庭瑞：〈戰亂時期中基督徒不可少的責任〉，載《真光》，37卷2號，1938年2月，頁5～6。

90. 梁家麟認為，「二十世紀上半葉，華人基要派牧者與信徒大都是時代論者，」但不少人對此種理論不求甚解。參梁家麟：《超前與墮後：本土釋經與神學研究》（香港：建道神學院，2003），頁75～77。

91. 王明道：〈世界究竟能不能有和平呢？〉，載《靈食季刊》，37冊，1936年春，頁23。

92. 倪柝聲：〈基督徒對國家社會的態度〉，載《倪柝聲文集》，第二輯，第二十六冊，頁248、250。

93. 參王明道：〈世界究竟能不能有和平呢？〉，頁24～25。

94. 王明道：〈世界究竟能不能有和平呢？〉，頁26。

95. 王明道:〈世界究竟能不能有和平呢?〉,頁21~22。

96. 參王明道:〈世界究竟能不能有和平呢?〉,頁30~31。

97. 王明道:〈世界究竟能不能有和平呢?〉,頁32~34。

98. 王明道:〈為甚麼我們接連遭遇這樣多的禍患呢?〉,載《靈食季刊》,86冊,1948年夏,頁4。

99. 姜樹藹:〈國難聲中基督徒應有的認識和努力〉,頁48。

100. 王蘭蓀:〈救靈運動與救國運動〉,載《真光》,31卷5號,1932年5月,頁44。

101. 王蘭蓀:〈救靈運動與救國運動〉,頁45。

102. 王明道:〈為甚麼我們接連遭遇這樣多的禍患呢?〉,頁5。

103. 編者:〈基督徒在國難當中應整理的世界觀念〉,頁3。

104. 姜樹藹:〈國難聲中基督徒應有的認識和努力〉,頁45。

105. 張庭瑞:〈戰亂時期中基督徒不可少的責任〉,頁6。

106. 姜樹藹:〈國難聲中基督徒應有的認識和努力〉,頁46。

107. 王明道:〈世界究竟能不能有和平呢?〉,頁34。

108. 倪柝聲:〈基督徒對國家社會的態度〉,頁263。

109. 張庭瑞:〈戰亂時期中基督徒不可少的責任〉,頁5。

110. 編者:〈基督徒在國難當中應整理的世界觀念〉,頁3。

111. 參姜樹藹:〈國難聲中基督徒應有的認識和努力〉,頁49;王蘭蓀:〈救靈運動與救國運動〉,頁39。

112. 王蘭蓀:〈救靈運動與救國運動〉,頁41、46。

113. 編者:〈基督徒在國難當中應整理的世界觀念〉,頁3。

114. 姜樹藹:〈國難聲中基督徒應有的認識和努力〉,頁44。

115. 參陳崇桂:〈主耶穌怎樣愛國〉,載《佈道雜誌》,4卷6起,1931年11~12月,頁6。

116. 姜樹藹:〈國難聲中基督徒應有的認識和努力〉,頁44。

117. 王蘭蓀:〈救靈運動與救國運動〉,頁42。

118. 參張庭瑞:〈戰亂時期中基督徒不可少的責任〉,頁5;姜樹藹:〈國難聲中基督徒應有的認識和努力〉,頁44。

119. 張庭瑞:〈戰亂時期中基督徒不可少的責任〉,頁6~7。

120. 姜樹藹:〈國難聲中基督徒應有的認識和努力〉,頁44。

下篇

唯愛主義運動的個案研究

第五章

吳耀宗的唯愛主義思想及其演變（上）[1]

20世紀中國基督教唯愛主義運動是與吳耀宗、徐寶謙兩個人的名字聯繫在一起的。這兩位是唯愛主義最出色的思想家和代言人。從他們的思想切入，可以讓我們看到唯愛主義的豐富內涵與思考深度，及其演變的線索。其中，吳耀宗不但在思想上對唯愛主義做出過巨大貢獻，而且是「唯愛社」的領導骨幹，在組織上與唯愛運動有著密切的關係。他更以1930年代末開始背離唯愛論、向社會主義革命的根本性轉變而震動了基督教界。可以說，不提吳耀宗，唯愛主義的歷史便少了許多光彩，甚至是不完整的。吳耀宗的思想演變，在很大程度上反映出整個唯愛主義運動的矛盾、困境與掙扎。其實，這段歷史之所以到今日還沒有完全被中國大陸的教會所忘卻，還應該主要歸功於吳耀宗在其中所扮演的無可否認的角色，而且他本人對唯愛主義由擁戴到否棄的態度變化，始終左右著建制教會對唯愛主義的總體評價。[2]

吳耀宗的早期生平本書第二章已有敍述。這裏只需指出，自1918年受洗入教和1920年放棄海關職位後，吳耀宗長期在青年會系統從事學生和出版工作，同時廣泛參與了中國唯愛社的活動，曾出任中國唯愛社全國委員會委員、主席和《唯愛》的主編。1950年代發起三自愛國運動，並成為中國基督教三自愛國運動委員會的首要人物。對於他1949年以前的生涯與思想發展，教會界和學術界一般均把1931年「九·一八」事件看作一個轉捩點。在這之前，他的思想中唯愛主義的影響十分強大，非暴力的主張鮮明。在這之後，他的唯愛立場開始動搖，一步一步地走向瓦解。[3] 也有人把1941至1949年劃分為第三個階段，其特徵是吳氏對共產主義運動的日益傾心，甚至認同。[4]

本書作者亦把吳氏的生涯分為3段。第一階段（1918～1930）是他唯愛主義的形成時期；第二階段（1931～1937）是他唯愛主義成熟和鬆動的時期；第三階段（1937～1949）是他由唯愛主義向社會革命過渡的完成時期。其中，以第二階段最值得注意。這是因為吳氏在這個階段的唯愛思想和言論最為活躍、最為豐富，同時出現了修改與淡化唯愛立場的明顯迹象。從思想內涵而言，在這個時期，吳氏的唯愛主義思想和主張得到了全面、清晰的表述；從歷史發展而言，吳氏此時的微妙立場轉變有承前啟後的作用。有鑒於此，筆者在對第一和第三階段作綜述性處理的同時，將把討論的重點放在第二階段上，分題考察吳氏當時關心的重點問題，為唯愛主義所作的辯護，對唯愛主義含義的闡發，對非暴力的具體實施辦法的思考與主張等等。特別有意義的是，吳氏作為中國唯愛社和《唯愛》雙月刊的骨幹，首當其衝地與唯愛主義陣營內外的主要派別——包括共產主義分子——就戰爭與和平的問題進行了面對面的交鋒和對話。因此，透過吳氏這一時期的言論，使我們有機會更清楚地看到唯愛主義運動在中國所處的大環境，以及唯愛派內部的多樣性。這也是作者希望達到的另一目的。

一　唯愛主義的形成階段（1918～1930）

經過多年參加基督教會，特別是青年會的活動，吳耀宗終於1918年6月在北京的公理會接受了洗禮。[5] 根據他近30年後的回憶，耶穌的「登山寶訓」直接促成了他的皈依。他說：

> 是三十年前一個春天的晚上，我在一位美國朋友的家裏，初次讀到馬太福音裏的「登山寶訓」。像閃電一半，這三章書好似把我從睡夢中震撼起來。……「登山寶訓」究竟給了我甚麼呢？……「登山寶訓」給了我一個滿意的人生哲學：追求真理，不計利害，精誠相愛，達己達人。「登山寶訓」是教訓，然而它不只是教訓，在它背後，有一個身體力行的人，那就是耶穌。這幾章書所以對我有如此的力量，就在與此。[6]

這段話似乎在暗示，「登山寶訓」中所體現的耶穌的偉大人格及其「博愛」精神從一開始便給吳氏留下了深刻的印象，引導他走上了信從唯愛主義的道路。到1920年末他辭去海關職務，到北京青年會擔任學生幹事之時，吳氏已對唯愛主義頗為傾心。所以當英國人霍德進於1920年底和次年初來華介紹和開展唯愛社的工作時，曾尋求吳耀宗的幫助。[7] 吳氏本人也於當年5月加入該社，並很快成為其中的骨幹分子之一。他曾起草撰寫了中國唯愛社的中文宣言，還出任中國唯愛社全國委員會委員。

同時，吳氏在北京青年會內的地位也不斷升高。自1922年2月起，他受聘出任學校部主任幹事。因為工作出色，於

1924年8月由青年會全國協會選派到美國紐約協和神學院留學。據記載，「到美國後，耀宗先生同當地的唯愛社也保持聯繫，經常參加唯愛社所主辦的一些活動，也繼續保持他的『唯愛』的主張，在一次夏令會中，耀宗先生提出『愛仇敵』的問題，主張實行耶穌的教訓，同意他的主張的人不多，雙方辯論頗烈。」[8] 他還曾在唯愛社的組織之下，參觀和接觸紐約的各種社會團體和階層，使他對美國的社會、民情獲得了不少感性的認識。

1927年8月，吳氏結束了在美國的學業回國。兩個月後，他正式加入了青年會全國協會校會組，在各基督教學校的學生們中間開展工作。在以後的數年間，他對唯愛主義的熱情不減，並擔任了中國唯愛社的主席。他曾有機會讀到《甘地自傳》，據說「當他讀到最後幾頁記載甘地在醫院患病之狀況時，不禁『為之啼噓流涕，掩卷數次，乃能卒讀』，並決定把《甘地自傳》譯成中文。」[9] 1939年，吳氏乘到印度出席國際宣教協會會議之機，往訪甘地，並贈送他所完成的《甘地自傳》中文譯本。同時，他與中國唯愛社的關係也不斷深化。1931年，他接手主辦《唯愛》季刊（中文版），並隨即把它改為雙月刊。

從1920至1931年這10餘年可以說是吳耀宗教會生涯的展開時期。他真正開始在基督教學生界和輿論界嶄露頭角是在1927年自美返國之後。那時，出自他的筆下的文章愈來愈多地出現在基督教的報章雜誌上面，也表現出愈來愈成熟的思想。通過這些文章，我們可以看出，吳耀宗對他的唯愛主義信念做了不少的理論思考，對他的唯愛主義的一些主要原則做了一些闡釋。綜合起來看，他當時所表達的唯愛主義的原則與觀念包括如下幾個方面。

首先，成為基督徒後不久，吳耀宗就已經非常明確地把

「愛」認定為基督信仰的本質與核心。在1920年10月寫的一篇題為〈愛〉的短文中,吳氏指出,「愛」是上帝的根本屬性,上帝是「愛」的最初來源:「『愛』的發源地,就是萬有的上帝。天地、萬物、人類,都是上帝的『愛』所造成的;所以聖經上說:『上帝就是愛』。」[10]「愛」因著造物主而充滿了世界,滲透在宇宙的萬事萬物之中。「上帝的『愛』廣被無限,一草、一木、一蟲、一蟻都有上帝的『愛』在裏頭。」「世間一切事物,都有上帝『愛』的安排。」[11] 所以說,「愛」實在是宇宙間至高至大的原則與力量,「宇宙的奧祕,就在一個『愛』字裏頭。」[12]

這種對「愛」的上帝論或宇宙論的定位成為吳氏唯愛主義思想的一個基石,後來反覆出現在他的言談之中。在1928年的一篇文章中,他寫道:「萬有的生,與人類的生,同是一個理,所以維持人類生命的,與維持萬有生命的,都應當是同樣的東西——愛。萬有是有主體的,這個主體就是上帝,上帝的中心就是愛。」[13] 這與吳氏早期的觀點是一脈相承的。可見,吳氏此時所形成的上帝觀是以「愛」為中心的。而這種「唯愛」的上帝觀對基督徒的生活有直接的道德指導意義。上帝的「愛」既澤及萬有,則「人類的『愛』也應該廣被無限。真能夠體貼上帝的『愛』的,也必能『愛』上帝的所『愛』。」[14]

第二,吳耀宗這時期的基督論也是圍繞著「愛」字展開的。他曾經生動地描述耶穌的一生說:「他愛人類,愛個人,愛婦女,愛兒童,愛軟弱的病夫,愛無告的罪人,愛花,愛鳥,愛宇宙與人類一切的美。同時他嫉惡如仇,用警告,用震怒,用信心,用溫柔的聲音,用婉轉的譬喻,用愛用血,去拯救迷路的人。」[15] 在這裏,吳氏刻意地保持了「博愛」與「公義」之間的平衡,但暗示耶穌實現「公義」的途徑仍然是非暴力的。他也曾一再明確地指出了基督生平與教訓的唯愛實質。他說:「耶穌用來解決人生問題的惟一的方法就是一個『愛』字。」[16]「耶穌的主張最特出的一點，就是他的唯愛主義。」[17] 耶穌的言行就是唯愛主義的一個完美榜樣。

第三，吳耀宗早期對基督之愛的性質多有探討。早在1920年，他便指出：「『愛』是一個最神聖的字，……普通人對於『愛』字，只有一個浮泛的觀念：以為『情愛』的『愛』誰不曉得。豈知『愛』的深義，『愛』的精神，不是這樣容易明白的。至於娼妓蕩子的所謂『愛』，簡直是『欲』，那裏配說『愛』。」[18] 吳氏顯然注意到了不同層次或不同性質的「愛」，試圖把「情欲之愛」(eros)與更高層次的愛區別開來。但是，他對「上帝之愛」(agape)與「兄弟之愛」(philia)似乎沒有做出進一步的區分，而是突出上帝之愛與世人之愛之間某些相同，或相似的高尚品質，強調前者植根於後者，乃是對後者的昇華。在同一篇文章中，他這樣說：

> 上帝的大愛，一起首是顯現在父母和兒女的中間；其次是在夫婦的中間；再進就是人類的相愛。父母兒女的「愛」，是「愛」的始；人類的「愛」，是「愛」的歸；男女的「愛」，是完成人類相愛的一種利器。「愛」的危險，就是只看見「愛」的一部分，沒有看見「愛」的全體。……所以我們應當認定，我們的身體，是上帝的工具；我們的家庭，是培養工具的地方；都要用在愛上帝，愛人類的上頭，去成全上帝的旨意，榮耀上帝的名。這才把一切的「愛」，都放在上帝裏面，這才是完全的「愛」。[19]

顯然，吳氏所看重的並不是「上帝的大愛」對人間倫常之愛的超越和揚棄，而是對其的肯定與完善；不是兩者之間的鴻溝，而是相通。數年之後，吳氏更是明白無誤地把「聖愛」與人的經驗和人性直接地聯繫起來。他說：

> 耶穌用來解決人生問題惟一的方法就是一個「愛」字。「愛」不是甚麼奇妙不可思議的東西。上至人類的先覺，下至「販夫走卒」，都無不懂得愛字的意思的。有人說愛是先天的，如孟子所謂「良知良能」；有人說它不過是後天的經驗如哲學的經驗派及心理學的行為派。這是不關緊要的問題。其實「愛」就是使人類可以共同生存的一種關係。……一羣人要他們活的好，要有一種所謂「愛」的關係：這是人理。……
>
> ……
>
> 耶穌所要調和的第一方面就是那個廣大而深遠，普天下萬世，無智愚賢不肖所求的那個愛。這個愛的根苗，是種在個個人的心內的，如果不把它傷折，遇見了時機，它就要勃發而長大，把萬有都陰庇在它的翅膀之下。[20]

這樣，吳氏就否定了「基督之愛」的神祕性，而把它人性化了。這「聖愛」的種子其實便在人心與人倫之內，這大概也可以算是一種基督教的心性之學吧。這種對「博愛」人性化的理解反映了吳氏自由主義的神學取向。力圖使基督信仰與人類的經驗貼近，乃20世紀初開始在中國基督教界大行其道的自由主義或現代主義的主要特色。而吳氏早年是在自由主義色彩濃厚的機構（如青年會）和人物（如艾迪〔Sherwood Eddy〕）的影響下接受基督教，並形成其基督教世界觀的，所以吳氏對「基督之愛」的性質存有這樣的理解決非偶然。

到了1920年代末，隨著中國社會中民族主義情緒的高漲，基督「愛仇敵」的精神也被指為「軟弱」而倍受譏議。吳耀宗對「博愛」性質的闡述也隨之有了新的側重點，帶有極強烈的護教性。在1929年的一篇文章中，他這樣為「唯愛」辯護說：「唯愛主義不是消極的無抵抗，乃是積極的愛；消極的無抵抗是懦夫的所為，積極的愛，是大勇的努力。」[21] 換句話說，唯愛不是無原則的逆來順受，而是積極的、非暴力的反抗。這是當時唯愛主義者對民族主義的一個非常常見的回答。進入1930年代之後，吳氏對此觀點多有發揮。

第四，吳耀宗這一時期形成的基督教人論也值得注意。在他看來：

> （一）人們的小生命是與宇宙無窮的大生命聯為一體的。用普通的話來說：上帝是一切生命的根源，上帝是父，我們是子，人類都是弟兄；甚至人以外一切有生無生的萬物，在上帝的眼中都是神聖的。……
> （二）人既是與上帝同體，所以人是絕對有價值的，不應當被看為一種手段與器具，受任何組織，制度，個人，團體的壓制與利用。[22]

以後的發展證明，這種對人的價值的高度讚揚在吳耀宗的唯愛主義思想體系中佔有十分重要的地位。它既肯定了人的生命的寶貴，以及殺人之不義，又點明了人的轉變的可能，以及「愛仇敵」的必要。所以，吳氏在1931年6月陳述唯愛社的基本信條和主張時，曾把這一點列入其中。他說：「我們信個人的『人格』有神聖的價值，和無限向上的可能。」[23]

第五，吳耀宗在這個時期頗為注重按照唯愛主義的精神，構築一種個人的生活方式，或者說是唯愛主義的靈修傳統（spirituality）。即使到了1920年代末國家面臨外來危機的情況下，他仍然認為：「唯愛主義的實行，最要緊的方面，是在我們個人的生活。如果我們在日常生活上，沒有這樣的經驗與覺悟，國際的問題，就更談不到。」[24] 可見，他把唯愛生活方式和心態的形成看成是解決一切其他問題的前提。而個人生活的改革的核心是去除「競爭」、「報復」、「虛偽」這幾種支配著世人生活的心態和原則。用他自己的話說：「唯愛主義的生活，就是要將競爭變作互助，報復變作同情，虛偽變作誠實。」[25] 他為唯愛社所擬定的信條更清楚地說：「我們為欲力使『愛的精神』充滿個人的生活，使自私和懼怕的心理，及由此種心裏所發生的現象——如競爭，報復，虛假，恨惡——得以消滅。」[26]

這可以說是一種精神改造的方案，也是唯愛主義者所必備的精神素質。吳耀宗曾引用自己的經歷，來說明這種唯愛主義精神改造之不易實行，而必須輔之以堅韌的意志。他說：「我沒有奮鬥以前，絕不知道唯愛主義是這樣難行的。雖然是難行，我卻五體投地的承認它是對的。因我承認它是對的，所以常常在談話與文字中發表，又因我深感能言而不能行的譏誚，所以我愈發要努力奮鬥。……唯愛的生活是冒險的，是創造的。」[27] 這種自我和對他人的勉勵，在吳耀宗和其他唯愛主義者那裏是相當常見的主題。這與他們的少數派地位和迭遭批判的窘境，有著直接關係。連吳氏自己也承認：「唯愛的效果是很慢的，有時幾乎看不見，……所以普通的人，聽見這種主義，總以為是理想太高，不能解決實際問題。」[28] 不過，他接著宣稱：「世界儘管去歡迎該撒、大彼得、拿破崙、俾士麥、威廉、莫索裏尼，然而耶穌的唯愛主張，卻像黑夜裏的明星，暗中引領人類。從聖法蘭西士至托爾斯泰、甘地、辛博森、賀川豐彥，這一線的微光，不斷的照亮我們，使我們相信愛是我們惟一的救法。愛的力量，無限偉大。」[29] 不顧世界的反對，堅韌不拔地把真理的火炬高高舉起，這種少數派的姿態是唯愛主義靈修傳統的一個重要方面。

第六，在1928年5月日本製造了「濟南慘案」，加緊侵略中國的危局下，吳耀宗開始改變對理論思考的側重，愈來愈關注唯愛主義的社會意義，特別是在解決國際爭端，挽救國運中的作用。在他看來，唯愛主義的主要貢獻應該在於促進各國之間的對話與了解，推進國際和平運動。例如，在1929年給中國基督教學生運動的建議中，吳氏認為國際學生組織之類的團體，才「真有打破狹義國家觀念和提倡國際和平的力量」，應大力加強。他主張如欲從根本上解決中日關係的惡化：「我們就應當聯絡兩國國民的覺悟分子，用民眾運動的方法，去打倒日本的帝國主義。」[30]

吳氏還積極鼓吹唯愛主義在社會改造當中的指導意義。他指出：「我們信『愛』是人類生活最高的原則，是建設理想社會惟一的動力。」[31] 所以，真正社會改革的目的應當是建立「愛」的社會：「人生錯誤的觀念既然深入於現社會種種組織與制度之中，所以我們不但要改善現有的組織和制度，並且要創造新的組織，新的制度，使『愛的精神』得以具體實現。」[32] 無論是締造國際和平，還是建設新社會，吳氏一再申明唯愛主義的一個基本社會立場：「我們絕對不參加一切戰爭，因為我們相信戰爭永遠不能解決問題。我們並且反對一切從恨惡與報復心裏中發生的武力。」[33]

第七，吳耀宗早期的唯愛主義是與其社會福音的思想緊密相連的。[34] 我們已經提到，吳氏早期神學思想的形成深受自由主義的影響。而自由主義神學是以人此世的經驗為著眼點的，所以，在北美它很快與社會福音思潮成為孿生兄弟。20世紀初，中國基督教界的自由派人士也毫不例外地具有強烈的社會關懷與抱負。吳耀宗在他受洗後的最初幾年雖然沒有明確地提出社會福音的主張，但對國家和社會的關心還是處處可見。在他看來，耶穌「博愛」的精神不但可以幫助人們去創造「純潔高尚的人格」，「完美和樂的家庭」，還可以激勵人們「去做服務人類的事業」。[35] 可以說，他早年的唯愛思想已經顯露出社會投入的傾向。

從美國歸來後，吳氏帶著國外社會福音的薰陶，有感於「中國的革命，從民族起，而政治，而社會，而思想，蘊積深厚，氣勢磅礴」，[36] 認為基督教不能再固守只注重靈魂拯救的舊習，必須投入社會改革的浪潮。而這樣做的前提是要改革基督教自身，即所謂「基督教的革命」。[37] 在吳氏看來，這革命面臨的問題其實只有一個：「怎麼能把宗教與生活都打成一片？」[38] 他主張：「宗教就是生活，或說是貫徹生活的一種精神。……從前有人想，宗教是救人的靈魂的，其餘可以一概不管，現在我們不能這樣相信了。……我們拼命的去宣傳基督教的福音，而不求實際問題的解決，有甚麼用處呢？」[39] 這就是要求把基督徒的視野擴大，促使他們把信仰運用於現實的社會改革運動。

從這種社會福音的視角出發，吳氏於1930年應邀對中華全國基督教協進會所發起和領導的五年運動發表意見時，批評五年運動的目標——「求主奮興你的教誨，先奮興我」——有重複教會以往「多以個人生活為範圍，不甚注意於整個社會的環境」的弱點之嫌。[40] 他指出：「基督教目前最大的需要，在認識宗教的意義，使信仰建築於理性與生活的基礎之上，求整個社會之革新，使宗教完全在人的生活中表現。……基督教的已往，趨重宗教與社會的本身，趨重個人修養；基督教的現在應注意生活與整個的社會，注重個人在生活中的對於社會的貢獻。」[41] 所以，他建議，五年運動的目標應修改為「求主使他的國早日實現」。[42]

毫不奇怪，吳耀宗對中國的社會革命和改造始終抱有極大的熱情和興趣。他為北伐的勝利和國家的統一感到歡欣鼓舞，並向基督教界呼籲道：「如今中國到了一個建設時期了，多少沒有知識的人民，等著我們去教育，多少鄉村的農民，工廠的勞工，家庭的婦女，等著我們去解放，去幫助。此外實業的計畫，政治的改良，公民的訓練，種種實際的問題，都等著無數有熱心，有遠見，肯犧牲的青年去努力。」[43] 在吳氏的眼裏，這些都是教會和基督徒應當關心，並為之奮鬥的問題。他所嚮往的「愛」的社會或天國其實正是以這些為內容的，他所倡導的唯愛主義正是要以和平的手段推進這些社會改革。我們還可以看出，吳氏此時的社會改革方案是改良主義性質的。因此，他尚不能接受，甚至同情激烈的社會革命運動，尤其拒絕共產主義的「階級鬥爭」和暴力傾向。[44]

總之，從1918年至1931年初，吳耀宗對上帝觀、基督論、唯愛的性質與內容、唯愛的實際應用等方面對唯愛主義都進行了初步，但富有成果的思考，搭好了一個比較完備的理論框架。吳氏的唯愛主義的諸要素已經呈現，但還是提綱挈領式的，細節還有待展開。理論的建構多於具體作法的提出，也是吳氏這一時期唯愛主義的特點。其唯愛思想的完善和具體化則是在下一個時期完成的。

二　唯愛思想在抗日運動中的發展（1931～1937）

1931年「九·一八」事件之後，中國教會內的唯愛主義羣體自1920年代中期以來日益惡化的處境變的更加困難。不但來自教會內外民族主義者的抨擊變本加厲，而且唯愛主義者內部的團結也日益渙散。不少唯愛主義者在深重的國難下變得彷徨、動搖，對自己的信仰提出了各種各樣的質疑，甚至乾脆拋棄了非暴力的立場。結果，中國唯愛社的成員人數銳減，有些分部陷於癱瘓。恰巧在「九·一八」之前，吳耀宗應傳教士羅天樂（S. Lautenschlager）之請，接手《唯愛》雙月刊中文版編輯之職。東北的淪陷給吳氏的唯愛主義思想構成了極大的挑戰。他利用《唯愛》這個陣地，一方面對唯愛論進行反思，一方面回應來自各方各面的批評、質疑及疑惑，幾乎成了唯愛主義最突出的發言人和辯護者。他結合新的形勢，對唯愛主義從基本理論預設，在特殊情境下的可行性，到具體實施辦法等諸方面做了相當深刻的再思。在這個過程中，他本人的立場也開始調整，直至「七七事變」之前其唯愛的信念已經在相當程度上鬆動、修改。1936年年底，吳氏應美國青年會之邀赴美演講半年，後又留在紐約協和神學院做半年的進修。在美期間，他正式辭去了中國唯愛社主席之職。他的這一舉動固然出於多種原因，但的確象徵著他與唯愛主義的疏遠。

吳耀宗這個階段的唯愛主義思想複雜多變，本文擬從4個方面加以梳理和討論。

1. 唯愛主義的辯護與澄清

「九·一八」和「一·二八」之後，唯愛主義在中國基督教界內外可謂煢煢孑立，形影相弔。從《唯愛》雜誌所刊登的大量讀者來信中可以看出，不僅那些一向支持民族主義的基督徒對唯愛主義批評有加，就連不少唯愛主義的支持者和同情者也對之產生了動搖和疑問。舉其大者，即有人公開質問「愛仇敵」的倫理在國破家亡，大敵當前情況下的現實可行性：

> 實行唯愛趕得上在未同歸於盡以前把世界和平實現嗎？你說「無條件的愛，愛仇敵，『打你的右臉，連左臉也給他打，……』」這是唯愛具體實行的方法嗎？假若是這樣，那麼這愛是無抵抗的，任人詬罵侮打的，甚至被殺，……姑不問這是否世人所能做到，就這無抵抗地被詬罵，侮打，殺害，是否得到相當的代價呢？比如這次日本佔我東北，我們連東南也雙手奉送，……這樣愛雖現實，而中國人已成為亡國奴，所受愛的好處何在？這樣的唯愛怎值得提倡？[45]

同時，也有不少人煞費苦心，試圖把唯愛非戰的原則重新解釋，以便在不完全摧毀這一原則的前提下，把參與抗日武裝鬥爭合理化。謝扶雅曾致信吳耀宗，主張「積幾十萬年的人類經驗，對於社會現象還只能約莫地，粗枝大葉地定出幾條通則，決不夠應用於人生各種活動」，[46] 故不必在「愛」的原則上過於拘泥。他還曾借用儒家「通經達權」的說法，指出「唯愛主義著重在動機，著重在本心。『權』的武力，只從手出，不從心出，故於『經』無傷。……須知『愛』固是寶貴，『義憤』也是寶貴。義憤不但不和愛相衝突，或竟與愛為一家人。武力若只為義憤時的急遽表現，決非與愛絕不相容。」[47] 他進而訴諸具體的道德情境，認為「大盜來強姦我的時候，我如有槍，彈發斃盜。這種臨時應急的武力是『權』，是無背於唯愛主義之『經』的。」如遇獸兵要強姦幼女，「若拘執於絕對不用任何武力，始終要取愛的手段以達愛的目的，則試問其時對獸兵將用何種感化的方法乎？」[48] 這種把動機與手段分離開來，在手段上靈活掌握的主張在當時頗為流行。還有人否認戰爭一定是出於仇恨的心理，認為「這次日本無理侵略東北，野心難制，中國如能背城借一，……來稍挫她的野心，使她不至做德國第二，這是愛她，不是恨她。」[49] 更有的基督徒坦率地承認，作為耶穌的門徒，他們理應不視日本人為仇敵，但是「從基督徒的立場上來說，我承認日本是中華民族的仇敵，所以我不能愛她。」[50] 凡此種種，都表明眾多的基督徒在嚴酷現實的壓迫之下，深感繼續維持經典的唯愛主義之不可能。唯愛主義在中日關係的危機之下，面臨著空前的考驗。

吳耀宗作為唯愛社的主要骨幹和《唯愛》雜誌的新任主編對唯愛主義的這種處境有著最直接、最切身的感受。「九·一八」之後的第一個聖誕節，吳氏發表感歎說：「世界數千年崇信武力的心理，作成今日的局面，此時而欲使人信仰耶穌之訓而實行之，以精神的力量，拒抗罪惡。殆若已發之箭，使之回頭，而復歸於弦上，其勢必不可能。」[51] 不過，特別是在「九·一八」之後的頭2、3年，吳氏的唯愛信念仍然相當堅定，雖成孤音而不為所動。他曾自表心迹說：「我們的唯愛主張，不但沒有改變，而且在大家覺得非用武力不可的時候，我們的使命更覺重大。大凡一種理想，必須有人去主張，必須有人去實行。如果這個理想是不錯的，即使現在全世界只有一個人去主張去實行，終久這個理想也必定能夠實現；」[52]「除非我們敢實行耶穌的教訓，永遠廢除武力，不怕誤會，不避議誚，用種種的方法，使愛的原則，實現於社會與國際的關係中，則武力的迷信，永遠沒有破除的時候。」[53] 抱著這種心態，他憑藉著《唯愛》雜誌這塊陣地，與唯愛論的批評者與懷疑者們展開了對話，在新的局勢下重申唯愛主義的基本信條及其反戰主張，陳明唯愛立場背後的理論與現實的理由，消除對唯愛主義的常見的誤解。他一再強調：「唯愛主義主張人類一切關係，都應當以愛為原則，並且要用不違反這個原則的一切手段。這個愛是無條件的愛，愛一切的人，連仇敵都在內；」[54]「唯愛是絕對的；唯愛不應當受時代的限制。所以如此者，因為武力的鬥爭，無論甚麼時候，都不是『必要』的，所以就沒有『因時制宜』的需要。」[55] 這顯然是拒絕了謝扶雅等人試圖把唯愛原則相對化，對其靈活掌握的作法。在吳耀宗看來，唯愛主義者之所以堅持這種立場是基於以下幾個主要理由。

第一，吳耀宗指出：「唯愛主義的根本信仰是人的價值。」[56] 具體來說，「所謂人的價值，就是說人不是草芥，可以隨便被踐踏被毀滅；人的生命是有意義的，所以也就是有價值的。」[57] 而且，「人有無限向上的可能，只要你用愛的精神，改變他的環境，改變他的心境，一個有害於社會的個人或團體，可以變成一個有意於社會的個人或團體。」[58] 這無疑是他早期的唯愛主義人論的延續和發揮。在另一篇短文中，他更清楚地說：「愛要點起生命的火，照著人們剛硬冰冷的心腸，找出裏面憔悴了萎縮了的一點愛的根苗，把它澆灌，把它培養；……（愛）使人回復了他的天真，使人儘量的發展他的本能。」[59] 從社會的角度來看，「愛」也始終是人類夢寐以求的東西。用吳氏的話來說：「人類有一個共同的，普遍的需求——『生』。『生』就是『愛』，因為『愛』無非指兩個以上的人，美滿地共同生活著所必須有的法則。既然是愛，所以無論人類的歷史，怎樣的染遍了戰爭殺戮的血污，人類總是哀哭呼號，嘔心泣血地去求愛的實現。」[60] 這再一次表明了吳氏對人的愛心與向善的潛能的重視和信心。這種人人皆備的潛能正是人之價值的核心。而戰爭之不義，「因為我們不承認所謂壞人是不可救藥的，而武力——特別是殺人的武力是抹煞了他的上進的可能的。」[61] 在吳氏看來，解決衝突最理想的辦法便是通過心靈感化和環境改造促使做惡者棄惡從善。所以，他曾據此反駁謝扶雅說：「拿獸兵強姦幼女一事來說，發出義憤是應當的，但從唯愛的立場來說，義憤的表示應當限於言語的斥責，即使是用武力，也應當以阻止他的暴行為限，超過了這個限度，便不是唯愛。」[62] 而奪人之命等於剝奪了那人發揮善性、重新作人的機會。

第二，暴力和戰爭本身便是帶有極強的邪惡性質，因為「戰爭的出發點是仇恨；它的目的是對方的懲罰或消滅；它的方法是暴力；」[63]「武力是情感的，是盲目的，所以容易把人的理智完全消滅。」[64] 這是與唯愛所體現的寬恕、慈悲、理性的胸襟是格格不入的。在1934年發表的一篇文章中，吳耀宗還曾把人類的歷史劃分為3個時期：「第一是講強權的時期，第二是講公道的時期，第三是唯愛的時期。」[65] 所以，暴力代表著野蠻，而唯愛卻代表著人類社會進化最文明的時期。難怪吳氏曾斷言：「武力是人類獸性的表現，唯愛是人類人性的表現，所以主張唯愛，便是要為人類的前途創造人性的歷史。」[66] 因此，殺人之不可能出於愛，也非愛的表現是無可置疑。對於所謂打擊日本人乃是愛的舉動的言論，他是無法接受的。他質問道：「把敵人殺死，還能說是愛他嗎？」[67]

第三，暴力本身不但是有違人性的，而且是有害無益的。這是吳耀宗在這個時期常常強調的一點。他認為：「唯愛的根據，不只是主觀的情感，而且是客觀的認識；它不只注重動機，而且觀察結果。」[68] 因此，他花了大量的筆墨從實際的效果上來證明戰爭的殘酷與徒勞。在他看來,「戰爭與一切暴力不但是殘忍的,而且決不能達到它所期望的目的,因為一切暴力,不能使人心悅誠服,至多只能做到表面上的服從,這樣便醞釀著未來的鬥爭與恨惡;」[69]「它的結果是仇恨的增加;是問題的含糊解決,是未來鬥爭的醞釀。不管爭鬥的兩造,誰是誰非,結果的總和,總是雙方同受損失;」[70]「不管你怎樣的仁愛,只要你一用戰爭的方法,仇恨馬上就出來,而且要成為一個極惡的迴圈,怨怨相報,萬劫不復。」[71] 可見,吳氏對人類歷史上以暴易暴,永無止息的現象是有清醒和深刻的認識的,唯愛主義的歷史依據正是千百年來人類慘痛教訓的總結。他據此反駁把唯愛描繪成毫無根據的空想的說法,指出:「唯愛不是空想:唯愛是根據歷史的事實,在人類滿染血污的旅途上所尋找出來的真理。它是一切人所當由的路,更是中國人所當由的路,因為中國人早已否認暴力,尊崇仁義。」[72] 在這裏,他明顯地在呼應中國文化素有重德化,輕力伏的傳統的說法。

在他的眼裏,人類的一大悲劇正在於迷信武力,而無法自拔。「戰爭的可能一日存在,則大家決不肯採用和平的方法。」[73] 唯愛主義的主要功用之一正是可以「防止未來因崇信武力而必不能避免的更大犧牲」,[74] 也就是說,唯愛可以使人們擺脫對武力的迷信,從而幫助人類社會跳出暴力的怪圈。所以,吳氏相信,從長遠來說,唯愛比武力更有助於人類社會問題的解決,是更有效的力量。他曾頗有信心地宣佈:「只要我們忍耐地努力著,等候著,……世界的王者不是武力,而是唯愛。」[75] 這也正是唯愛主義者要「不怕誤會,不避譏誚」,[76] 而努力為之奮鬥的使命。

第四,「九·一八」之後,唯愛主義已經很難只靠原則的重申和理論的論證來捍衛自己的立場,而必須更多地根據具體的國際與國內環境和抗日的要求來提出自己的見解與主張。吳耀宗這個時期的唯愛主義思考也表現出這種趨勢。譬如，日本侵佔東北三省後，吳氏在論證為何不能訴諸戰爭手段時這樣說：

> (1) 日本有充分的準備，我們絲毫沒有準備。
>
> (2) 如果我們戰而敗，日本將以戰勝國的權利，永遠佔據東北，國聯與公法，雖然是紙老虎，但現在至少在理論上，不能不為中國稍留餘地。若正是宣戰，則戰後問題，國聯簡直無從置喙。
>
> (3)「置之死地而後生」，可為「懦夫」言，但不是與「病夫」語。「懦夫」氣力具在，所缺者勇氣耳；「病夫」則元氣已傷，再使之掙扎，惟有促其死亡。試看我們今日多少悲慘之事，何一非病如膏盲的明證！[77]

吳氏的這番推論，當即引起了一些論者的反駁。[78] 不過，純粹從國家實力和國際關係的角度來為非戰辯護，在吳氏那裏，還是一個新的動向。

第五，如同其他的唯愛論者一樣，吳耀宗也肯定「手段與目的之應當一致」。[79] 在當時，頗為流行的一種作法即是把目的與手段割裂開來，主張在把握住「愛」的目的的同時，對具體手段則靈活掌握。然而，吳氏卻認為，「手段是目的的過程，目的是手段的終結，這二者不能截然分為兩件事，因此，目的即使是正確的，如果手段錯誤了，原來的目的就不能達到，或要受它的影響。」[80] 吳氏顯然十分看重手段的意義，意識到它對目的的完成與否會產生重大的影響。在他看來，幻想通過戰爭的手段來實現一個「博愛」與和平的世界只能適得其反。這正是人類的一大悲劇。他說：「最可惜的就是人類不曉得怎樣使愛實現。他們時常要用武力的手段，去達到愛的目的，因為他們相信武力是我們最大的力量；但是結果，愛沒有實現，而仇恨反增加了，因為武力的手段與愛的目的是兩不相容的，是互相消滅的。」[81] 他甚至願意承認，有的戰爭原本發起的目的是良好的，但一味使用武力的手段，反而使良好的目的成了泡影。[82] 所以，吳耀宗有充分的理由堅持「唯愛主義既然是相信人的價值，人的可能的，所以他待人的時候，就必須採取與這種信仰一致的手段——這就是愛。因為愛，所以它就反對武力，反對戰爭。」[83]

第六，一如既往，唯愛論在它的批評者們的眼裏，依然是一種只知容忍和退讓的軟弱的人生能哲學。在「九·一八」之後的新形勢下，唯愛主義的這種形象顯得愈發不合時宜，而被指責為只會造成中華民族在日寇的侵略面前一退再退，毫無還手的意志。吳耀宗以為，這是對唯愛主義的一個根本性的誤解。他說：

> …… 凡聽到這個名詞的，只想到它的消極方面的意義，以為唯愛就是容忍，姑息，退讓，屈服，卻不曉得唯愛的主要成分是它的積極的精神。愛與罪惡是不兩立的；眼看著世界充滿了罪惡，而我們的所有事只是容忍，姑息，退讓，屈服，那只是無恥，何有於唯愛。即以我國現在的國難而論，恐怕有人以為唯愛主義者一定主張消極的無抵抗，以土地拱手讓人，這種主張，只是縱容敵人，鼓勵罪惡，與唯愛主義的根本精神，是格格不入的。[84]

為了改變唯愛主義的名聲，吳氏極力為它剖白真精髓，樹立一個積極進取，嫉惡如仇，奮發有為的形象。他一方面強調唯愛具有極強烈的正義感，一方面突出唯愛的強者的精神氣質，宣稱只有真正的強者才能實行唯愛，改造世界。用他自己的話來說：「有人以為武力是強者的方法，而唯愛是弱者的方法，但事實適得其反。唯愛者不為惡所懾服，不肯以暴易暴，這正是大勇者之所為。」[85] 換句話說，唯愛論者要跳出，並且打碎暴力的惡性循環，這需要更長遠的眼光和更大的勇氣。所以，「非武力比武力高超至於無限；饒恕比懲罰更為豪俠。」[86]「天下最大的力量，是精神的力量，是愛的力量；拿武力與唯愛比較，唯愛是大勇，武力是怯夫。…… 唯愛是挾著全宇宙的力量，以摧枯拉朽的勢力，向著世界的罪惡進攻。」[87] 唯愛是革命性的，是無所畏懼的。「唯愛不是叫我們屈服，不是叫我們投降，…… 雖然它所有的只是赤手空拳和仁者無敵的信仰，與從這個信仰所產生出來的鬥爭方案。…… 唯愛卻是一個充滿熱血，自強不息，戰士一切的動力。」[88] 憑著它強大的精神力量。在與暴力和邪惡的對抗中，「唯愛的代價必然是犧牲——被害者犧牲自己的犧牲；」[89] 唯愛者也不怕流血，「但是只流自己的血，不流別人的血。」[90]

在這種精神氣質的支配下，唯愛主義不會對邪惡視而不見，但有自己獨特的鬥爭方法。在日寇的步步緊逼面前，吳耀宗堅決否認唯愛主義意味著步步退讓，全面放棄的不抵抗主義。他把唯愛與張學良式的不抵抗區分開來：「…… 張學良輩所謂不抵抗主義，實際就是毫無主張，毫無辦法，任人宰割，而不敢呻吟的自殺主義；這種『不抵抗』主義，不但不是唯愛主義，而且是它的仇敵。」[91] 唯愛所擁護的「不抵抗主義」的實質是「根據唯愛的原則，不肯用戰爭的方法去抵抗敵人，同時要用精神的方法，非武力的方法——如不合作，去促敵人的覺悟。」[92] 或者說，唯愛是主張對外敵進行抵抗的，不過這種抵抗必須具有兩個關鍵因素。第一，「…… 非武力的方法，如果沒有真確的信仰，和唯愛的骨髓在裏面，是沒有用處的。」[93] 具體而言，抵抗者應既要嫉惡如仇，又要愛人如己，不為仇恨的情緒所左右。第二，抵抗必須採取非暴力的手段，主要包括經濟絕交、爭取國際輿論，加強兩國人民溝通等等。這便是吳氏所津津樂道的「對日不合作運動」的精髓。

總而言之，在民族危機空前嚴重，抗日運動風起雲湧的局面下，吳耀宗基本上堅持了他早期形成的唯愛主義思想。不過，與早期不同的是，吳氏在為唯愛主義辯護的時候，他雖然偶爾也提到耶穌作為「和平之君」的形象和言論，但對上帝論和基督論的引證極少，卻更多地是從人論和現實的需要與後果出發的，其論點往往具有明顯的人本主義和世俗色彩。這大概既反映了他的思想的微妙變化，也是當時辯論和時局的迫切需要所致。

2. 唯愛的再思與調整

「九·一八」和「一·二八」對吳耀宗的觸動是十分巨大的。日寇的倡狂和民族救亡的熱潮，極大挑起了他的愛國熱情。1932年2月，他曾這樣說明他當時的情緒：

> 在過去一個月的工夫，我個人的情感，與不主張唯愛者的情感，可以說是沒有多大的分別。二十九日的早晨，聽說閘北沒有被日軍佔去，聽說十九路軍奮勇抵抗，我是極度的高興。四個月來胸中的憤悶，至此才得到一點消解。自此以後，同大家一樣，每天急著要看報，每看到中國軍隊的捷報，和日軍的敗績，就興奮起來，甚至起居也失了常度。對於日人殘殺我們無辜的同胞，我自然是痛恨，但是對於日軍整千整百的

> 死亡，我卻以為是應當的，似乎無動於中。我只是希望中國繼續抵抗，抵抗到底；……[94]

他自己也坦承，這種情緒似乎與唯愛的立場不盡一致。[95] 這種感情的起伏無疑是當時許多原來擁護唯愛主義的基督徒所共有的經驗。儘管與其中許多人不同，吳氏在這些年裏沒有公開拋棄唯愛的信念，而且仍然堅持唯愛的主要原則。不過，形勢的要求，個人感情的變化，和紛至遝來的批評與質疑，都促使他把唯愛主義高尚、抽象的道德原則放到民族救亡的具體實踐中，更細緻地分析它們所包含的多重含義，正視它們所可能帶來的道德困境，尋找它們在全社會抗日運動中的地位，以及與這種運動的契合點。結果，他在維持自己的唯愛思想大框架不變的前提之下，提出一些新的觀點。這些觀點有的屬於他的唯愛思想的深化與發展，有的則反映了他對原來唯愛立場的關鍵性的調整或部分否定。這些新觀點主要有如下幾個。

第一，吳耀宗在堅持唯愛是人類最崇高的理想和最佳的解決衝突的途徑的同時，開始承認中華民族武裝抗敵的必要性與合理性。他是這樣來論證的：

> 唯愛不應受時代的限制。……這是從唯愛主義者的立場而言。但是從非唯愛主義者的立場而言，就有很大的分別；不但他們自己不相信唯愛，所以不能拿唯愛的標準去衡量他們，而且唯愛主義者對於他們的主張與行為的估價，也要應用一個不同的標準。……一般的人，既不能「唯愛」，所以只有兩條路好走：第一條路是張學良輩所謂不抵抗主義，……第二條路，就是武力抵抗，……如果大家能同心合力，決死一戰，

> 無論一時的勝敗如何，的確是我萎靡不振的民族一劑起死回生的良藥。……無論甚麼人，如果只有第一第二兩條路去撿擇，只要他不是自私自利，喪心病狂的，一定要撿擇第二條路。……所以唯愛主義者，一方面要向這一班奮勇殺敵的愛國健兒脫帽致敬，予以至深摯的同情，同時唯愛主義者的自身，卻是堅持他的唯愛主義，信之益堅，行之益篤，廣播革命的種子，使崇信武力，依賴戰爭的心理，能逐漸破除，以登人類於和平仁愛的正軌。[96]

吳氏的這番議論有兩點值得注意。首先，吳氏對唯愛主義者的角色做出了低調的估計，主張他們不應該把自己的標準冒然加給非唯愛主義者，而要尊重別人不同的標準，理解他們那樣做的理由，同時「盡一點微薄的力量，去宣傳實行『愛的福音』」，[97] 默默地撒播唯愛的種子，以待將來。這多少表現了吳氏對唯愛主義在當時社會上的孤掌難鳴的無奈和接受。他自己甚至這樣說：「我們以為理想是理想，事實是事實，兩者不能混為一談。從現在的局勢而論，從一般人的立場而論，除了抵抗，似乎沒有別的辦法：這是事實。」[98]「既然最大多數的人不能相信唯愛，主張唯愛，這樣的事實就使我們不能不相對的贊同他們認為最有效的辦法。」[99] 這是唯愛主義者所不得不做出的讓步。

到抗戰全面爆發後，吳耀宗的這個立場更為突出。在1938年所發表的《大時代的宗教信仰》中，他把主戰派視為向現實妥協的「失敗主義」，反戰派則是「不顧現實的理想主義」。他最認同的是第三種立場：

> (一) 耶穌是一個唯愛主義者，唯愛是社會生活的理

> 想,這個理想的實現,是每一個基督徒所祈求的,也應當是他的追求的物件。(二)但我們不能希望這個理想社會馬上實現,甚至我們不敢說它有沒有實現的一日,因為我們知道人性是善惡混雜的。……至於我們自己,在不得已的時候,如果我們是永遠把理想放在面前的,我們即使做了不能與理想完全適合的事,我們還是已經盡了基督徒的本分。[100]

在他看來,這種立場「是行動的,是帶著革命性的。……它叫我們在不得已的情況中,勇敢地用不理想的方法,去應付現實,同時叫我們深深地認識我們的缺欠,不斷的向著理想追求。」[101]

其次,吳氏明確肯定了武力抗日在振奮民族精神方面所起的巨大作用,認可了它的價值。吳氏對這一點經常予以發揮。他最喜歡引用甘地的一段話說:「如果我們所能選擇的不是懦弱,就是武力,那麼,我們應當選擇武力。我寧願冒險用武力一千次,不願使我民族失大丈夫之氣。」[102] 他以為這十分符合當時中華民族的處境和需要。中國的抗戰是「弱者禦敵的最高的表示」,這種鬥爭「既無補於愛,亦無傷於義;忍辱而生,則淪為奴隸,人格不存,愛於何有。」[103] 而在東北等地開展的武裝鬥爭正是「民族不屈不撓的精神的表示。……能直接參加者固佳;即不能,亦應當充分予以物質與精神的援助。」否則,「便是麻木不仁」。[104] 不過,吳耀宗一再強調,他對抗戰的贊成只是「相對的」,他希望「大家從這一次痛苦的經驗當中,可以得到一個更徹底、更深刻的覺悟,就是覺悟武力不是最好的辦法;最好的卻是根據唯愛精神所用的種種非武力的辦法。」[105] 但是,這種對抗戰內在價值的肯定,和對現實的讓步在吳氏的思想發展上還是驚人的一步。

第三，這種對現實的屈就也體現在吳耀宗對耶穌「愛仇敵」教訓的新解釋上面。按照他的說法：

> 「有人打你的右臉，連左臉也給他打。」這是極端的唯愛主義。這種辦法，包含著以下兩個原理：（甲）對方盛氣凌人，予以抵抗，其氣益盛；聽其所為，且從而附益之，則其氣焰因失去抵抗的物件而自餒。（乙）人是有同情心的，看見別人受苦，不能無動於中。這兩點都是極端消極的道理，倘非與大勇者積極的愛的精神（如耶穌在聖殿中趕出做買賣的人）相附益，其結果將等於阿Q式的退讓與苟安，……吾人所主張的不合作方法，已經到了唯愛的第二道「防線」。「不合作」等於說：「有人要打你的右臉，你要轉過頭來，不要給他打，但同時你不要用武力去對付他。」第一種辦法，是完全不抵抗，雖然是唯愛的極軌，我們現在卻不敢主張。第二種辦法，是我們以為現在大家可以一致努力的。[106]

吳氏在此把「愛仇敵」倫理的實施劃分為兩個層次。他否定了最高層次的運用辦法在當時中國的現實可行性，主張採取較為溫和的辦法。這便是為何他放棄了所謂「極端」的唯愛主義，轉向不合作式的「折衷」的唯愛主義的原因。

第四，在經典的唯愛主義那裏，「仁愛」、「和平」和「公義」這3個關鍵概念之間是密不可分的，它們共同規範著唯愛主義的特性。在1932年11月發表的一篇題為〈和平的代價〉的文章中，吳耀宗卻在這3個概念之間分出了高下、輕重：

> 和平不是，不應當是一個目的，和平只是一個「副產品」。我們所求的是公義與仁愛。如果我們因為追求公義與仁愛的原故，而需要反抗，革命，流血，我們就不要避免這些與和平相反的擾亂。……為公義與仁愛奮鬥，則和平將隨之，如影之隨形；只求和平而不問其他，則世界必將益趨紛亂。耶穌曾說過：「我來不是使世界太平，是要使人紛爭。」又說：「我把火把丟在地上，若是已經著起來，不也是我所願意的嗎？」惟具此積極奮鬥的精神者，方足稱為「和平之君」而無愧。[107]

他還諄諄告誡不要「在實現和平的時候，犧牲了比和平更可寶貴的公義和仁愛。」[108] 這樣把和平排除在核心價值之外、而降為一次要之物的結果，是使和平變得可有可無，而為保證核心價值的實現，紛爭與流血就獲得了合法性。吳氏所刻意引用的耶穌的兩句話也印證了這一點。這再次證明了吳氏的反戰態度已經沒有那麼一絲不苟了。

第五，吳耀宗1930年代初的有些言論表明，他開始意識到，並且公開承認，愛的動機與和平的手段之間的一致，在某些個人的道德決定中是極難維持的。他說：「如果有人真正因為愛而用武力，這樣的武力並不悖乎唯愛的精神：一個小孩快要掉到水裏，父母用力拉住他，這是愛的表示；把一頭病入膏肓，呻吟痛楚的愛犬，用槍打死了，這也是愛的表示。」[109] 但是，他接著指出：「除此之外，因愛而用武力的，就絕無僅有了。拿槍來打死一個敵人，也許是因為愛國家，愛社會的原故，但對於那個敵人，卻不能說是愛他。因愛國家，愛社會而恨敵人，在唯愛主義看來，也是錯誤的。」[110] 不過，從強調動機與手段的同等重要，到開始突出愛的動機的優先地位，這不能不說是吳氏思想上的一個顯著的變化。到了1933年，他甚至曾斷言：「唯愛所主張的，是以愛為出發點的形為；至於武力與非武力，只是一個次要的問題。」[111]

可以看出，吳耀宗這個時期對唯愛主義倫理的思考更為深入，更為具體。他對唯愛論所涉及到一些概念和道德判斷的分析也更為精細。同時，他的許多新觀點、新提法也透露出他的思想正在出現重大的轉折。在抗日大局的壓力之下，他對唯愛主義的作用和適用範圍都做出限制，從而為武力抵抗留下了空間，他甚至開始對武力鬥爭公開地做出部分的肯定，並且淡化唯愛主義的絕對反戰要求。這一切都表明，吳耀宗的唯愛立場在鬆動。他從極端唯愛到溫和唯愛，再到背棄唯愛的過程已經啟動。

3. 唯愛的救國方案及其爭議

「九·一八」之後，中國唯愛主義運動最為人詬病的一點是：「許多主張唯愛的人，徒尚泛論，不能實行，言不能行，愛不能廣。」[112] 吳耀宗對此是有充分的認識的。他曾呼籲唯愛主義者們要「（甲）少空言，多實行。（乙）少責人，多自責」，[113] 並且身體力行。為了使唯愛在全國人民的抗日熱潮中不致成為一種空地、抽象的原則和口號，為了使唯愛的正義感和革命本色得以彰顯，從而有助於民族救亡事業，吳氏十分注意把唯愛的理念轉化為具體的愛國行動和救國措施。他主張，那些持守唯愛理想的人「必須把他們的理想表現在兩件事上：第一，他們必須與一切被侵略者完全打成一片，即使他們只是從人道主義的立場，給他們服務；第二，他們必須對侵略者加以毫不留情的攻擊，即使這攻擊是發源於他們對侵略者的愛惜。」[114]

在1930年代上半期，吳氏不但親自參與了不合作運動團、

「東北社」等愛國團體的活動，[115] 而且提出和倡導了不少抗日救國的措施。綜合起來，這些措施主要有下列幾項。

第一，在吳耀宗所主張的救國辦法中，對日不合作運動始終佔有核心的位置。在他看來，這既符合唯愛主義反對戰爭手段的一貫立場，又能體現唯愛不向邪惡妥協的本質。所以，「九·一八」之後，不合作運動立即得到了吳氏的贊成，他說：「宣戰的主張，為唯愛社所根本反對，自不待言；惟不合作則無論主戰與否，均可參加，俾成為一全國一致的運動。……且從唯愛主義立場而言，倘能堅持到底，其感力實無與倫比。」[116] 他在支持上海抗日救國會等愛國團體所提出的對日「絕交」等主張的同時，以上海的青年會機構為基地，也發起了不合作運動。他認為，不合作的含義主要包括經濟絕交和斷絕個人及團體關係。具有來說，則指：「不購日貨，不乘日船，不存款於日本銀行，不用日本紙幣，不雇日人，不受雇於日人，不售貨於日人，不登日人廣告，不與日人發生個人及團體的關係（除兩國人民謀根本解決問題應有的關係外）。」[117]

不合作運動的方針是對罪，不對人：「……我們恨惡他們的暴行，而且心中並沒有存著對人仇恨……」[118] 所要達到的目的是：「……如果全國一致，與日人斷絕一切關係，不但日人在華的經濟組織立刻要停頓，個人生活感覺極端困難，就是強大的武力，也無所施其技。」[119] 此運動持續一段時間之後，必能在日本引起經濟恐慌，造成軍費短缺。再者，「不合作是要促使對方的覺悟，使他們知道他們是違反公理的。」[120]

第二，吳耀宗反對「把侵略我們的國家裏面的人民，不分皂白，一概視為不可救藥的仇敵，而不求覺悟者的聯合與努力。」[121] 所以，他重視「中日覺悟分子的聯絡」，[122] 「在可能範圍內促進中日人民的根本了解與合作」，[123] 以求打破日本政府、軍閥、資本家對日本人民的欺騙和宣傳；第三，「我們要利用國際輿論的力量，使目前的戰爭與東北整個的問題，能用和平的方法得到公平的解決；」[124] 第四，呼籲和協助國際聯盟等和平組織主持正義；第五，國難臨頭，很大程度上是中國的積貧積弱所致，「對外的毫無辦法，實在是由於在內的紛如亂絲。」[125] 所以，「我們要努力喚醒我國民眾，叫他們努力於『自強』的一切工作，使強暴的鄰國不致有機可乘；」[126] 當時世界的戰爭乃根源於錯誤的政治和經濟制度，故「我們對於社會制度根本改造的問題，要徹底的研究，並且要結合同志，大膽地去試驗，使世界禍亂的根源早日清除。」[127]

最後一點，吳氏主張「難民救濟的工作，社會秩序維持的工作，安定人心的工作，以至前線救傷慰勞的工作，都是我們一般平民在本分上應當擔任的事。」[128] 那麼，其中有些工作是否會有違唯愛主義不參加「一切與戰事有直接關係的工作」呢？[129] 當時，不少唯愛論者對此頗感困惑，捉摸不定。[130] 吳耀宗同樣看到了這個問題。他的基本態度是：「至於哪一件是與戰爭有直接關係，而不合乎唯愛精神的事，我們只好自己去決定。因為嚴格說起來，國家既是一個有機體的組織，無論甚麼事情，彼此都有相互的關係。我們做一個國民，決不能採取一種絕對超然的態度。」[131] 他對國民義務和責任的強調，就使得他在問題上的採用了非常寬鬆的把握尺度，迴避了唯愛論的高標準可能帶來的一些嚴格要求。

當時，基督徒應該在抗日鬥爭中採取甚麼行動，才最能體現唯愛主義的精神與原則，這在唯愛主義者的小圈子裏是有意見分歧的。吳耀宗所極力推動的不合作運動，既反映了他要努力維護唯愛原則的完整，又願意遷就現實的心態。連他自己也承認，那其實已經是唯愛的「第二道防線」，並非唯愛的最完美的表現形式。有些唯愛論者和唯愛論的批評者紛紛指出，吳氏的不合作方法與唯愛精神不甚相符之處，而吳氏也相應地做了一些辯解。雙方的爭論圍繞著這樣幾個問題展開。

第一，唯愛主義本來要求任何對待「敵人」的作法都不可出於仇恨的動機。然而，有人指出，對日不合作的參加者完全可以受仇視日本人的感情所驅動，所以，「說它含有仇恨亦可」。[132] 吳耀宗承認，這種情況是存在的。他的回答是：「我們所主張的，是沒有仇恨的不合作，不是帶著仇恨的不合作。我們希望實行不合作的人，都能盡力免除恨惡，但我們實沒有方法絕對防止恨惡與不合作摻和起來。」[133] 這就再次證明了不合作實在「不是徹底唯愛的辦法」，[134] 是有著明顯的瑕疵的。即便如此，吳氏繼續爭辯說，不合作的效果「遠比戰爭的害處小的多」，[135] 因此，從唯愛的觀點來看，不合作還是遠遠勝過武力。

第二，不合作常為人指摘的另一點是，它在實行對日絕交的時候，基本沒有把日本的統治集團與普通大眾區分開來。篤信唯愛主義的金陵神學院畢業生張雪岩深覺這與唯愛不和，致信吳耀宗質問道：「……以唯愛而標榜菩薩心腸。豈不更當表同情於瞎眼的，瘸腿的，……而力行我們所宗仰之基督的教訓嗎？有甚麼理由把魚龍一樣看待呢？」[136] 吳氏的立場則是，「國家是整個的機體，每一個國民都是這機體的一分子；日本的國民，中了軍閥的毒，盲從他們，擁護他們，這便是間接參加了軍閥的罪惡，焉能說他們是『無辜』的。」[137] 後來，在張氏的責問下，吳氏的調子似乎有所緩和，但仍堅持「假如國家不是一個有機體的組織，我們確可以只對軍閥和積極擁護軍閥的人實行不合作，但是國家是不能如此分開的；所以我們只能向日本人全體——除了積極要與我們合作的覺悟分子之外——實行不合作。」[138]

第三，在對不合作是否可達到吳耀宗所預期的目的方面，吳氏也遭到了非議。按照張雪岩的看法，不合作只會予日本統治集團以口實，使他們得以對外混淆國際視聽，加緊侵華，對內則進一步對人民進行宣傳和欺騙。結果，「不合作不但不能促使他們覺悟，所促成的，所覺悟的，倒是非效忠於他們的軍閥之徹底掃蕩中原一下，以為非此不能得到出路。」[139] 更何況，經濟抵制的影響並不會禍及日本的資本家和軍閥，反而使普通百姓的生活雪上加霜。[140] 張氏由此認定，吳氏的不合作運動過於冷酷，「人類間只有同情能換得同情來，冷酷的手段是不能換到同情的。」[141] 對此，吳耀宗基本上堅持原來的觀點，[142] 同時反駁說：「唯愛主義不但標榜『菩薩心腸』，更是標榜『除惡務盡』。『任人宰割』而不『義形於色』，不但是姑息，更是無恥。以大慈悲的心，不忍他人沉溺與罪；以有效的方法促其覺悟，這才是真正的『菩薩心腸』。不合作不是懲罰，乃是救治，知此，然後可以談不合作。」[143] 針對張雪岩對「仁愛」的強調，吳耀宗明顯地突出了「公義」的概念。

顯然，吳耀宗的不合作方案在一些方面與唯愛的最高理想是有差距的。吳氏對此並不諱言。在與張雪岩的辯論中，他重申：「不合作只是表示我們恨惡罪惡，不與它合作的一種辦法。」[144] 之所以不敢徹底實行「愛仇敵」的教訓，

> 乃是因為現在的中國的民眾實在沒有認識唯愛主義，……現在亂紛紛，死沉沉的中國，我們只怕她不能動，不能團結。如果國民真能團結，真能動，我們寧願他們用武力去抗日，而不願他們俯首就死，……我們知道這決不是人類的出路，我們自己也決不肯去參

> 加這樣的抗爭，但是兩害相衡取其輕，相信唯愛的人儘管宣傳唯愛，實行唯愛，不相信的人，只好採取他們所認為最高，最有效的辦法。[145]

這可以說是吳氏在唯愛理念與現實條件之間苦苦掙扎，所找到的一條折衷之路。

張雪岩卻對吳氏的立場觀點所透露出來的動搖和讓步頗為不滿。他認為，「耶穌所講的愛，其博大原本連國際界限都沒有，換句話說：基督教所標榜的愛，乃是道地的一視同仁的大同主義。」[146] 這是唯愛主義的惟一原則，容不得妥協。「……由唯愛的『唯』字上，很可看出唯愛是種徹底的而又積極的態度與主張，決無甚麼程度上的差別。」[147] 所以，吳耀宗把唯愛主義分出差等，並且採取了不徹底的唯愛辦法，這是無法接受的。面對日寇的暴行，張氏的立場是：

> 我以為惟一應付的辦法，還是任其橫行，隨其宰割！不過在無抵抗的當中，基督徒應當竭力作促醒政府和國民悔罪的工夫，並努力使大家真實的踏上自強的創造的新路途。……基督徒當多多糾合同志，將無抵抗的徹底唯愛的主張宣佈出去，特別向日本，並常常為他們祈禱，這樣一來，我想總比任何抵制的手段容易得到日本基督徒和國民的同情。……基督徒絕不應用騎牆，徹底點說：更不應當有國際，……總之，我的意思是主張唯愛的基督徒應用甯在不愛國的罪名下授首，為了把天國實現人間，也不該把主張犧牲！[148]

張雪岩顯然是一名極端的唯愛主義者。難怪在他眼中，吳耀宗

「對唯愛的徹底和積極精神雖很贊成，但卻不敢如此主張」簡直就是「徹頭徹尾的矛盾」，他聲稱為此「真有些替『唯愛』毛骨聳然」。[149] 據他自己透露，他雖多次獲邀加入吳氏所領導的唯愛社，而拒絕接受邀請的一大原因，正是由於他對唯愛社的不徹底立場有所不滿所致。[150]

吳耀宗與張雪岩的論爭很能說明問題。它印證了「九·一八」之後，唯愛主義陣營內發生了大分化。而吳耀宗作為唯愛社的頭面人物，雖然還沒有公開拋棄唯愛主義，卻在抗戰的浪潮中一步步地軟化和模糊自己的唯愛立場。這自然引起了少數唯愛派堅定分子的懷疑和非議。1936年11月，甚至有人批評他「身為中國唯愛社社長，對唯愛主義態度不明朗」，並且要求他辭職。吳氏則坦承他與唯愛運動的主流的關係正在疏遠：「近來致力救國運動，並為廣義的唯愛工作，對正統派的唯愛活動則頗少參加耳。」[151] 自此不到一年，吳氏就正式向唯愛社提出了辭職信。

註釋

1. 本章主要內容曾以〈抗戰與唯愛——吳耀宗的思想掙扎（1931～1937）〉為題，發表於李金強、湯紹源、梁家麟主編：《中華本色——近代中國教會史論》（香港：建道神學院，2007），頁191～212。
2. 兩會系統的教會常以吳氏的轉變來證明唯愛之不可行與愛國之必要。參徐明涵：〈讓步和平的種子撒滿人間〉，載《中國宗教》，第6期，總第三十七期，2002年，頁35。
3. 參沈德溶：〈吳耀宗小傳〉，載《在三自工作五十年》（上海：中國基督教三自愛國運動委員會，中國基督教協會，2000），頁91～115; 沈德溶：〈吳耀宗與唯愛主義〉，頁179～185；巫國駿：〈吳耀宗先生神學思想初探〉，頁161～178。
4. 參 Gao Wangzhi, "Y. T. Wu: A Christian Leader Under Communism,"

in *Christianity in China: From the Eighteenth Century to the Present*, ed. by Daniel H. Bays (Stanford, CA: Stanford University Press, 1996), pp.338～352。

5. 本章於吳氏生平的敍述多根據沈德溶所著〈吳耀宗小傳〉。
6. 吳耀宗：〈基督教與唯物論——一個基督徒的自白〉，載《沒有人看見過上帝》，附錄甲（上海：青年協會書局，1948），頁95。在同一篇文章中他又說：「在聖經中，『登山寶訓』是最明白淺易，而沒有神祕性的一部分。聖經的其他部分就不然了：它有神蹟，有離奇的寓言，有神怪玄妙的思想。……使我相信基督教的，是『登山寶訓』，是耶穌平易淺近，而沒有神祕色彩的教訓。至於其他的這些東西，我不感覺對它們的需要。」（〈基督教與唯物論〉，頁96）這反映了他信仰的自由派性質。
7. 參阮成國：〈徐寶謙的基督教思想〉，頁45。
8. 沈德溶：〈吳耀宗小傳〉，頁103。
9. 沈德溶：〈吳耀宗小傳〉，頁108。
10. 吳耀宗：〈愛〉，載《生命》，第三冊，1920年10月，頁1。
11. 吳耀宗：〈愛〉，頁2。
12. 吳耀宗：〈愛〉，頁2。
13. 吳耀宗：〈我所認識的耶穌〉，頁18。
14. 吳耀宗：〈愛〉，頁2。
15. 吳耀宗：〈我所認識的耶穌〉，頁14。
16. 吳耀宗：〈我所認識的耶穌〉，頁14。
17. 吳耀宗：〈中國基督教學生運動前途的事業〉，頁5。
18. 吳耀宗：〈愛〉，頁1。
19. 吳耀宗：〈愛〉，頁2。
20. 吳耀宗：〈我所認識的耶穌〉，頁14、17。
21. 吳耀宗：〈中國基督教學生運動前途的事業〉，頁5。
22. 吳耀宗：〈我所認識的耶穌〉，頁13。
23. 吳耀宗：〈唯愛社信條和主張的一個提議〉，頁17。
24. 吳耀宗：〈中國基督教學生運動前途的事業〉，頁6。
25. 吳耀宗：〈中國基督教學生運動前途的事業〉，頁6～7。
26. 吳耀宗：〈唯愛社信條和主張的一個提議〉，頁17。
27. 吳耀宗：〈中國基督教學生運動前途的事業〉，頁7。
28. 吳耀宗：〈中國基督教學生運動前途的事業〉，頁5。
29. 吳耀宗：〈中國基督教學生運動前途的事業〉，頁5。

30. 吳耀宗:〈中國基督教學生運動前途的事業〉,頁6。
31. 吳耀宗:〈唯愛社信條和主張的一個提議〉,頁16。
32. 吳耀宗:〈唯愛社信條和主張的一個提議〉,頁17。
33. 吳耀宗:〈唯愛社信條和主張的一個提議〉,頁17。
34. 我認為,社會福音在吳氏這個時期的思想中已經是一個主要方面。高望之(Gao Wangszhi)先生以社會福音來概括吳氏1931至1940年間的思想,是值得商榷的。
35. 吳耀宗:〈愛〉,頁2。
36. 吳耀宗:〈醞釀中的基督教革命〉,載《真理與生命》,3卷12期,1928年11月,頁7。
37. 吳耀宗:〈醞釀中的基督教革命〉,頁7。
38. 吳耀宗:〈醞釀中的基督教革命〉,頁9。
39. 吳耀宗:〈醞釀中的基督教革命〉,頁8。
40. 吳耀宗:〈對於五年運動的感想與希望〉,載《真理與生命》,4卷14期,1930年3月,頁17。
41. 吳耀宗:〈對於五年運動的感想與希望〉,頁17。
42. 吳耀宗:〈對於五年運動的感想與希望〉,頁17。
43. 吳耀宗:〈醞釀中的基督教革命〉,頁8。
44. 參 Gao Wangzhi, "Y. T. Wu," p.341。
45. 檀仁梅:〈檀仁梅致吳耀宗〉,載《唯愛》,5期,1932年9月15日,頁20~21。
46. 謝扶雅:〈唯愛與武力果不相容嗎?〉,載《唯愛》,14期,1934年5月15日,頁36。
47. 謝扶雅:〈唯愛與武力果不相容嗎?〉,頁37~38。
48. 謝扶雅:〈唯愛與武力果不相容嗎?〉,頁37。
49. 檀仁梅:〈檀仁梅致吳耀宗〉,頁20。
50. 姜漱寰:〈姜漱寰致吳耀宗〉,載《唯愛》,3期,1931年12月15日,頁24~25。
51. 吳耀宗:〈今年的耶誕節〉,載《唯愛》,3期,1931年12月15日,頁3。
52. 吳耀宗:〈上海事件與唯愛的主張〉,載《唯愛》,4期,1932年2月15日,頁5。
53. 吳耀宗:〈今年的耶誕節〉,頁4。
54. 吳耀宗:〈致倪清源〉,載《唯愛》,3期,1931年10月15日,頁18。
55. 吳耀宗:〈致馬慶選〉,載《唯愛》,4期,1932年2月15日,頁32。
56. 吳耀宗:〈徵求唯愛社員〉,頁3。
57. 吳耀宗:〈唯愛主義與社會改造〉,載《唯愛》,12期,1934年1月15日,頁6。

58. 吳耀宗：〈致倪清源〉，頁19。
59. 吳耀宗：〈唯愛的信仰〉，載《唯愛》，2期，1931年10月15日，頁7～8。
60. 吳耀宗：〈致馬慶選〉，頁34。
61. 吳耀宗：〈答扶雅論唯愛與武力〉，載《唯愛》，14期，1934年5月15日，頁40～41。
62. 吳耀宗：〈答扶雅論唯愛與武力〉，頁41。
63. 吳耀宗：〈鼙鼓聲中的唯愛〉，頁3。
64. 吳耀宗：〈唯愛主義與社會改造〉，頁12。
65. 吳耀宗：〈唯愛主義與社會改造〉，頁2。
66. 吳耀宗：〈徵求唯愛社員〉，頁5。
67. 吳耀宗：〈致檀仁梅〉，載《唯愛》，3期，1931年12月15日，頁22～23。
68. 吳耀宗：〈徵求唯愛社員〉，頁4。
69. 吳耀宗：〈徵求唯愛社員〉，頁4。
70. 吳耀宗：〈鼙鼓聲中的唯愛〉，頁3。
71. 吳耀宗：〈致檀仁梅〉，頁22。
72. 吳耀宗：〈徵求唯愛社員〉，頁5～6。
73. 吳耀宗：〈致姜漱寰〉，載《唯愛》，3期，1931年12月15日，頁27。
74. 吳耀宗：〈答扶雅論唯愛與武力〉，頁41。
75. 吳耀宗：〈致馬慶選〉，頁35。
76. 吳耀宗：〈今年的耶誕節〉，頁4。
77. 吳耀宗：〈致姜漱寰〉，頁28～29。
78. 參檀仁梅：〈檀仁梅致吳耀宗〉，頁22～24。
79. 吳耀宗：〈唯愛主義與社會改造〉，頁7。
80. 吳耀宗：〈唯愛主義與社會改造〉，頁7。
81. 吳耀宗：〈致馬慶選〉，頁35。
82. 參吳耀宗：〈致倪清源〉，頁19。
83. 吳耀宗：〈唯愛主義與社會改造〉，頁10。
84. 吳耀宗：〈積極的唯愛〉，載《唯愛》，5期，1932年9月15日，頁1。
85. 吳耀宗：〈唯愛主義與社會改造〉，頁12。
86. 吳氏常引用的甘地語，引自吳耀宗：〈上海事件與唯愛的主張〉，頁5。
87. 吳耀宗：〈致馬慶選〉，頁35。
88. 吳耀宗：〈徵求唯愛社員〉，頁6。
89. 吳耀宗：〈答扶雅論唯愛與武力〉，頁41。

90. 吳耀宗：〈致倪清源〉，頁19。
91. 吳耀宗：〈致倪清源〉，頁33。
92. 吳耀宗：〈上海事件與唯愛的主張〉，頁3。
93. 吳耀宗：〈上海事件與唯愛的主張〉，頁4。
94. 吳耀宗：〈上海事件與唯愛的主張〉，頁2。
95. 吳耀宗：〈上海事件與唯愛的主張〉，頁2。
96. 吳耀宗：〈致馬慶選〉，頁33～34。
97. 吳耀宗：〈上海事件與唯愛的主張〉，頁6。
98. 吳耀宗：〈鼙鼓聲中的唯愛〉，頁2。
99. 吳耀宗：〈鼙鼓聲中的唯愛〉，頁4。
100. 吳耀宗：《大時代的宗教信仰》（上海：青年協會書局，1938），頁22～24。
101. 吳耀宗：《大時代的宗教信仰》，頁23。
102. 吳耀宗：〈上海事件與唯愛的主張〉，頁3。
103. 吳耀宗：〈唯愛主義與社會改造〉，頁11～12。
104. 吳耀宗：〈和平的代價〉，載《唯愛》，6期，1932年11月15日，頁3。
105. 吳耀宗：〈鼙鼓聲中的唯愛〉，頁4～5。
106. 吳耀宗：〈致檀仁梅〉，頁25。
107. 吳耀宗：〈和平的代價〉，頁2。
108. 吳耀宗：〈和平的代價〉，頁1。
109. 吳耀宗：〈唯愛主義與社會改造〉，頁10。
110. 吳耀宗：〈唯愛主義與社會改造〉，頁10～11。
111. 吳耀宗：〈致張雪岩〉，載《唯愛》，7～8期，1933年3月15日，頁50。
112. 馬慶選：〈馬慶選致吳耀宗〉，載《唯愛》，4期，1932年2月15日，頁30。
113. 吳耀宗：〈致馬慶選〉，頁36。
114. 吳耀宗：《大時代的宗教信仰》，頁25。
115. 參沈德溶：〈吳耀宗小傳〉，頁109～111。
116. 吳耀宗：〈對日不合作運動〉，頁1～2。
117. 吳耀宗：〈對日不合作運動說明書〉，附吳耀宗：〈對日不合作運動〉，頁3～4。
118. 吳耀宗：〈致張雪岩，續論對日的態度與辦法〉，載《唯愛》，6期，1932年11月15日，頁35。
119. 吳耀宗：〈致張雪岩，續論對日的態度與辦法〉，頁2。
120. 吳耀宗：〈致張雪岩，續論對日的態度與辦法〉，頁36。
121. 吳耀宗：〈和平的代價〉，頁4。

122. 吳耀宗：〈鼙鼓聲中的唯愛〉，頁6。
123. 吳耀宗：〈致張雪岩〉，頁48。
124. 吳耀宗：〈上海事件與唯愛的主張〉，頁6。
125. 吳耀宗：〈和平的代價〉，頁4。
126. 吳耀宗：〈上海事件與唯愛的主張〉，頁7。
127. 吳耀宗：〈上海事件與唯愛的主張〉，頁7。
128. 吳耀宗：〈鼙鼓聲中的唯愛〉，頁7。
129. 吳耀宗：〈鼙鼓聲中的唯愛〉，頁6。
130. 燕京大學宗教學院學生蔡詠春在1933年1月致徐寶謙的信中說：「當今的大勢，是無論我們贊成與否，都是能打的了。那麼我們是贊助呢？還是不贊助呢？……若是從『唯愛』的觀點來看，我們是不該贊助的——似乎連捐助棉衣以及慰勞品都不應當，才算合邏輯。……『然則我能做甚麼呢？』——我在這樣的自問，卻無以自答。」這段話頗能反映出唯愛論者的彷徨心態。參蔡詠春：〈致徐寶謙〉，載《唯愛》，7～8期，1933年3月15日，頁40～41。
131. 吳耀宗：〈鼙鼓聲中的唯愛〉，頁7。
132. 檀仁梅：〈檀仁梅致吳耀宗〉，載《唯愛》，3期，1931年12月15日，頁20。
133. 吳耀宗：〈致張雪岩〉，頁47。
134. 吳耀宗：〈致張雪岩〉，頁47。
135. 吳耀宗：〈致張雪岩〉，頁48。
136. 張雪岩：〈張雪岩致吳耀宗〉，載《唯愛》，7～8期，1933年3月15日，頁45。
137. 吳耀宗：〈致張雪岩，續論對日的態度與辦法〉，頁36。
138. 吳耀宗：〈致張雪岩〉，頁48。
139. 張雪岩：〈張雪岩致吳耀宗〉，頁46。
140. 參張雪岩：〈致吳耀宗：對日的態度與辦法〉，載《唯愛》，6期，1932年11月15日，頁33。
141. 張雪岩：〈張雪岩致吳耀宗〉，頁46。
142. 參吳耀宗：〈致張雪岩，續論對日的態度與辦法〉，頁36～37；吳耀宗：〈致張雪岩〉，頁49。
143. 吳耀宗：〈致張雪岩〉，頁49。
144. 吳耀宗：〈致張雪岩〉，頁47。
145. 吳耀宗：〈致張雪岩，續論對日的態度與辦法〉，頁37～38。
146. 張雪岩：〈致吳耀宗：對日的態度與辦法〉，頁32。
147. 張雪岩：〈張雪岩致吳耀宗〉，頁45。
148. 張雪岩：〈致吳耀宗：對日的態度與辦法〉，頁34。

149. 張雪岩:〈張雪岩致吳耀宗〉,頁46。

150. 參張雪岩:〈致吳耀宗:對日的態度與辦法〉,頁32。

151. 引自沈德溶:〈吳耀宗小傳〉,頁115。

第六章

吳耀宗的唯愛主義思想及其演變（下）[1]

一　唯愛主義與社會革命（1931～1937）

前面提到，吳耀宗早期的唯愛思想已經與他的社會福音思想緊密地聯繫在一起。「九·一八」之後，雖然他相當大部分的注意力用於探索如何以唯愛主義指導對日鬥爭，但他始終相信，中華民族自強的關鍵之一在於內部的社會改造，而且「現在國際一切的紛爭，實植根於現在錯誤的社會制度，如果全世界的政治和經濟不能走一條新路——無論是用革命的方法或是用『改良』的方法——則局部的解決即能成功，亦不過等於頭痛醫頭，腳痛醫腳。」[2] 換句話說，國際間的衝突與戰爭的消除終究要靠社會的改造。所以，吳氏在這段時期內，對社會問題的關注有增無減，而且頗受馬克思學說的影響，立場愈來愈激進，曾稱共產主義是「前進的，革命的勢力」。[3] 他一方面接受和認同共產主義的部分內容，一方面則本著唯愛的原則對共產主義展開批評與對話，從而形成了自己頗有特色的社會主張。他的這些主張，尤其是1934年初發表的〈唯愛主義與社會改造〉一文曾招致血飛、知我等論者從共產主義的角度的猛烈抨擊。吳氏則以《唯愛》為陣地進行了自我辯護。以下，我們將分幾個方面討論吳耀宗唯愛主義社會觀的主要內容，及其對共產主義的借鑒與拒斥。

1. 以人的價值為核心的哲學基礎

如前所述，吳耀宗這個時期唯愛思想一個突出的特點是對人的價值和可能的強調，並且把它擺在唯愛主義基石的位置上。這條主線不但貫穿在他的對日非暴力不合作運動之中，也貫穿在他的社會思想之中。他甚至把這看作為「耶穌主義和其他主義所以不同的一個最大的關鍵。」[4]

在他看來，基督教的人論首先為它的社會關懷與投入提供了動機、理由。基督教之所以要關心社會問題，參與社會改造，正是因為它對人的價值的肯定。他說：「因為唯愛主義的根本信仰是人的價值，所以它以為人類一切的關係都應當以愛做出發點。一切壓迫人的制度，剝削人的組織，摧殘人的事業，它都站在愛的立場來反對；」[5]「一切抹煞人的價值的東西，無論它是風俗，制度，個人，團體，階級，唯愛主義者都要把它打倒。」[6]

那麼，「人的可能」意味著甚麼呢？按照吳氏的解釋，「所謂人的可能，就是說，人都有向上的可能，前進的可能。一個做強盜的人，並不是生出來就要做強盜；強盜是家庭，教育，制度，種種東西的產物。改變他的環境，使他不必做強盜，不必做強盜；改變他的心境，使他在還不是理想的環境裏，轉變生活的方向。」[7] 這樣，既然「現在的他，不是他所自願的，是社會環境所造成的，所以我們不能把反社會的罪過，全部放在他的身上。」[8]

吳氏聲稱，他的這種人論既強調了環境對人的影響，也沒有忽視人對環境的能動作用。他曾經這樣說：「我們相信環境與個人是互相影響的：沒有健全的個人，便不會有良好的環境，但沒有良好的環境，也不會有健全的個人；」[9]「所謂個人，就是社會裏的個人，而不是獨立的個人。」[10] 他的這個觀點一方面突出了唯愛的社會性，證明了社會改造的必要，否定了教會內專講「個人福音」者「只注重了個人—個人的『心』，而忽略了整個社會的關係」的傳統作法；[11] 另一方面則批判了他所謂的「機械的唯物論」只重社會環境的變革，而忽略個人的精神和作用的錯誤。[12]

與此相關聯，吳耀宗感到，共產主義與唯愛主義的一個重大區別即是它對個人的漠視。與唯愛主義的立說之基相反，共產主義「為社會福利的原故，忽略個人的關係，否認個人的價值。」[13] 不錯，

> 馬克思研究社會的病因，指出改造的方向，努力喚起民眾，促進革命，這也是尊重人的價值。但是共產主義所看重的是大眾（Collective Man）的價值，而非個人（Individual）的價值，為大眾利益的原故，個人的價值，可以完全犧牲。……共產主義，至少在策略方面，有時把人看作工具，看作手段，或者看作一種障礙物，而把他本身的價值抹殺，這就與唯愛的態度不同。唯愛主義認定個人人格的尊嚴，以為就是一個罪大惡極的人，也有他的價值，而不當抹殺，因為可惡者是他的罪，可貴者是他的人，二者似乎不能分開，……[14]

吳耀宗把罪惡與個人區分開來，強調後者不可剝奪的尊嚴與

權利。從吳氏當時的馬克思主義的論敵的角度來看，這的確也是兩者之間一個本質性的不同。所以，吳耀宗被血飛等人指為「純粹的個人主義者」，[15] 也就不足為奇了。

然而，我們是否可以斷定吳氏的人論是一種「性善論」？在1933年5月發表的題為〈唯愛與革命〉的文章裏，吳氏對此做了否定的回答。他說：「唯愛不是完全主張性『善』的：唯愛是充分地承認人的『惡』性。人類一方面需要利他與互助，同時因為有『物』的需求，也有必然的自利與紛爭，就不能不設法裁制，使一個為公共利益而生存的社會得以實現。」[16] 吳氏似乎意識到，如果他一味強調人性向善的可能，而忽視趨惡的一面，則即使使用非暴力的社會壓力與強制來達到社會正義，似乎也沒有充分的唯愛主義的根據。在此，我們好像觀察到馬克思和尼布爾的理論印記。

最後，我要附帶說明，除了人論之外，吳耀宗也曾就共產主義哲學基礎的其他方面——唯物論和辯證法，把它與基督教思想做過比較。他發現，「基督教對於純粹的唯物論自然不能接受，但它對於辯證法卻並不反對，誠然，傳統的基督教直到現在還沒有接受達爾文的進化論，所以它對辯證法也當然要發生問題，但在較進步的基督教，進化論和辯證法都不會和它的教義發生甚麼衝突。」[17] 即使是對唯物論，吳氏也表現出濃厚的興趣，有意要縮短它與基督教之間的距離。[18] 在〈唯愛與革命〉一文中，他甚至做出了這樣的斷言：「從哲學的立場上來說，唯愛與其說是主觀的，唯心的，毋寧說是客觀的，唯物的。唯愛只是從人類社會的生活裏所發見的人的生活的原則。」[19] 可見，吳氏的唯愛思想的本質其實已經相當世俗化，他對馬克思主義的欣賞，以及向其靠攏的心態均於此可見一斑。

2. 唯愛的革命目標

吳耀宗這個時期對人類社會發展歷程的觀察與分析雖然深受馬克思主義歷史進化論的影響,但還沒有脫出唯愛的窠臼。他認為,人類社會是按著這種的軌道在進化著:

> 人類的生活大概可以分為三個時期:第一是講強權的時期,第二是講公道的時期;第三是唯愛的時期。所謂強權就是指弱肉強食,強者征服弱者,奴使弱者的那些現象,正如野獸一樣,這是以爪牙相搏,武力致勝的時候。雖然這是人類沒有文化以前的特徵,但是我們現在還沒有脫離這個時期。社會上和國際間強者欺凌弱者的事,真是平常的很。但是大體上,我們已經進入第二個時期,那就是講公道的時期,所謂公道,就是劃定範圍,各不相擾,凡超出範圍的,就繩之以大眾或一部分人所認可的法律和刑罰。這一個時期的生活態度就是「以眼還眼,以牙還牙」,恩怨分明,睚眥必報。我們現在整個的個人關係,和社會關係,都是建築在這種觀念之上的。我們甚至可以進一步說,我們連這一個階段都還沒有達到,因為現在的社會,還不是一個徹底公道的社會。第三個時期就是唯愛的時期。唯愛的特徵是互助而非競爭,是服役而非剝削,是同情而非報復;它非不講公道,但卻超出公道之上;它不只以直報怨,乃是以德報怨。這樣的社會,我們自然相信是最理想的社會,我們也希望它是將來必會實現的社會。[20]

吳氏把唯愛和公道分別從屬於高、低兩個發展階段,理想社會的主要特徵是唯愛，而不是公道。這與馬克思主義的社會發展觀顯然是不盡相同的。但是，吳氏在談到唯愛主義與共產主義的關係時，又往往強調唯愛的社會其實也包含公義的要求在內，所以二者的社會理想是基本一致的。譬如，他曾說：「唯愛主義所企求的社會是共勞共用共有的社會，這一個目的，和其他的社會主義是沒有分別的；」[21] 共產主義所嚮往的「一個沒有階級的，自由平等合作的社會」，其實與基督教要實現的天國在內容上是相同的。[22]

吳氏在對當前人類社會狀況的描述中，則更多地運用了馬克思主義的階級分析法。他對「以個人利益為原則，以自由競爭為手段的資本主義，擁護資產階級，以武力為後盾的帝國主義」持強烈的批評態度。[23] 他雖然承認資本主義曾促成了生產力的空前發展，但也造成了社會的巨大不平等，所以「無論是國內的問題，是國際的問題，癥結的地方是在於社會的制度，和社會裏享有特權的階級。」[24] 所以，他認定：「基督教和共產主義都是否定現代的資本主義和它所自來的個人主義的」，儘管「共產主義是以經濟的條件和科學為立場，而基督教則以宗教和人道主義為立場」。[25] 而當前的時代是「資本主義日暮途窮的時候。從十九世紀中葉開始的社會革命的潮流，到了現在，已經成了一種普遍的呼聲，有了莫之能禦之勢。……這就是舊時代的過去，新時代的開始。」[26]

吳氏聲稱，在這個革命風起雲湧，時代新舊交替之際，「沒有一個中立的安全地帶，不前進的，便只有往後退；不革命的就是反革命。」[27] 那麼，唯愛主義的任務與角色是甚麼？吳氏毫不猶豫地認為，唯愛主義應當順應時代的潮流，成為一支革命的力量。唯愛的革命特性和理想也決定了它必會走上這條路。用吳氏的話說：「唯愛主義是一種積極的主義，不妥協的主義。……惟其愛，所以對於一切壓迫人的制度，剝削人的階級，都要反對，都要消滅；」[28]「唯愛主義的出發點是同情心，推其所極，則以革命的精神，推翻現在各謀私利，相爭相殺的社會，而建設平等自由的社會，實為唯愛主義最大的任務。」[29] 這樣看來，唯愛主義與共產主義「都不滿意於現狀，認為現狀是應當改變的」，[30] 它們在現階段的革命任務與目標方面也就沒有甚麼根本的衝突了。

1934年4月，吳耀宗以〈基督教與共產主義〉為題寫了一篇短文。其中，他把唯愛革命之說又推進了一步，即明確提出基督教所主張的社會革命在本質上就是階級鬥爭：

> 基督教和共產主義可以說都是主張階級鬥爭的。……我們在基督教的經典裏面，找不到「階級鬥爭」這幾個字。但基督教的教義，在許多地方，卻包含著階級鬥爭的意義。耶穌說，貧窮的人和饑餓的人是有福的，因為他們將要飽足；富足的人和飽足的人是有禍的，因為他們將要饑餓。他又說：「我來，不是叫地上太平，乃是叫地上分爭。」這些話，和耶穌對當時惡制度的攻擊，都是明顯地指示階級鬥爭的方向。如果我們痛恨罪惡，我們便不得不站在被害者的方面，向作惡者進攻。這便是階級鬥爭。[31]

可以看出，正像他曾極力表明唯愛主義是一種積極的抗日力量一樣，吳耀宗也在竭力證明，唯愛主義在社會改革方面並沒有落伍於時代，它是進步的、革命的。他這樣作明顯地有為唯愛正名的目的。因為在當時的激進分子筆下，唯愛主義是一種明哲保身的個人主義，[32] 是縱容和姑息壓迫階級，[33] 起了麻醉人民的作用，[34] 吳氏並不否認，基督教確曾犯過這樣的錯誤。他甚至坦承：「基督教直到現在還是一種實質上主張維持現狀的保守勢力。」[35] 不過，他辯稱：「這一種趨勢，並不屬於基督教的本質。」[36] 他還批評有些基督徒「以為社會改造無非是以前所謂『社會服務』的一種新名詞，因而把許多帶有慈善性的事業，如救災，濟貧，識字，醫藥，拒毒，等當作社會改造的事業。」[37] 這是缺乏「全體的眼光」，沒有「看清因果的關係，而對症下藥」，無法達到改造社會的目的。並且說：「我們所有的工作都要向著癥結所在的地方，予以致命的打擊，那才算是改造社會的工作。」[38] 他進而有意地把唯愛的革命主張與他早期曾擁護過的傳統的漸進改良活動區分開來，突出自己立場的社會性和徹底性。為達到這個目的，他常常這樣申明：唯愛主義「對於現在不合理的社會制度，它不主張枝枝節節的改良，乃主張徹頭徹尾的改造。」[39] 因此，「我們絕不承認我們的主張是溫和的改良主義」。[40] 同時，吳氏敏銳地看到，唯愛的革命性之所以一再遭到他人的質疑，在很大程度上與如何定義「革命」有關。他認為：「凡是站在勞苦大眾的立場，以有效的手段，與享特殊利益的階級鬥爭，去建設一個平等的共勞共用的社會，都是革命。」[41] 用這個定義來衡量，吳氏所提倡的唯愛主義的革命性是無可置疑的。但是，他的定義並沒有承認暴力與革命之間有直接的關係，等於間接地否認了暴力革命的絕對必要。這就為吳耀宗與共產主義者在革命手段上的分歧埋下了伏筆。

3. 唯愛的革命辦法

除了哲學上唯物與宗教的對立外，吳耀宗的唯愛主義與共產主義之間的另一不可調和之處,便是在社會革命的方法與手段上,是否應該把暴力排除在外。綜合吳氏的觀點,雙方在認識和策略上存在著兩個主要分歧:第一,雖然雙方都主張階級鬥爭,但對階級敵人所抱的態度是完全不一樣的,「基督教對作惡者的態度是愛,而共產主義是恨。」[42]「共產黨殺戮它所認為反動的人,是一件很平常的事,這自然因為它以為這樣的人,沒有救藥,或不值得去改變他。唯愛主義就不是這樣看法:它以為人有無限的可能性;……它認為罪惡應當消滅,但人卻不必消滅,因為人同罪惡是可以分開的;人可以隨著環境與心境的改變而改變。」[43] 吳氏的這一主張無疑是奠基於他的人性論上面。

第二,手段與目的是否應嚴格保持統一?這是另一個爭論焦點。吳氏認為,「在共產主義,甚麼手段都是對的,只要它能達到目的;……唯愛主義卻要把衡量目的之標準,同樣地拿來衡量手段,而要求二者之一致。例如暴力革命,……便與建設新社會的動機——尊重人的價值——不能一致。」[44]

通過這樣的對比,吳耀宗反對暴力革命,反對消滅革命敵人的立場就是十分清楚了。然而,吳氏又提出了甚麼樣的具體措施來改變惡人的心境和環境,從而改造社會制度呢?這便是他所謂的「非武力的革命」。這革命包括「意識的宣傳,輿論的監督,個人的啟導:這些是改變心境的辦法;以有組織的民眾,以廣大的抗税罷工等不合作的方法去對付壓迫階級,以冒險創造,一往無前的精神去實現新社會的組織,這些是改變環境的辦法。改變環境,改變制度,這當然是一件鬥爭的事,流血的事。……我們不要流別人的血,卻準備流自己的血。」[45] 吳氏的這種「非暴力革命論」是其對日不合作運動的國內翻版。它已經超出了單純的精神感化的範疇,而要求發動和組織非暴力的羣眾運動施加壓力，以完成制度的更替。這反映出馬克思的階級分析法和尼布爾的社會理論對他的思想的衝擊。尤其是尼布爾的《道德的人與不道德的社會》（*Moral Man and Immoral Society*）等著作給他留下深刻的印象。他不但在自己一向比較樂觀的人性論內加入了人性「惡」的一面，而且開始運用「強制」（coercion）的概念於自己的社會改革思想中。除了從人性「惡」的角度外，他還從階級結構的角度分析了社會運動中「強制」的必要性：

> 革命是不可避免的。凡是享著特殊利益的階級，都要維持它的特殊利益，和產生這個特殊利益的社會制度。這樣的階級，時常用種種的方法，為它的特殊利益作辯護；它還要把持著社會裏面為公共謀利益的許多工具，如政府，軍隊，教育，宣傳的機關，去維持和增進它自己的利益。……如果沒有人出來消滅這個階級，推翻這個制度，它便要繼續的生存下去。教育的方法，改良的方法，當然不是沒有用處的，但是它的成功，恐怕是遙遙無期，因為階級意識不是個人意識那樣容易改變的。改變階級的意識必須用若干的「強制」（coercion）。[46]

而且，非「強制」「不能勝過羣眾的惰力」。[47] 顯然，吳氏看到社會的問題是那樣的嚴重，而時代的變化又是那樣迅速，他已經對自己早期所鍾情的心靈改造與社會服務式唯愛主義，失去了信心，感到不耐煩。他斷言：「我們決不是主張個人主義式的自由。我們以為改造一種制度，決不能不有若干社會的強制（social coercion），……但我們所在主張的強制，是非武力的強制。」[48] 他感到，非暴力的強制使他得以把根本性革命運動與唯愛的道德準則和力量結合起來。正如他自己說的：「非武力強制的優點就在它能將必須有的強制和不可少的道德和理性的力量聯合起來，使鬥爭可以收到強制的實效，而沒有把人的『獸』性放在一個不可控制的情勢裏。」[49]

吳耀宗的「強制」策略首先體現在他的對日不合作運動當中。按照這個思路，他也曾設計和提出過國內社會改革的方案。譬如，1932年9月，他撰文就制止內戰的所謂「非戰運動」發表了意見。他認為，該運動的成功關鍵在於動員與組織羣眾。第一步是「徵集全國人民的公意，並組織代表全國民意的機關」；[50] 第二步是「持此民意，以監督政府」；[51] 第三步是「根據民意，嚴密地在組織民眾」。[52] 他並贊成以下制裁措施，以強迫內戰各方讓步：「（一）金融界拒絕借款及承銷公債庫券；（二）停止繳納漕糧稅捐；（三）商民拒絕售賣軍用材料及戰地消費品；（四）鐵路職工停止軍事運輸；（五）航業職工停止軍事運輸；（六）各勞工雇夫不為執役；（七）汽車載重車及大小車輛一律罷工；（八）電燈自來水職工罷工；（九）民眾各自努力阻止內戰。」[53] 吳耀宗的「非武力革命」的實施辦法，於此可見一斑。

毫不奇怪，吳氏對暴力革命的拒絕，及其對共產主義的批判遭到了激進分子的猛烈批判。吳氏對此據理力爭，堅持「以大眾福利為目的的一切社會主義，如果沒有脫離以力服人的觀念，即使有所成就，而人類禍亂的病根未除，則弊多於利，未見其可。」[54] 他進一步從道義和效果的角度闡明了暴力革命之弊，與非暴力革命之利。

從道義上來說，革命而流敵人的血是違背人道的。「第一，因為使反社會的人被動的流血，就等於把社會應當負的責任,全部放在他的身上;第二,因為這樣的做,是抹殺了他的改變的可能;第三,流別人的血——除了極少數的例外——永遠是反乎人性的一件事。」[55] 這顯然又是基於吳氏的人論所做出的判斷。

從實際的效果而言,第一,「這一件反乎人性的事,在一般人的心理上,要留下一個惡劣的影響:這是崇信武力,以暴易暴的影響。至於那些與被消滅者同等的人,自然是兔死狐悲,有力的加強他們的反抗,無力的則表面屈服,敢怒而不敢言。」[56] 換句話說,武力的革命只能加劇暴力的惡性循環,反而會阻礙人類社會的進步。[57] 第二,「況且大規模的武力,總是不分皂白,玉石俱焚,且常把許多無辜的人牽連在內。」[58] 第三,「用武力的時候,必然的引起情感作用,容易使雙方或一方喪失冷靜的頭腦,淆亂是非,互憎嫌怨。因為這個原故,所以就是革命成功,社會裹還是充滿不健全的空氣,非經過一個長久的時期,不能使社會裹面的各個分子,充分地有新社會的意識。」[59]

吳氏曾用蘇聯的具體例子來說明他的上述看法。首先,他否定他對蘇聯懷有惡意,辯稱他實際上非常認同蘇聯的革命理想和社會制度,甚至說:「我們決不否認蘇聯的試驗的價值,我們並且竭力的主張我們走蘇聯所走的社會主義的路。」[60] 但是,他公開地拒絕了蘇聯的革命道路:

> 蘇聯的革命,從事實上看來,是一個流血很少的革命,但那只是適逢其會。一個爛熟到要崩潰的社會,在歐洲混戰的時期中,當然不需要很大的流血。但是革命以後的蘇聯,無論是對內是對外,究竟還是拿武力去維持的。這種武力政策,對於國內一部分人的壓迫,和它對一般民眾心理上無形的影響,我們以為

用長久的眼光去計算，是妨礙了社會前進的速度；在國際方面，它當然也不能避免劇烈的鬥爭。在我們看來，這都是一種極大的損失。[61]

吳氏心目中的社會發展的最高階段是一個唯愛的社會。相形之下，蘇聯的狀況自然不是最理想的。從他的唯愛主義歷史進化論的觀點，他確曾肯定「武力在已往——甚至現在——的功用」，[62] 從蘇聯的革命到辛亥革命「都有它的價值，都有它的地位。」[63] 但正如資本主義被社會主義所取代一樣，「我們現在應當從一個獸性的武力時代，進入一個人性的唯愛時代。」[64] 因此，蘇聯的武力革命之路已不符合時代的要求了。

共產主義者所謂「革命的戰爭是解放全人類『最後的一次戰爭』」的說法，[65] 也不能令吳耀宗心服。他承認，他不會像共產主義者那樣區分「帝國主義的武力」和「革命的武力」。在他看來，所有的戰爭只能導致更多的戰爭。所以，他很懷疑革命的戰爭是否能最後消滅戰爭。他說：「我們相信整個革命的成功，絕不是『一次』的事，並且革命即使成功，戰爭的心理一日存在，戰爭的事實還會在找別的機會去發生。但退一步說，即使我們承認它是『最後的一次』，它的代價，在我們看，也要遠超過我們所當付的。」[66]

儘管吳氏對共產主義暴力革命的否定，他還是抱著與對武力抗戰者類似的同情態度，認可唯愛主義與共產主義在某種範圍內合作的可能性。他說：「我們不反對那些為正義而用武力的人——雖然我們不承認武力是至高的方法。凡是照著自己所有的光明，以大公無私的精神，為社會全體謀幸福的，這些是我們的同志，我們要與他們站在同一戰線，在不違反我們信仰的範圍內與他們合作，共同和黑暗的勢力奮鬥。但是我們自己……卻不能遷就：我們要永遠向著最高的目標前進。」[67] 一心追求自己的理想，堅持自己的原則，但不強求持異議者接受自己的主張，這便是吳氏在此時期所形成的一種獨特態度。

唯愛主義社會主張的可行性和成功的機會，一直遭人質疑。吳耀宗對此是十分了解的。回顧歷史，他坦承：「社會的變革是否可以不用武力而成功呢？我們要舉出些例子，是一件不容易的事。……除了主張唯愛的個人和小團體以外，用唯愛的方法去作積極改革社會的運動的，在歷史上幾乎找不到。」[68] 只是到了最近，才有人開始按照唯愛的原則發起社會運動。吳耀宗經常引以為例證的，便是印度甘地所領導的非暴力不合作運動。他對甘地的思想和事業極為傾心和關注，給予了很高的評價。他曾稱甘地的運動「最與我們的立場相近」，歎服「甘地是一個印度教徒，然而他的主張與耶穌的主張卻是毫無二致的。」[69] 甘地的非暴力鬥爭對他的鼓舞極大，使他確信非武力不合作的手段確實是行之有效的。然而，他也清楚地看到，甘地的運動「現在還進行著，它的前途，它的成敗，沒有人敢預斷。」[70] 而且，他的運動主要是民族解放性的，與吳氏自己在中國所倡導的運動所面臨的任務不盡一致。「因此我們主張從耶穌的觀點去改造社會的人便不得不以創造的精神，去開闢我們自己所要走的道路。」[71] 仍然是一場人類歷史上前所未有的試驗，但確有成功的機會，這便是唯愛主義的處境。在這種情況之下，吳耀宗對唯愛論者發出了這樣的忠告：「唯愛不是空論，它是要在生活的各方面表現出來的。在家庭裏，在朋友和其他個人的關係裏，我們處處都可以試驗唯愛，……我們更要為整個社會制度謀一種徹底的改革，……這樣的努力，便能在不遠的將來，使大家所認為夢幻的唯愛社會變作已成的事實。」[72] 此時，吳耀宗對唯愛主義社會改造運動的信心，還是相當充足的。這種信心，足以對他的論敵做出這樣挑戰性的反駁：「現在還沒有人能用充分的事實來證明武力革命是惟一有效的路，……或非武力革命是絕對走不通的路；即使有這樣的理論，也無非是武斷，是主觀。」[73]

吳耀宗在1934年曾對他的唯愛主義基本態度和精神氣質做過這樣的一個概括：「我們愛和平，但我們更愛公道；我們愛人，但我們也恨罪。我們要有熱烈的憤怒，但也要有深摯的同情；我們要有峻厲的威嚴，但也要有寬宏的度量。」[74] 這種「和平」與「公道」、「仁愛」與「仇恨」的平衡與共存頗為傳神地反映出他那時期思想的過渡性。他愈來愈突出「社會公義」的重要性，用階級分析的方法來進行社會批判，甚至給予強制和武力的價值相當的承認，均表明他已經在很大程度上揚棄了他早期以改良主義和自由主義為核心的唯愛社會主張，明顯地向當時的左傾激進思潮，特別是馬克思主義靠近。所以，有學者把1930年代中估定為吳氏轉向親共立場的開始。[75]

另一方面，吳耀宗在唯愛的根本原則上沒有出現動搖。他在對馬克思主義作了部分的認同和吸收的同時，有意識地保持著與其在某些關鍵問題上的距離，甚至對其進行過相當尖鋭的批評。他自己曾這樣總結唯愛主義與共產主義的異同：「總的來説，在出發點方面，在目的方面，共產主義與唯愛主義差不多是完全一致的，但在哲學方面，手段方面，二者便有許多不同的地方：一是近於悲觀的，一是近於樂觀的；一是近於嚴峻刻薄的，一是近於寬厚慈祥的；一則以力服，一則以愛勝；」[76] 共產主義「最能滿足我們對於社會公道的要求」，但是「耶穌的社會福音，在若干重要的地方，超出了共產主義之上。」[77] 所以，吳氏這個時期的社會思想是唯愛主義、共產主義，甚至尼布爾基督教現實主義的混合體。「『人』性的唯愛革命」是他給自己的立場所作的定性，它點出了它試圖把激進的革命與非暴力的精神結合起來的特點。而在某些激進派論者的眼裏，在時代的洪流中明明只有革命與反革命兩種選擇，而吳耀宗之流卻偏偏要「翻弄出一些新花樣」，搞出了這非驢非馬的「第三條道路」。[78] 撇開其中的用語不管，這種對唯愛主義的定位，在中國政治思想的景觀之中，應該說也是恰當的。

吳耀宗思想發展的左傾傾向，在很大程度上決定了他對中國基督教的狀況愈來愈感到格格不入，批判性愈來愈強烈。他認為，「兩千年來的基督教，偏重了個人的得救，忽略了社會的改進，所以它便成了統治階級的護身符，剝削制度的擁護者。它五體投地地俯伏在敵人面前，還自以為是人類的救星，社會的先導，卻沒有曉得它已經做了原始基督教的叛徒。」[79] 他不但對基要派的偏狹、狂熱嗤之以鼻，而且對自由派的溫和、膚淺嘖有煩言。在1932年寫成的〈中國基督教往哪裏去？〉一文中，他渲泄心中的不滿說：

> 可憐地說一句坦直的話，基督教今日不但成為時代的落伍者，而且竟在麻木的生活中，想入非非，做著惝恍迷離的夢。我們只看見一些沉沉欲睡的教會，我們只看見一些無精打采的基督徒，我們只看見一些枯寂無聊的儀式。活動不是沒有的，然而多半是奮興會，受聖靈，說方言，一類如醉如癡的活動；工作不是沒有的，然而只是佈道，祈禱，查經一類所謂純粹宗教的工作和救災，醫藥，教育，一類可以稱做慈善事業的工作。除了極少數的基督徒和教會知道從事提倡生產，改進農村那些比較根本事業外，其餘簡直是沒有把社會當前的問題放在他們的思想裏。[80]

不錯，吳氏並不否認基督教還有著巨大的潛力與可能，重新發現耶穌的革命精神。[81] 但是，他這些1930年代初的言論，多多少少已經透露出一種無奈，甚至絕望的情緒，似乎已經預示著他10餘年後「基督教的時代悲劇」的驚人之語。

二　唯愛主義的失落（1937～1949）

在抗日戰爭爆發後吳耀宗的思想發展中，對唯愛主義的疏離和拋棄可說是一大特色。不過，這是一個逐漸、緩慢的過程。1937年5月，吳氏從唯愛社的辭職具有很大的象徵意義，的確是他與唯愛主義主流之間產生了隔閡的表現，但似乎也與他當時遠在美國所造成的不便有關。把他的這一舉動說成是他與唯愛社及其運動的徹底決裂，一刀兩斷，應屬言過其實。[82] 事實上，1938年3月，吳氏返回上海後，仍然時有參與唯愛社的活動。甚至1941年他遷居成都後，還與當地的唯愛社保持著聯繫。[83]

在思想上，吳氏的唯愛主義色彩還沒有一時褪盡。在1943年完成的《沒有人看見過上帝》一書中，他在比較上帝信仰重視絕對性和唯物論重視相對性的特點時，還重申道：

> 一個違反時代需要的人，是應當受社會制裁的。……但是另一方面，基督教看人是上帝的兒女，每一個人都有他本身的價值，都是一個「目的」，而不是應當被用來達到任何有價值的社會目的的工具。就是一個現社會裏被認為是犯罪的人，或是在社會變革的時期中，被認為是反動的人，也是具有同樣的價值的。[84]

他進而指出唯物論對人態度的不足，說：「只注重了整個社會應有的發展，而忽略了某一個人本身的價值和可能的發展的時候，也許歷史某一階段的目的是達到了，然而所達到目的在質的方面，卻因此而受了損傷，因為它忽略了某些人在一個更長時間裏所可能有的改變，和可能發生的積極的作用。」[85] 這基本上是他抗戰前有關看法的延續，但調子已明顯地溫和了許多。

「愛」的主題在他的這時期的言論中也不難找見。他時常這樣說：「基督教最根本的教義是愛，一切的誡命都可以包括在『愛人如己』一句話裏面。『愛』的最重要的涵義就是尊重每一個人的人格，使每一個人都能夠充分的發展。」[86] 直到1948年，他還曾為文悼念剛剛去世的聖雄甘地，稱讚他唯愛的人格與精神不休。[87] 同年，他甚至明確地說：「……許多年前，我是一個『唯愛』主義者，……但我現在為甚麼改變了呢？其實我並沒有改變，在一個更深刻的意義上，我還是一個唯愛主義者，我還是絕對服膺耶穌愛仇敵的教訓。」[88] 可以說，至少在抗戰期間和之後不久，吳耀宗思想上唯愛主義的流風餘韻還歷歷可見。至於他對其做何種的解釋和運用，唯愛的原則在他整個的思想體系中還具有多大的影響力，都是可以討論的。

事實是，唯愛主義在這個時期已經不復成為吳耀宗思考的重點，逐步退出了其思想的主流。的確，吳氏從來沒有系統地批判唯愛主義，不過，他關注和討論的中心已經遠遠不是如何把唯愛的原則運用於社會生活。從他涉及唯愛的隻言片語之中，也很難看出唯愛對他思考問題的指導思想和角度有甚麼舉足輕重的影響。或許，他對唯愛的偶爾贊許僅僅是停留在口頭上而已。

抗戰全面爆發之後，吳耀宗的注意力很快全面轉向全民抗敵的需要。「七七事變」之後，他在美國利用演講和寫作就中日戰爭發表看法，呼籲國際社會干涉，以制止日本的侵略。[89] 這說明他尚未完全放棄靠和平手段解決國際爭端的傳統立場。回國後，他開始鼓吹基督徒，特別是青年要積極地以各種方式投身抗戰的熱潮。例如，1939年5月，他曾發表文章，稱讚「自全面抗戰發動以後，……有許多青年加入軍隊作戰。……也有許多青年到戰地服務，慰勞，訪問，在後方救濟，組織，宣傳。……這才是新中國青年的精神。」[90] 特別是基督徒青年和傳教士在其中扮演的角色，「證明了基督徒一樣愛國，一樣的主持正義。」[91] 他鼓勵基督徒青年們要積極參與救濟難民，組織民眾等工作，表彰基督徒的人格，發揮先知的作用。[92]

抗戰期間，吳耀宗在思想上加深了對馬克思主義的認識與認同，對馬克思主義與基督教的關係進行了更深入，更為系統的探索。1943年，他即完成出版了《沒有人看見過上帝》，就基督教的上帝觀與唯物論進行了比較。1947年，又沿著相同的思路連續著文。在這一系列的作品中，他對基督教的核心信仰做了相當自然主義和人本主義的解釋。他在總結的結論是：「基督教和唯物論，並不衝突，不只是不衝突，並且可以有互相補充之處。」[93] 吳氏在哲學思想上對馬克思主義的認同更加暴露無遺。

到了抗戰後期，吳耀宗把注意力轉向戰後中國的前途和重建上面。他擔任1945年初創刊的《天風》週刊的領導職務之後，以此為陣地，針砭時弊，建言獻策。在為《天風》寫的發刊詞中，他這樣陳述了該刊的宗旨：「基督教對社會生活的基本主張，是自由平等博愛。……把這一個富有革命性的信仰，應用在中國現在的問題上，使它能夠變成轉移危局，救贖人生的力量，這就是本刊的使命。」[94] 這其實也是他自己在戰後觀察和思考問題的指導思想。

抗日戰爭勝利後，吳耀宗認為，「戰後的世界，沒有出現和平的曙光，反而充滿著混亂與黑暗。資本主義國家和社會主義國家的矛盾，帝國主義和弱小民族的矛盾，資本主義國家內階級的矛盾，資本主義國家間的矛盾——這些都不會停止，而只有日趨尖銳。」[95] 他告誡基督徒「我們面前也許還將有一個更長期的，更殘酷的鬥爭」，這鬥爭的對象將是那些「披著正義的外衣，卻用種種方法，要維持現狀，叫他們從現狀所得到的特殊地位能夠繼續下去的人們」，[96] 目標將是「不合理的社會制度被推倒，新的社會制度被建立」。[97] 他還以耶穌「我來要把火丟在地上」（路十二49）與讀者共勉，準備迎接鬥爭的到來。[98] 很明顯，吳氏對時局和任務的看法都深受馬克思主義的影響。

在以後短短的幾年裏，隨著吳耀宗對國民黨統治的徹底絕望，他的思想傾向迅速激化。其重要標誌便是1948年4月發表的〈基督教的時代悲劇〉。在這篇文章中，他把世界的局勢描繪為一個大變動的時代，一個革命與反革命兩大陣營對壘的時代。他說：「一個世界性的革命，正在我們面前展開著。……這個革命的主要任務，在消極方面，是反對新式帝國主義和與它相依為命的封建力量壓迫民眾，奴役世界的企圖，在積極方面，是要聯合一切民主力量，去建立一個自由平等，沒有階級，共勞共用的新社會。資本主義已經不能適應我們的時代；……它已面臨著最後的崩潰與沒落了。」[99] 在與以美國為首的資本主義陣營和以蘇聯為首的社會主義陣營的較量中，吳氏的同情與支持在哪一方，是一目了然的。

在吳氏看來，基督教的時代悲劇就在於，它在歷史上與英美資本主義形成了千絲萬縷的聯繫，「美國資本主義的精神，可以說是現在流行著的基督教的精神，而資本主義所提倡的個人主義和自由主義，也就是現在一般基督教人士所提倡的個人主義和自由主義。」[100] 當前，「基督教對現在的革命運動，是完全沒有了解的。」[101] 一部分人採取了逃避現實的辦法，另一部分人則追隨資本主義陣營的反蘇反共路線。所以說，「在過去一百多年的歷史在中，它不知不覺地變成一個保守的力量。在目前的世界，它更變成一個反動的力量。」[102] 吳氏給基督教的前途所下的斷語是：「如果我們的宗教是迷信的，落後的，違反人民利益的，那麼，我們的一切，都將遭受歷史的無情審判與清算。」[103] 吳氏對中國基督教現狀的批判從神學背景到實際效果，不可謂不全面和激烈。

可見，吳耀宗這個時期在思想觀念上明顯地排斥英美自由主義和個人主義，而接近馬克思主義；在社會立場上拋棄了以前的「第三條道路」，而公開站到共產主義革命一邊。在這樣一個大的趨勢之下，他已不可能從唯愛的立場出發對共產主義有所批判，而且他思想中還存留著的唯愛主義的遺存也愈來愈沒有藏身之地。的確，他始終沒有系統地、公開地批判過唯愛主義。但是，他不但愈來愈少正面地提及唯愛，而且偶一提及，則多為負面的評論。另有更多的言論則間接地否定了一些唯愛基本的原則。譬如，1948年初，吳氏曾與當時供職於廣學會的加拿大傳教士薄玉珍，進行了一場小小的辯論。起因是吳氏在一篇文章中稱，耶穌對他的敵人只有恨。薄氏則堅持「耶穌只恨『罪』，卻愛『罪人』，愛『敵人』的。」[104] 吳氏則認為，「罪」與「罪人」在實際上是分不開的；如硬要分開，「我們就容易對罪採取一種姑息妥協的態度」。耶穌其實是恨罪人的「現實」，卻愛罪人的「可能」。[105] 吳氏在此考察問題的出發點似已不再是人的寶貴價值，而是如何不故息、縱容罪惡。這顯然與他以前「只針對罪惡，不針對罪人」的立場有本質的區別。另外，薄玉珍的主張與吳氏自己以前的主張是一致的，而他與薄氏之間發生分歧這一事實，也說明他不復屬於經典的唯愛主義傳統。

其次，吳氏從未否認「基督教的福音就是犧牲的愛」，[106] 但幾乎不再把「愛」與「愛仇敵」、「打右臉，連左臉也給他」的教訓聯繫起來，而是強調「愛朋友愛到自己犧牲了，……如果我們真正實行犧牲的愛，那我們對於現社會一定會有極大的貢獻。」[107] 這樣，普世之愛就變成了同志之愛。而且，「愛」也與暴烈的革命毫不衝突，因為「耶穌要我們得到和平，但他也要我們為和平而付代價，這代價就是把現在的社會改造，並且預備著擔當因改造社會而必須遭遇到的犧牲，困難和痛苦。」[108] 吳氏一再引用耶穌「把火丟在地上」、「我來，乃是叫人分爭」等話，也是為了突出社會革命的激烈性和必然性，基督徒對此不當迴避。

再者，甚至吳氏對甘地的評價也隨之起了變化。他原來是對甘地的非暴力不合作運動佩服得五體投地的。在1948年的那篇紀念文章中，他一方面讚揚甘地的精神風範，另一方面卻說：「甘地的不朽，不在他的政治見解，而在於他的精神與人格」，[109] 並且暗指其政治見解是錯誤的，其非武力主義是失敗的。[110]

最後，吳耀宗看到為數不少的基督徒仍然以「博愛」為依據，指責「共產黨只講鬥爭，不講愛人」，而共產主義革命則是「以暴易暴」，「冤冤相報」。[111] 吳氏對此多次予以嚴厲的批駁。他說：

> 中國過去的社會，充滿了壓迫與殘暴；中國現在

> 的社會，是被一個根深蒂固的反動力量統治著。在這樣的情況下，如果要「翻身」，「要解放」，就不能完全避免革命的手段，……一個反對「以暴易暴」的人，他所真正反對的，也許不是「暴力」，而是現狀的改變；反對「暴力」也許只是一個托辭。更可惜的是，當我們反對別人使用革命手段去改造社會的時候，我們自己並沒有提出一種更好的辦法，而結果就等於我們主張維持現狀。[112]

在他看來，「共產主義解放人類的使命，就是一件至高無上的愛的工作。」[113] 甚至連以前曾為他指摘過的蘇聯社會的黑暗面，也變得情有可原，因為「蘇聯現在還是世界上惟一的，像孤島一般的社會主義國家，它的四周，還是一個與它為敵的力量的大海。在這樣情況之下，我們不能希望蘇聯完全放棄『以眼還眼，以牙還牙』的辦法，去實行『登山寶訓』的辦法。」[114] 這樣，基督徒對共產主義所可以持的惟一正確態度，便是充分地理解，真心地擁護。至此，吳耀宗持守多年的唯愛主義的要素便喪失殆盡，他基本上完成了從一個兼革命理想與唯愛原則於一身的基督教社會改革家，到共產主義革命的熱情同情者和支持者的蛻變。

以上，我們分3個階段探討了吳耀宗從「極端」的唯愛主義，到「溫和」的唯愛主義，再到背棄唯愛主義的發展歷程。毫無疑問，其中以第二階段（1931～1937）最為多彩多姿，最為關鍵。如果把吳氏與徐寶謙、張雪岩等同時代的其他唯愛主義者作一比較，可以說他們在唯愛理想的追求，目的與手段的統一，對暴力本質和後果的批判等方面都是基本一致的。但是，相形之下，吳氏的唯愛論更多地建立在他的世俗化色彩較重的人論上面,[115] 而不是其他唯愛論者所屬意的基督論上面。正因如此,他才能夠在一個宗教氣息不甚濃厚的平台上,與教內外一切人士就相關的問題展開討論,才能夠比較容易地吸收馬克思和尼布爾學說的某些因素,把「強制」、「階級鬥爭」等看似與唯愛格格不入的概念,引入了基督教的社會思考中。事實説明,吳氏的這種傾向在唯愛的陣營內是頗遭人側目的。應該説,吳氏的思想在相當長的時期內,屬於中國基督教唯愛主義思想傳統中很有特色的一種,並因而游離於主流思想之外。

我們知道,在中國基督教社會倫理思想史上存在著「博愛」與「公義」之間的張力。其實,吳耀宗的唯愛思想發展史也可以從這個角度來考察。他從唯愛到革命的演變實在就是一個對「社會公義」的強調逐步壓倒了對「唯愛和平」的持守的過程。在抗日戰爭和社會改造的現實面前,他雖然曾盡力保持「博愛」與「公義」之間的平衡,但發現自己不得不不斷地對「唯愛」的絕對性和普世性加以限制,同時向激烈的革命手段,包括武力鬥爭做出讓步。結果,他所一度代表的唯愛的聲音終於淹沒在浩浩蕩蕩的時代革命洪流中了。

註釋

1. 本章部分內容曾以〈唯愛主義與共產主義:吳耀宗的思考〉為題,發表於《中國神學研究院期刊》,第43期,2007年7月,頁35～55。
2. 吳耀宗:〈和平的代價〉,頁4。
3. 吳耀宗:〈社會福音的意義〉,載《社會福音》(上海:青年協會書局,1934),頁17。
4. 吳耀宗:〈社會福音的意義〉,頁21。
5. 吳耀宗:〈徵求唯愛社員〉,頁3。
6. 吳耀宗:〈唯愛主義與社會改造〉,頁6。

7. 吳耀宗:〈唯愛主義與社會改造〉,頁7。
8. 吳耀宗:〈唯愛與真理——答血飛先生〉,載《唯愛》,14期,1934年5月15日,頁3。
9. 吳耀宗:〈社會福音與個人福音〉,載《社會福音》(上海:青年協會書局,1934),頁28。
10. 吳耀宗:〈唯愛與真理〉,頁2。
11. 吳耀宗:〈社會福音與個人福音〉,頁28。
12. 參吳耀宗:〈唯愛與真理〉,頁6。
13. 吳耀宗:〈社會福音的意義〉,頁18。
14. 吳耀宗:〈唯愛主義與社會改造〉,頁7～8。
15. 吳耀宗:〈唯愛與真理〉,頁2。
16. 吳耀宗:〈唯愛與革命〉,載《唯愛》,9期,1933年5月15日,頁2。
17. 吳耀宗:〈基督教與共產主義〉,載《社會福音》(上海:青年協會書局,1934),頁121。
18. 參吳耀宗:〈基督教與共產主義〉,頁120～121。
19. 吳耀宗:〈唯愛與革命〉,頁2。
20. 吳耀宗:〈唯愛主義與社會改造〉,頁2～3。
21. 吳耀宗:〈唯愛主義與社會改造〉,頁13。
22. 吳耀宗:〈基督教與共產主義〉,頁118。
23. 吳耀宗:〈今年的耶誕節〉,頁4。
24. 吳耀宗:〈致梅為藩〉,載《唯愛》,9期,1933年5月15日,頁47。
25. 吳耀宗:〈基督教與共產主義〉,頁123。
26. 吳耀宗:〈社會福音的意義〉,頁16～17。
27. 吳耀宗:〈社會福音的意義〉,頁25。
28. 吳耀宗:〈唯愛與革命〉,頁1。
29. 吳耀宗:〈致馬慶選〉,頁37。
30. 吳耀宗:〈基督教與共產主義〉,頁118。
31. 吳耀宗:〈基督教與共產主義〉,頁125。
32. 參任錦祥:〈任錦祥致吳耀宗〉,載《唯愛》,17期,1935年3月20日,頁47;吳耀宗:〈唯愛與真理〉,頁2。
33. 參吳耀宗:〈唯愛與真理〉,頁2。
34. 參吳耀宗:〈唯愛主義與社會改造〉,頁13。
35. 吳耀宗:〈基督教與共產主義〉,頁122。
36. 吳耀宗:〈基督教與共產主義〉,頁122。

37. 吳耀宗:〈社會福音的意義〉,頁20。
38. 吳耀宗:〈社會福音的意義〉,頁20～21。
39. 吳耀宗:〈徵求唯愛社員〉,頁3。
40. 吳耀宗:〈唯愛與真理〉,頁8。
41. 吳耀宗:〈唯愛與革命〉,頁2。
42. 吳耀宗:〈基督教與共產主義〉,頁125。
43. 吳耀宗:〈唯愛主義與社會改造〉,頁8。
44. 吳耀宗:〈唯愛主義與社會改造〉,頁9。
45. 吳耀宗:〈唯愛與真理〉,頁3～4。
46. 吳耀宗:〈唯愛與革命〉,頁3。
47. 吳耀宗:〈唯愛與真理〉,頁9。
48. 吳耀宗:〈唯愛與真理〉,頁9。
49. 吳耀宗:〈唯愛與真理〉,頁7。
50. 吳耀宗:〈非戰運動與民意的總動員〉,載《唯愛》,5期,1932年9月15日,頁5。
51. 吳耀宗:〈非戰運動與民意的總動員〉,頁6。
52. 吳耀宗:〈非戰運動與民意的總動員〉,頁6。
53. 吳耀宗:〈非戰運動與民意的總動員〉,頁7。
54. 吳耀宗:〈今年的耶誕節〉,頁4。
55. 吳耀宗:〈唯愛與真理〉,頁4。
56. 吳耀宗:〈唯愛與真理〉,頁4～5。
57. 參吳耀宗:〈唯愛與真理〉,頁5。
58. 吳耀宗:〈唯愛與革命〉,頁4。
59. 吳耀宗:〈唯愛與革命〉,頁4。
60. 吳耀宗:〈唯愛與真理〉,頁8。
61. 吳耀宗:〈唯愛與真理〉,頁8～9。
62. 吳耀宗:〈唯愛與真理〉,頁10。
63. 吳耀宗:〈唯愛與真理〉,頁10。
64. 吳耀宗:〈唯愛與真理〉,頁11。
65. 吳耀宗:〈唯愛與真理〉,頁9。
66. 吳耀宗:〈唯愛與真理〉,頁9。
67. 吳耀宗:〈徵求唯愛社員〉,頁6。
68. 吳耀宗:〈唯愛與革命〉,頁4～5。
69. 吳耀宗:〈社會福音的意義〉,頁18。

70. 吳耀宗：〈唯愛與革命〉，頁5。
71. 吳耀宗：〈唯愛與革命〉，頁5。
72. 吳耀宗：〈徵求唯愛社員〉，頁7。
73. 吳耀宗：〈答知我論唯愛主義〉，載《唯愛》，14期，1934年5月15日，頁32。
74. 吳耀宗：〈社會福音的意義〉，頁25。
75. 參 Gao Wangzhi, "Y. T. Wu," p.342。
76. 吳耀宗：〈唯愛主義與社會改造〉，頁9。
77. 吳耀宗：〈社會福音的意義〉，頁18。
78. 血飛：〈不能自圓其說的唯愛主義〉，附吳耀宗：〈唯愛與真理〉，頁13。
79. 吳耀宗：〈社會福音的意義〉，頁2。
80. 吳耀宗：〈中國基督教往哪裏去？〉，載《社會福音》（上海：青年協會書局，1934），頁130。
81. 參吳耀宗：〈社會福音的意義〉，頁19。
82. 參沈德溶：〈吳耀宗與唯愛主義〉，頁185。
83. 參沈德溶：〈吳耀宗小傳〉，頁117、121。
84. 吳耀宗：《沒有人看見過上帝》（上海：青年協會書局，1948），頁27。
85. 吳耀宗：《沒有人看見過上帝》，頁28。
86. 吳耀宗：〈基督教與新社會〉，載《基督教叢刊》，創刊號，1943年2月，頁6。
87. 吳耀宗：〈甘地不朽〉，載《天風》，總108期，5卷6期，1948年2月7日，頁1～2。
88. 吳耀宗：〈耶穌有沒有恨？〉，頁14。
89. 參沈德溶：〈吳耀宗小傳〉，頁115～116。
90. 吳耀宗：〈中國基督教學生運動的前瞻——基督徒青年的使命〉，載《真理與生命》，12卷3期，1939年5月15日，頁136。
91. 吳耀宗：〈中國基督教學生運動的前瞻〉，頁137。
92. 吳耀宗：〈中國基督教學生運動的前瞻〉，頁137～138。
93. 吳耀宗：〈基督教與唯物論——一個基督徒的自白〉，原載《天風》，總106期，1947年6月21日。引自「附錄」，《沒有人看見過上帝》，頁98。
94. 吳耀宗：〈中國的前途〉，載《天風》，第1期，1948年2月10日，頁4。
95. 吳耀宗：〈把火丟在地上〉，原載《天風》，1946年1月16日；引自吳耀宗：《基督教講話》（上海：青年協會書局，1950），頁83。
96. 吳耀宗：〈把火丟在地上〉，頁82。
97. 吳耀宗：〈把火丟在地上〉，頁83。

98. 吳耀宗:〈把火丟在地上〉,頁79。
99. 吳耀宗:〈基督教的時代悲劇〉,載《天風》,總116號,5卷14期,1948年4月10日,頁1～2。
100. 吳耀宗:〈基督教的時代悲劇〉,頁2。
101. 吳耀宗:〈基督教的時代悲劇〉,頁4。
102. 吳耀宗:〈基督教的時代悲劇〉,頁4。
103. 吳耀宗:〈基督教的時代悲劇〉,頁4。
104. 薄玉珍:〈薄玉珍致《天風》編輯〉,附吳耀宗:〈耶穌有沒有恨?〉,頁14。
105. 吳耀宗:〈耶穌有沒有恨?〉,頁14。
106. 吳耀宗:〈基督教對於民主社會之貢獻〉,載《田家》,16卷1期,1949年8月1日,頁8。
107. 吳耀宗:〈基督教對於民主社會之貢獻〉,頁8。
108. 吳耀宗:〈基督教與新社會〉,頁6。
109. 吳耀宗:〈甘地不朽〉,頁1。
110. 吳耀宗:〈甘地不朽〉,頁2。
111. 吳耀宗:〈人民民主專政下的基督教(續)〉,載《天風》,總177號,1949年8月27日,頁3～4;吳耀宗:〈基督教對於民主社會之貢獻〉,頁9。
112 吳耀宗:〈人民民主專政下的基督教(續)〉,頁3。
113. 吳耀宗:〈人民民主專政下的基督教(續)〉,頁4。
114. 吳耀宗:〈基督教與政治〉,原載《天風》,1947年2月15日。引自《基督教講話》(上海:青年協會書局,1950),頁107。
115. 吳氏曾指出:「唯愛主義之成為一種運動,雖然不過只有二十年的歷史,但自人類有史以來,信仰這種主義的,實在是無時無地沒有。印度的釋迦牟尼,我國的墨子,猶太教的以賽亞,基督教的耶穌,聖方濟,霍士和他所發起的桂格牌;近代的人,如俄國的托爾斯泰,印度的甘地,日本的賀川豐彥,英國的羅素,法國的羅曼羅蘭,美國的荷幕時,潘琦,留德時期的愛因斯坦——雖然他們的主張未必盡通,但他們的反對戰爭,反對暴力,和主張以愛及調解(reconciliation)的方法去消滅人世間的罪惡,卻是一致的。」(吳耀宗:〈唯愛主義與社會改造〉,頁3～4。)這等於是吳氏給唯愛主義所下的定義。在他看來,唯愛主義是跨宗教的。吳氏對唯愛主義基本信條的論述,亦多沒有基督教的語彙,或明顯的基督教色彩,所以顯得相當世俗化。

第七章

徐寶謙的唯愛主義——與吳雷川的比較研究[1]

中國基督教唯愛主義的另一位重要發言人是徐寶謙。與吳耀宗相比，徐寶謙的唯愛思考與言論沒有那麼系統，對唯愛運動的參與也沒有那麼深。但是他始終從基督信仰的角度理解和闡釋非暴力的立場，對唯愛主義的執著並沒有出現吳耀宗那樣的大轉變。[2] 在本章中，我不打算只陳述和分析徐氏本人的唯愛思想，而是把他的思想與1920、1930年代的中國基督教界著名的民族主義者和武力革命派吳雷川的思想做出比較，以此來彰顯唯愛主義的獨到之處和特殊價值，並且更為深入地透視基督教民族主義與唯愛主義的互動。

徐寶謙的生平本書第二章已有介紹，在此不贅述。終其一生，徐氏都是一名相當堅定的唯愛主義者，篤信「主張唯愛者，決不應暫時放棄唯愛的原則而主張唯力是也」，[3] 且與中國唯愛社過從甚密。[4] 即使到抗日戰爭全面爆發後，他也從未根本改變自己的非暴力不抵抗的立場。

吳雷川（1869～1944）本為清朝的翰林，中年才接受基督教信仰，曾長期任教於燕京大學。他雖然從一開始便認同於社會主義的理想，但以後隨著形勢的變化社會態度漸趨激烈，到1930年代中後期更宣佈基督教不可置身於流血革命的事外。[5]吳氏有感於國內軍閥混戰的局面，曾頗為看重基督教的和平主義；[6] 甚至曾於1920年代初加入唯愛社。[7] 以後，他「因為感受時事的刺激，又對於基督教義詳細地研究」，[8] 逐步轉而認同暴力鬥爭。在1930年代中期，他是社會立場最為激進的基督教知識分子之一。自然，他對基督徒之支持和參與抗日武裝鬥爭也是持積極鼓勵的態度。

在神學上，吳雷川和徐寶謙都深受自由主義神學的影響，都揚棄了傳統的聖經觀、超越的上帝觀和超自然的基督論，都致力於建設此世的天國。然而，在涉及戰爭與和平的社會倫理問題上，這兩人在完成了思想轉變和定型之後的觀點和主張卻針鋒相對。正是由於他們各自立場的徹底性和一致性，他們的有關思想和觀念才最能反映武力革命派與唯愛和平派的內在思想邏輯和特點。本章以下的篇幅，將分幾方面比較、分析這兩人在暴力與非暴力問題上的異同。

一　聖經與基督論的依據

正如我們剛剛提到的，吳雷川和徐寶謙都是經過了一段思想演化過程才形成了他們各自在戰爭與和平問題上的立場。自然，這個過程包含著一系列其他相關神學問題的調整。也就是說，作為徹底的激進革命派和唯愛和平派，吳氏、徐氏二人各自的社會政治觀點，都有更廣闊的神學背景，反映了他們在某些關鍵的神學問題上理解的不同。只有對他們不同的神學側重點有所認識，才能更深刻、更全面地認識他們特定的社會政治和倫理觀點。

我在本書一開篇即提到基督教社會倫理的主要思想資源

具有複雜性和多樣性，從而使不同的思想流派都可以相當容易地在這個資源中找到自己的根據和基礎。毫不奇怪，吳雷川和徐寶謙都能夠從聖經中尋得理論的素材和出發點，發展出自己的基督論，為其社會政治態度和倫理奠定基礎。讓我們先看一看吳雷川的思路。應該說，他對基督教思想中愛與公義這兩大主題都是有所認識的。他曾說：「以基督教的教義而論，他是提出公義與仁愛兩點作為真理的兩個標識，也就是上帝的兩種性德，……」[9] 在他看來，這兩者並不一定是互相抵觸的。他曾論及愛與公義的互補關係說：「耶穌認上帝是慈愛，更是公義，他曾稱上帝為公義的父，……他以為惟有公義才能完成慈愛，慈愛固是上帝的本體，公義乃是上帝治世的大法。」[10] 可見，吳氏對愛在基督教教義中的中心地位，是明白無誤地予以承認的。他指出，愛不僅是基督教的一條道德教訓，更具有本體論的意義。他又曾說：「基督教的兩大綱，是盡心盡意盡力愛上帝，又愛人如己。」[11] 這段話亦可證明，他無意挑戰愛作為基督教核心信條之一的地位。

不過，吳雷川同時認為，公義作為與愛並列的另一關鍵主題，也不能忽視。教會傳統的一大缺失，正在於過分強調唯愛，而沒有給予公義以應得的重視。用他自己的話來說：「向來宣傳基督教的，都是以愛為前提，但因為太偏重上帝的慈愛，就容易使人倚賴上帝，怠於自修」，結果無法為地上天國的建立奮鬥。[12] 他從分析耶穌的榜樣著手，指出基督教教義是「仁義兼到的教義」。[13] 愛固然是總綱，而「耶穌的公義，勇敢，乃至其嚴威的怒憤，我們都要首先注意，並且可以說此類的德性，在現世界尤為適用。」[14] 所以，無論從教會記憶體在的弊端，還是就中國當時的現實需要出發，吳雷川都把張揚上帝的公義作為當務之急。即使當他在闡釋基督教愛的真義時，也往往落腳在拯救民族,改造社會上面。譬如,他在把愛上帝和愛鄰人列為基督教兩大綱後,馬上指出:「所以人如真實信仰基督教,必能愛護真理,以服務社會。」[15]

吳雷川對公義的突顯更加清楚地體現在他的基督論,或者更具體地說是他對耶穌形象的重新塑造之中。秉承自由主義基督論的思路,吳氏一般把耶穌看作一位完美的人物,對其作為上帝之子的神性極少觸及,所謂「我以為耶穌成為基督,完全是他思想改造,和踐履的篤實,所結合而成的。」[16] 在他的筆下,耶穌作為一名歷史傑出人物的形象也不是一成不變的。1925年前後,在非基督教運動和五卅運動風起雲湧的時候,吳雷川筆下的耶穌是一名堅貞的愛國志士。他認為,歷史上耶穌常常被說成是一位不關心社會政治的宗教家,實在對其身分和事業的很大誤解。

> 我以為就表面上看來,耶穌既未嘗論及政治,似乎可說他是無意於國家,但究其實在,耶穌卻是第一個熱心救國的人。他生當猶太受羅馬管轄,國內黨派意見又極不一致的時候,想要按正道拯救國家,真是有難以明言之隱。但在他對耶路撒冷城哀哭一事,確可以看出他愛國的熱誠,後來被害受死,雖然可說他是為真理作證,為道殉身,但終究是為愛國熱誠所驅使,……[17]

耶穌的一生可以說是為民族奮鬥,直至捐軀的一生。他的宗教的努力實際上也是服務於這個人生目的的:

> 耶穌生為平民,獨抱大志,要拯救自己的國家,當時猶

> 太國的情勢，是以宗教為政治禮俗的中心，如果猶太人對於宗教的觀念根本革新，其他一切，自然都能改進。所以耶穌一生的事業，就是要改革宗教。他抱了這種決心，與當時的社會奮鬥，至死不悔，真可算得歷史上第一愛國的人。[18]

所以，耶穌愛國的熱情與品格正值得中國一切的愛國志士們所效法。

到了1930年代初，吳雷川對國民黨統治愈來愈失望，對社會主義的政治理想更加同情，對實現這一理想的激進革命道路也予以公開的贊成和鼓吹。他心目中的耶穌隨之更多地以「人類社會革命的先導者」的面貌出現。[19] 按照吳氏的思想脈絡，耶穌的愛國者和革命者身分實際上並不互相矛盾，因為耶穌畢竟是要通過改造社會來挽救猶太民族的命運。不過，耶穌身分的這一微妙變化仍然反映出吳氏的思考重點的變化。

在吳雷川看來，作為革命者的耶穌一生所追求的便是社會的再造，和天國的建立。而這天國其實就是耶穌以猶太宗教語言來表達的「理想的新社會」，[20] 它是「沒有君王的」，「是廢除私有財產制的」，「天國是要作工而後能得食的」，「天國是不需要有儀式的宗教的」，等等。[21] 耶穌既有了這一套建國的方略，也有實施的步驟和措施，即發動羣眾和訓練門徒。可惜世人未能領會耶穌的苦心，以致他「至終仍到耶路撒冷，作最後之奮鬥，以致獨身受難而不願。」[22] 所以，吳氏給耶穌的一生和意義作了這樣的總結：

> 耶穌一生底目的就是革命，他將他所得於天底聰明

> 才力，乃至整個的生命，完全貢獻於革命的事業，……但他既表顯了革命的原則，奠定了革命的基礎，無論已往或永久的將來，論到人類社會革命的動力，總不能忽略了耶穌所成就的事功。[23]

這樣看來，耶穌簡直就是現代社會革命的鼻祖。

值得注意的是，吳雷川主張，耶穌所採取的革命途徑既然是依靠廣大羣眾，自下而上的，所以它也就不是漸進與緩和的，而是「激烈的」、「急進的」。[24] 在1930年發表的一篇題為〈「縱火」與「導爭」〉的文章，吳氏圍繞著耶穌的幾段話論證了耶穌革命道路的激進性。文章一開篇便指出，路加福音十二章49節和51節記載耶穌說：「我來要把火丟在地上，倘若已經著起來，不也是我所願意的嗎？……你們以為我來，是叫地上太平嗎，我告訴你們，不是，乃是叫人分爭。」吳氏認為，這清楚地表明，耶穌在世上並不是專以求和平為能事，他要代表公義與黑暗勢力作堅決的鬥爭，自然要在世上引起分裂和爭鬥。用他自己的話來說：

> 耶穌說我來使世人分爭，就是因為他將真理高舉起來，叫一般人有所仰望，因而思想漸漸的演變，思想既變，自然對於社會上一切的設施，都覺得不能滿意，爭端也就從此而起。其始也許只足在語言文字上引起辯論，至終必要在動作上表顯出來，古今來革命的事業，無非發源於此，有此可知分爭的意義是何等重要了。[25]

所以，根據吳氏的詮釋，耶穌的教導不僅會導致思想的革命，更會導致言語，乃至行動上的革命。由此可知耶穌的精神與古往今來一切革命運動的精神是一致的。這樣一種思路已經隱含著對革命暴力的認可。在另一部作品中，吳雷川在討論耶穌關於末日審判和人子再來的言論時，直接了當地指出革命中的流血不可避免。他說：耶穌「必是本著個人的經驗，深知要徹底的改造社會，既不是愛與和平所能成功，而真理又不能因此就湮沒不彰，於是革命流血的事終久是難於避免。他預想將來必要經過革命流血的慘劇，有許多人民受了災害之後，他的理想就由此實現，……」[26] 這樣，耶穌作為一名激進的社會革命家的肖像就完成了。

總結起來，吳雷川的基督論極少形而上的色彩，他的關注焦點在於塵世中的耶穌及其使命。他對耶穌一生的理解和詮釋有兩個特點，值得在此指出。其一，在早期，吳氏強調耶穌作為偉大愛國者的人格感召力，及其對國民人格改善的作用；到了1930年代，他愈來愈多地突顯耶穌的社會抱負對社會制度和環境的衝擊。這裏可以隱約看出一個由「人格救國」向「革命救國」的過渡。其二，吳氏的基督論裏貫穿著一條主線，就是上帝的公義和基督的正義感。他雖然也承認基督慈愛的性德，但對此始終著墨不多，相反卻反復論證公義在耶穌的事工中重要性，突出他的嫉惡如仇，和為公平社會的奮戰。後面我們會看到，吳雷川所執著的這個公義主題對他在戰爭與和平問題上的立場有著重大的影響。

徐寶謙的基督論與吳雷川在框架上是一致的。他也強調耶穌基督的人性，淡化其神性，認為耶穌在本質上與一般人並無二致，只是借上帝的幫助而具備了完美的人格。[27] 與吳雷川一樣，徐氏所最看重的是耶穌這種完美人格所帶來的榜樣的力量，及其造成的社會效果。他指出：

耶穌的教訓與行動是積極奮鬥求人類的幸福的。不是避免人世苦楚去享受天堂的快樂的。耶穌的崇拜是創造的，這種崇拜……有四種功用：(一) 提高人格，使人類的人格統一，日益與上帝相近似。(二) 積極地旨定人生的理想及價值。(三) 從上帝處獲得奮鬥的能力。(四) 造成友愛的團契。耶穌因信上帝能給與人在奮鬥中的能力與安息，信人類能在上帝的愛裏充分的努力為上帝的國而奮鬥。[28]

可以看出，徐氏一再提出上帝之愛的主題，宣傳在耶穌身上流露出來的這種愛再造人格，改變社會的奇功。然而，他並沒有漠視耶穌主持正義的事迹和性格。在反駁清華剷除基督教青年團時，他曾說：「從歷史看，基督教固曾多次呈貴族化的傾向。但耶穌自身，確是一個無產者；並且他常常站在無產者的地位上，去斥責資產階級。」[29] 而且，耶穌的教訓可以改造人心，「實在是一種最偉大的革命」。[30] 他又說：「耶穌曾對耶路撒冷痛哭，是一個愛民族者。他一生為平民服務，是一個無產階級的良友。」[31] 至此，徐寶謙與吳雷川對耶穌的理解可以說是極為相近的。不過，徐寶謙堅持認為，耶穌儘管是一名愛國者和革命者，但是他從未因為要爭取社會的公義而犧牲唯愛的原則，也從未因為特定的民族和階級的利益而放棄世界大同的遠大理想，「耶穌既以上帝為天父，人類為兄弟，自然不能以一民族一階級的利益，為最後的目標。不但如此，他十分相信信仰與愛心兩者，具無上的能力，自然不能贊成唯物史觀及武力革命的主張。」[32]「他不滿意於當時社會的狀況，是主張革命的；但是他所主張的是唯愛革命，而且，他為了這種革命，獻身在十字架上。」[33] 所以，按照徐寶謙的理解，耶穌終其一生並重公義與唯愛的兩個原則，因此他堅持一條非暴力的革命路線，為全人類的大和解努力奮鬥。徐氏所津津樂道的一段新約經文取自馬太福音五章38至48節。針對非基督教運動把這段經文曲解為鼓吹逆來順受的奴隸道德的慣用作法，他曾這樣評價說：「『轉過左臉來由他打』，『為那逼迫你們的禱告』，這種主張，與其說是無抵抗，不如說是精神抵抗——反暴力的抵抗。……我決不信精神抵抗為奴隸道德，亦不信精神抵抗會最後失敗。」[34] 換句話說，耶穌不是在邪惡和逼迫面前無動於衷的人，恰恰相反，他勇於以自己獨特的方式來反抗，並且為此付出了生命的代價。

總之，吳雷川與徐寶謙都是以一種高度人性化和處境化的神學進路，來塑造耶穌的形象的。他們的出發點和落腳點都帶有強烈的時代感，都力圖貼近當時的現實來樹立一個榜樣。對我們來說，他們兩人心目中的耶穌形象的差別，也許更值得注意。在此，我只想指出3個基本的不同之處。其一，徐氏的革命者耶穌的形象重在耶穌人格力量所可能帶來的社會效果，所以它沒有超出人格救國的範疇；而吳氏的革命者耶穌已經開始超出了人格救國，而成為制度變革的化身。其二，吳氏的耶穌形象與當下的社會革命和抵禦外患的迫切需求緊密配合；而徐氏則在肯定這一點的同時，著重指出耶穌具有更加超越的追求，即大同與博愛世界的實現。第三，徐氏、吳氏兩人固然都沒有否認耶穌一身兼持唯愛與公義兩種原則，但二人的側重點明顯有所不同。以下我們將會看到，這幾點重要的差異構成了他們不同的社會倫理觀的基礎。

二　基督教的社會理想

既然耶穌的言行所表現出來是一種愛鄰舍、愛仇敵的博愛精神，那麼他所代表的社會理想便要以打破階級、種族和其他社會藩籬，建立人人相愛的大同社會為依歸。這顯然與1920、1930年代以突出階級分歧和民族利益的社會革命和民族運動是不相協調的。吳雷川與徐寶謙都對這個事實作過認真的思考。

吳雷川雖然對當時的激進革命運動和民族主義十分傾心，但並不否認基督教的最高理想和原則是唯愛的世界大同主義。在論到耶穌的天國觀念時，他曾這樣闡釋道：

> 天國是以愛為基礎的。耶穌常對門徒說我將我的國賜給你們。又說：我賜給你們一條新命令，叫你們彼此相愛。（約翰福音十三章34節）此可見天國最重要的原則是愛了。……在新社會裏有極公平的法律，又有誠實相愛的精神，自然不會有爭奪殘殺的危險，這樣的社會，是不會走入滅亡的途徑的，就所謂惟有愛是永遠常存。（看哥林多前書十三章13節）[35]

他也承認在國際關係方面，「基督教的教義，從廣大方面說來，原應當打破國際間的界限。」[36] 所以，他曾一再把「世界大同」稱為「基督教最高的原理」[37] 和「理想最高的境界」。[38]

然而，吳雷川在不否認基督教的最高理想的同時，卻對它作了相對化的處理，也就是強調這種理想的終極性和未來性，認為這種理想的完全實現需要一個漫長的過程，在這個過程當中終極的理想並不完全適用，所以必須有一些更切當時實際需要的目標和革命方式。或者說，唯愛的原則和「世界大同」的國際主義是天國，即未來完美社會的特徵，不可提前照搬到不完美的現實當中來，也不可天真地用作爭取實現基督教理想社會的手段。在吳氏看來，在理想社會確立以前，支配基督徒社會目標和手段的選擇的決定性原則應當是正義或公義，強制的措施和暴力的行動也是無法避免，甚至是必要的。讓我們看一看吳雷川自己是怎樣說的：「論到人的分爭，在理想最高的境界中，或許認為不是人類所當有的現象。但在進化的過程中，則紛爭正是不能止息，並且不能止息的事。」[39] 他又說：

> 基督教以自由，平等，博愛三者為人類社會最高的境界，這自然是人人所想望的。但耶穌教人要服從真理，而真理又必因時代的需要而變動不居，決不可以執著。……所謂人類社會最高的境界，現時還在理想之中，需要我們經過長時期的努力，然後才能實現。我們現時只可對準這最高的境界努力進行，而不可先企圖自己當下就享受這種幸福。[40]

這裏，吳氏明顯地把理想與現實，目標與過程作了嚴格的區分，並且把博愛的原則歸入了前者。值得注意的是，吳氏呼籲對教義根據現實的需要作靈活的掌握。實際上，也只有採納了這種態度，基督徒才可能相對自由地從自己的處境出發，按照公義的原則來確定社會目標。

循著這種思路，吳雷川努力把基督教看起來過高的社會理想與社會的現實運動拉近，使其落在實處，切實可行。首先，他試圖說明基督教的理想與民族主義的理想的一致性。他說：「他〔筆者按：指耶穌〕雖然標舉世界大同的主義，但根本的辦法，還是在乎人人自愛。所以我們這生在還有國界時代的人，自然應當先談救國而後談救世。」[41]「……基督教的教義，誠然有許多高過國家主義的原理，然如降格相從，舉其一部分而論，基督教正可謂為適合於國家主義者。並且就現今中國的情形看來，要想實行國家主義，幾乎可以說是除了各個人都來看基督教的真精神而外，還沒有更好的方法。」[42]「基督教最高的原理，固然是世界大同，但當此國際畛域未泯的時侯，基督教要在那一國宣傳，就不能不以愛護國家，引起人民的信念。」[43] 而且，吳氏還刻意突出基督教愛的概念中比較符合當時的社會政治潮流的方面，從而使基督教與民族主義在捍衞民族主權的問題上具有共同的目標。譬如，他說：「基督教不是高談玄妙，教人迷信神權的宗教。更不是教人侵略殺伐的宗教，乃是教人愛自己，愛社會，愛國家的宗教。所以基督教與國家主義，根本上並無絲毫衝突。」[44] 這裏，基督之愛的要義似乎已不再是愛仇敵，而是愛自己、社會和國家。再者，基督教對民族主義運動實在在「個人品德的修養」，[45] 和領袖人才的塑造上具有莫大的推動作用。[46] 可以說，力圖證明基督教是民族主義運動的同盟軍是吳雷川對民族主義者對基督教西方背景的非難的一個主要回答。[47]

其次，吳氏主張基督教與激進的社會革命運動在目標和途徑上也是一致的。他認為：

> 基督教與革命，二者底目的，本是完全一致。雖在現今崇拜革命而又反對宗教的人，只認基督教所宣傳的是宗教，不知耶穌所提倡的也是革命，以致二者不相融洽，但在實際上觀察，他們的確已經在同一目標上有了新的結合了。且就二者的功能而論，革命底改造環境，雖然似乎是注重唯物的，而基督教底改造環

> 境，雖然似乎是偏重唯心的，……基督教既以建立天國為目的，又將重在改革人心，必非無故。然則唯心與唯物，實在還是殊途同歸，又何必有所歧視呢？[48]

基督教既然在本質上和理想上是革命的，只是在工作重點上有所不同，而兩者互相輔助，相得益彰，所以它應很自然地與社會革命運動認同。即使有朝一日革命走上了流血、暴力的道路，吳氏得出結論說：「我想基督徒決不能置身事外。」[49]

總之，如果套用一句政治史上的術語，可以說吳雷川在基督教的社會政治立場中區分出了「最高綱領」和「最低綱領」。前者是以「唯愛」為原則的理想社會，後者是以「公義」為準繩的鬥爭過程。在現階段中，抵抗強暴，爭取公正是核心，即「最低綱領」。為實現這一綱領，暴力的手段有時是不可避免的。在吳氏的思想中，社會正義佔有壓倒性的地位，而戰爭又僅僅是一種暫時性的手段或工具，所以，為了實現正義而採取武力便不是甚麼困難之事。

與吳雷川相比，徐寶謙在其社會理想中對唯愛的堅持可謂一貫到底，毫不含糊。在他看來，既然耶穌給他的門徒留下了一個愛的榜樣，那麼基督徒在社會上也就只能以仁愛、寬恕與和解的精神，非暴力的手段，來化解個人與個人，階級與階級，國家與國家間的仇恨和猜忌，以求得世界的和平。這是基督徒社會政治倫理的核心。他說：「耶穌的主張比任何其他主張都徹底，都積極。因為他始終認清一點，就是：要使世界和平，必須化除仇怨，而化除仇怨，除了用積極的愛，並無其他方法。」[50] 所以，基督教的社會理想及其實現的途徑都是和平的，而且這一理想的視野最為開闊，超出了一民族、一階級的狹小範圍，關懷著全人類的福祉與和睦。因此，國際主義是基督教社會理想的重要組成部分。徐寶謙曾對此解釋說：「基督徒是世界公民，故決不以國家為最後的目標。基督徒所提倡的，是正義不是私利，是全人類的幸福，不是一國一族的幸福。基督徒是以上帝為天父，以世人為同胞。」[51]

正因為基督教的精神是仁愛，基督教的理想是要在世界上以和解代替怨恨，所以暴力是與基督教根本不相容的。徐寶謙對1929年唯愛社南京會議致各地社友的信中的一段話頗為讚賞：

> 從我們的觀點看來，為惡勢力所屈服，固然不對；但以惡勝惡。亦無是處，耶穌曾說:「撒但不能逐出撒但」。同樣，戰爭不能消除戰爭，暴力不能廢止暴力。從我們的觀點看，世上只有愛，能勝一切惡。一切問題的根本解決，不在他人，而在我們自身。我們應將一切仇恨從心中除去；從耶穌所表示的愛裏，找出一條解決問題的出路。[52]

這便是1920、1930年代唯愛主義的核心信條。正如這段文字所言，唯愛主義首先是一種經過心靈淨化和信仰昇華後的精神境界，是對仇恨和報復心理的徹底擺脫，對耶穌普世之愛的完全認同與合一。正因為有這樣深厚的精神依託，唯愛者才能夠在任何情況之下拒絕暴力的解決辦法。所以，和平主義並非在特定的條件下，因為特定的需要而被人暫時採取的策略。如果一個人心中還存有仇恨他人的感情，即使他為形勢所迫而暫時放棄暴力手段，他也不能算作唯愛主義者。因此，徐寶謙一再強調，唯愛「為一種永久的原則，而非一時之利害」，[53] 而要切實實行唯愛，「其國家或民族之精神，必須超出普通水平面之上」。[54]

徐氏的這段話還説明，唯愛主義者決不否認不公正現象的存在，以及消滅不公正現象的必要。只是基督的愛的絕對命令使他們在任何情況之下都反對訴諸暴力來解決社會問題，即便是所謂正義的戰爭亦不能例外。徐以為，唯愛與戰爭在諸多方面存在著原則性的分歧：

> 為甚麼基督徒不應採取戰爭的途徑呢？因為戰爭的途徑，根本上與基督教唯愛的精神相背馳。戰爭的目的在力服，基督教則主感化。戰爭所用武器在毀滅，基督教則主救贖。戰爭時所用之宣傳方法，往往顛倒是非，基督教則重真實。戰爭之結果，使仇恨報復的心理深刻化，基督教重友愛，從根本上消弭戰爭的原因。兩者的目的方法手段及結果，既然這樣不同，當然無調和之可能。[55]

可見，徐氏把作為唯愛對立面的戰爭也看作一個原則問題，而非手段問題。戰爭也代表了一種精神境界，它是以仇恨、慌言和毀滅為特徵的。採用戰爭作手段，就勢必要依附它背後的精神實質。

終其一生，徐寶謙本人是一個民族情感和社會正義感都非常強烈、非常深刻的人，他所憧憬的大同世界也是一個人與人之間公正平等的社會。他痛心疾首於中華民族的積貧積弱，對1920、1930年代的反帝愛國運動感到鼓舞，積極擁護。他説：

> 自從國家主義的潮流發生已來，廢除不平等條約，整頓

> 國防，及反對外人傳教外人辦學等問題，已引起一般人之注意，且有成為一種民眾運動的趨勢。不論這種運動，有無著政治作用，就事論事，確是一種好現象。……廢除不平等條約，以謀求我國民族的真獨立與真自決這件事，除非喪心病狂毫無心肝者，當無不贊成。[56]

對於西方列強，特別是日本的侵略行徑，他經常予以嚴辭譴責。而當時中國社會中普遍存在的貧窮、饑饉、剝削和壓迫也令他十分關切。他認為：「置之不理，當然不是我國所應採取的態度。對於救世軍或類似的慈善團體，捐款若干，用托人代辦的方法，謀求一己良心上之平安，雖較勝一籌，然亦不能謂為徹底。」[57] 因此，他始終不餘遺力地呼籲教會和基督徒應當密切關注社會問題，超越傳統的慈善事業，尋求更徹底的解決辦法。

毫不奇怪，徐寶謙可以這樣自我表白說：「愛國之心，自問不讓他人。……我對於國家主義者，深信其動機純潔，表示相當的敬意。」[58] 他認為，在追求民族振興，反抗外來侵略的問題上，基督教與民族主義運動的目標是一致的。用他自己的話說：「國家主義派本愛國的前提，揭『內除國賊外抗強權』的旗幟，其用意當然為吾人所贊成，且愛國的思想，與基督教教義，本不必發生何種衝突；」[59]「唯愛主義，與抗抗強暴，本不相衝突。」[60] 而且，徐氏也承認，基督教與社會主義革命思潮在有關社會和國際正義方面也頗多共同之處。他指出：「唯共產主義中，確有數點，與基督教的精神不謀而合。一謀求全世界被壓迫民族之釋放，二聯合全世界之被壓迫者，對被壓迫者作一致的反抗。換言自之，即共產主義及基督教同具國際性。」[61] 這種對平等和正義的關懷，使基督教可以在某種程度上與民族和社會革命的運動結為同盟，前者可以為後兩者提供一些重要的助益，所謂「對於一般感受民族及階級兩種意義之衝突的青年信徒，基督教也能作相當供獻，此種供獻，即養成基督徒的意識。一個民族的利益，一個階級的利益，基督徒俱可與以相當的承認。」[62]

與此同時，徐寶謙一再強調，基督教與民族主義運動無論是在目標和手段上都存在著無法忽視的差別，因此二者不可能完全認同。他曾經簡明扼要地指出：「基督教因以人類大同為目的，以博愛和平為方法的原故，恐事實上與國家主義者的衝突，仍不能免。」[63] 這就點出了基督教與民族主義的兩大主要差別。其一，基督教的社會政治理想高於、大於民族主義的目標。前者固然同情和支持後者維護民族主權和尊嚴的鬥爭，但從不把考慮問題的出發點和目標的設定局限於特定的民族利益，而要超出民族的界限，為國際和平與世界大同而奮鬥。徐寶謙說過：

> 基督教信仰的物件是上帝，它的目標是世界大同。在這兩點上，它與服從領袖及民族意識兩種聲浪，或者有發生衝突之可能。簡單說一句，我們決不能放棄上帝的信仰及世界大同的理想。但是，如果領袖本身能服從上帝的真理，民族意識不妨害大同的理想，那末，我們基督徒，是沒有不服從與提倡的。[64]

又說：「……因基督教之精神，雖不反對愛國，而究竟超乎國家界線之上。」[65] 這樣，徐氏就把上帝和大同理想視為最高權威，而拒絕把社會革命和民族利益偶像化。其二，民族主義者為實現其目標，一般不甚計較所使用的方法，以武力自衛可以說是理所當然的事。而基督教的唯愛原則則不允許不擇手段，尤其不允許以武力來達到目的。正如徐氏本人所說：基督教的方法，「尚和平仁愛而抑武力，與國家主義者所主張之國家自衞權利，似不相容。」[66] 在徐氏看來，基督教的精神與激進社會革命的主要區別也大致是這兩點。所以，他曾總結了基督教的這樣兩條基本原則：「基督教是超國界超種界而同時決不妨害愛國愛種的精神的；基督教是超階級意識而同時站在民眾利益的立場上的。」[67]

徐寶謙從來不因為這樣或那樣的原因而掩蓋、淡化他的唯愛主義社會主張與當時的民族主義運動和暴力革命的分歧。相反，他針對狹隘的民族情緒，大力地鼓吹基督教國際主義；針對強烈的訴諸暴力的傾向，大力地鼓吹所謂無抵抗主義（non-resistance）。其實，無抵抗主義並非在邪惡面前束手無策，任人宰割，而是要進行非暴力的抵抗。徐寶謙稱其為「精神抵抗」。精神抵抗可以具體化為一系列的實際措施，我們下面會詳細地加以討論。不過，其精義可以在徐寶謙的這一段話中看到：「基督徒以精神的能力為強於武力，惟精神的能力為永久解決世界的問題，認愛為世上最大的動力，他的目的和他因達目的所採取方法是一致的。所以在事實上不免有不容他們去隨便參加眼前革命運動的地方。」[68]

值得注意的是，徐寶謙在此提到了唯愛主義者力求目的與方法相統一的特點。像他這樣執著的唯愛主義者是如此重視耶穌愛的昭示，他們無法想像採取有違博愛精神的手段來取得特定的社會效果。他們堅持，基督教的博愛精神和原則是絕對的，在任何時候，任何條件下都不容妥協。它不但規範了基督徒的社會政治理想，也規範了實現這理想的途徑。徐寶謙親眼目睹許多唯愛主義的信奉者迫於形勢，紛紛拋棄了非暴力的立場，所以時常強調精神抵抗所是「根據永久的原則而不根據一時之利害」。[69] 唯愛既為一根本原則，它就不應該僅僅被作為一種手段而服從於其他目的。他為此常大聲疾呼：「主張唯愛者，決不應暫時放棄唯愛的原則而主張唯力是也。」[70]

比較吳雷川與徐寶謙的社會政治理想，可以看出博愛與正義兩大原則都在其中佔有位置。不過，在吳雷川那裏，博愛屬於未來的理想，實際上不再是指導基督徒當下社會態度和政治立場的準則，而正義才是這方面最重要的原則。這樣，吳氏就為自己向民族主義和社會革命靠攏鋪平了道路，也為贊成暴力的革命途徑設立了理論依據。但是對徐寶謙來說，基督教的博愛精神決非虛無飄渺的東西，它和正義感一樣，都必須為賦有社會責任感的基督徒所正視，所遵循。而且，它與戰爭所代表的精神實質針鋒相對。結果，徐氏只能部分地贊同民族主義和社會革命的理想和手段，而試圖超越之。

三　吳雷川對民族主義的回應和對基督教會的建議

生活在國難當頭，革命迭起的時代，吳雷川深切地體會到民族主義對基督教構成了主要的挑戰。他一再指出，民族主義成了反基督教者最有力的武器：「近年來非基督教的運動，久已成為知識界一種流行的趨勢。他們所提出的最大的標題，就是國家主義；」[71]「反對基督教者之指摘基督徒，大概是說：他們一信了外人所傳的宗教，就忘了自己所隸屬的國家。」[72] 同時，他也注意到，反對基督教的勢力還來自科學主義和革命思潮，基督教被指為愚昧和民眾的「鴉片煙」。他說：「現今一般人反對基督教的理由，無非說基督教是叫人迷信，麻醉，是於人類的進化無益而有損的。」[73] 在這種情況之下，吳氏感到，基督教在華的前途在很大程度上取決於它對民族主義的種種指責的回應。如果基督教要在中國站穩腳根，並且有所發展，惟一的出路是表明自己與民族主義是基本契合的，對之有益無害，而且要積極投身於愛國運動之中。

所以，吳雷川才要在基督論和社會理想等關鍵方面來極力證明基督教的本質之符合民族主義。在他看來，基督教之被斥為不愛國實在是基督教與民族主義之間的一個大誤會。這個誤會的造成部分地應歸咎於民族主義者對基督教的錯誤印象和觀念。因為，「現時一般反對基督教的人，所反對的，只是基督教會所辦的各種事業，以及辦理這事業的人所用的方法，或是一切傳教者之品格才識等等，是皆於基督教之本身無關。」[74] 換句話說，民族主義者只是抓住了基督教一些皮毛的東西。假如他們能比較深入地了解基督教愛國家、愛社會的精神實質，就會對其有截然不同的看法。有鑒於此，吳雷川曾奉勸基督教的民族主義非難者們：「我望反對基督教者，試將基督教仔細研究一番，而後再下斷案。」[75]

不過，吳雷川把基督教在中國社會上和愛國運動中形象不佳的責任更多地歸到教會身上。他認為，基督教之所以被看作落後、愚昧，而且充當了帝國主義的工具，是有其深刻的歷史原因的。先就遠者而言，在1,000多年的時間裏，普世的教會逐漸喪失了耶穌犧牲服務的精神和理想，「教會只知偏重組織的形式而忽略精神，又好為神祕的宣傳，而不顧事實的改造，以致屢屢錯過機會，終致喪失其領導社會的資格。」[76] 再就近者而言，西方傳教士把西方教會的這些弊端帶到中國來，

> 假令百年以前，各國來華布教的人，都能大公無私，有深知中國的國勢民情，按真理宣傳教義，勸戒信徒，

> 各循本分，為良好之國民，則基督教之有意於國家，必早已昭然彰著。……惜乎前此傳教者見不及此也。當時所招致的，多是愚民，信教以後，其愚如故，或加甚焉。其後雖有士大夫加入，即傳教者亦漸改易其論調，然其時教會已為徒眾習慣制度遺傳所束縛，縱有賢智之士，倡言改革，已苦於運轉不靈。……此誠傳基督教於中國者已往之失計矣。……彼傳教者以為：耶穌欲建立之天國，不屬於世界，故信徒所追慕者，重在來世而不在今生，又以為教會即人世之天國，於普通社會內劃出教會，自為藩籬，誥誡信徒，惟當盡力愛護教誨，而教會中之經濟與人才，又多為外國所供給，遂使一般信徒，只知有教會而不知有國家，甚至在尊重外國而蔑視本國。此蓋非一朝一夕之故，其所由來者漸也。[77]

可見，吳雷川追本溯源，認為以往的教會和在華傳教士只顧輸入陳腐的教條和制度，沒有發揚基督教服務社會和民族的精神，結果造成了教會與社會的隔離。他還更為具體地指出了傳教士和中國教會的失誤：

> （一）蔑視中國的禮俗。……（二）不知尊重中國政府，反有時縱容信教者違反本國政府的法令。……（三）妄言政教分離，直接或間接的指示信教者不必預聞國是，致使一般信徒，只知羨慕外國的富強，而不願督促本國的改進，好像一信了基督教，就另有一種環境，不復是中國的人民。……基督教會……如遇有人民愛國的運動，不予以合宜的援助，而反加以非笑

> 或禁止，如何能不引起惡感。[78]

對於五卅運動期間某些教會學校當局壓制學生愛國行動的作法，他也頗不以為然，認為「將來事平之後，此等不好的印象，也必不易消滅。」[79]

可見，吳氏認識到基督教的歷史包袱沉重，已經使教會在社會參與方面帶上了相當大的惰性。而更令他感到不滿的是，教會對此缺乏必要的反省，對形勢缺乏正確的估計，沒有改革的誠意與勇氣，結果在民族主義的大潮面前應對失據。直到1930年代初，他還這樣批評說：

> 要想基督教能引領人覺悟，不能不察看基督教的本身是否先已覺悟，或覺悟到怎樣程度。近年基督教在中國，遇見別種文化進展，宗教被人厭棄，大受攻擊的時候，就漸漸地畏懼不前，緘默無聲，這固然是可恥了。但如在國家多難，人心恐慌的時候，或許有一部分人轉而歡迎，……於是基督教中人就藉此誇張興奮，我以為尤其可恥。因為受人攻擊而不知反省，見人歡迎而不去考察他的動機，這就可見基督教的本身，只是蹈常習故，隨外境為轉移，毫無所謂自覺了。……基督教既當自負能救中國，中國的興亡，從基督教本身上說，當然有莫大的責任。然則已往的當反省的是甚麼？未來的當進去的又當怎樣？這顯然是基督教受試驗的問題了。[80]

所以，吳雷川認為，基督教要想徹底改變自己在國人中的形象，積極貢獻於民族自救的事業，必要從自我反省，自我更新作起，所謂：「至於基督教在中國，現今雖然未見發展，但只要基督徒都有新的觀念，自然會發生新的事業，新的成功。」[81] 從這一方面來看，吳氏認為民族主義和革命浪潮的壓力可以迫使基督教洗心革面，在中國社會中有光明的未來，因此未嘗不是一件好事。他說：「凡事到了極困難的時候，往往正是改進的最好機會。」[82] 基督徒大可不必為暫時的困境而灰心喪氣，應該看到「基督教前途發生的困難，乃從前傳基督教者種種謬誤所遺留，而非基督教本身有何欠缺。並且我們的信仰，正為因此格外顯明而正確，決不能有所動搖。」[83]

一旦具備了這種信念和認識，基督徒就可以把教會的傳統與信仰的真諦區分開來。吳氏對教會脱離時代，脱離現實的傳統深惡痛絕，一貫主張按照自由主義的神學思路加以徹底的改造。根據他的理解，耶穌的教訓在本質上是關心國家的命運和社會的需要的，是愛國和革命的，所謂：「我們看他滿有權力的訓言，和毫不遲疑的態度，就可知道他的熱愛，決不是『煦煦為仁』，偏於優柔的。」只不過「後人執著愛的表面上的解釋，行事立言，日差月異，漸漸地使人看基督教為不適用於社會，甚至被目為反革命的麻醉劑。」[84] 因此，基督徒必須要明白：「如果耶穌的教義確有內蘊的寶藏尚待發掘，這不是我們的責任嗎？」而且要仔細地研究：「耶穌的教義到底與社會前途有何切實的關係？並且要明瞭他在生前對於改造社會有否具體的主張？」[85] 吳雷川本人即在這方面作了極大的努力，他對耶穌生平及其理想的闡釋都在在體現了這種返歸本真的追求。

吳雷川呼籲基督徒在思想上做出的另一項關鍵調整，是對非暴力和不抵抗進行重新的理解。他看到「基督教有所謂『無抵抗主義』每為指摘基督教的人所藉口」，[86] 而要使基督教與民族主義相配合，就不能繞開這個問題。正如我們在前面討論過的，吳氏從未否認耶穌博愛的精神和基督教的世界大同理想。不過，他認為那些屬於基督教未來的遠大理想，並不是教會目前所應該為之奮鬥的短期社會目標。而且，他進一步提出了兩點理由來論證「和平主義」或「不抵抗主義」之缺乏現實的意義。

第一，吳雷川認為：「其實這種無抵抗主義，只是個人與個人間在某種情況之下所應用的事理，本不是為國家民族說法的。……然而自立自強，實為基督教的要訓，在國家民族的立場上，基督教決不有『寬柔以教，不報無道』的主張，這是可以斷言的。」[87] 這就是說，不抵抗主義只可用來規範個人之間的關係，而不適用於社會團體之間的關係。憐憫與寬恕自然是個人與個人交往中的美德，但一旦超出了個人的生活範疇，就必得讓位於正義。當時中國教會中有不少人持這種觀點來反駁和平主義。

第二，吳雷川既然把正義當作基督教現階段社會倫理的支配性主題，那麼要在中國當時嚴酷的歷史環境下按照基督教的理念來實現社會正義，訴諸暴力的手段可以說是無法避免的，所以非暴力的主張是極其不現實的。吳氏曾這樣表述他自己的意見說：

> 基督教惟一的目的是改造社會，而改造社會也就是尋常所謂革命。縱觀古今中外的歷史，凡是革命的事業，總沒有不強制執行而能以和平手段告成的。試問：叫一個有家產的財主捨棄他的財產，叫一個擁兵自衛的軍閥解散他的軍隊，叫一個軍備充實的國家削減他的兵力，都等於與虎謀皮，豈能只用口舌來取得他的同

> 意？所以有人高舉唯愛主義，說基督教不可憑藉武力以從事革命，這種和平的企望，我們在理論上固然應用贊同。但從事是上著想，如果要改造社會就必須取得政權，而取得政權又必須憑藉武力，倘使基督教堅持要避免革命流血的慘劇，豈不是使改造社會底目的成為虛構以終殷？[88]

所以，在吳雷川看來，在理想與現實，原則與需要相衝突的情況下，為了社會正義的實現，基督徒有時就不必太拘泥於前者，而要靈活掌握，適當變通，所謂：「耶穌基督雖為人立了最高的標準，也不是要強人在形迹上盡歸一致。我們只要以愛國為前提，仍可以各就其性之所近，各行其心之所安。」[89] 這樣一種審視度勢的態度，曾被謝扶雅套用儒家的術語名之為：「通經達權」。[90]

吳雷川在1920、1930年代，還根據形勢的變化，向中國基督徒提出了一系列如何參與民族自救和社會改造運動的具體建議與辦法。這些建議隨著局勢的演變而不盡相同，擇其要者有以下數端。

其一，按照吳氏的看法，基督教在世上是以救國救民，創立新社會為宗旨的。所以，基督徒和教會必須對自己的使命有一個新的認識，並且相應地轉移自己的工作重點。也就是說，基督徒應該拋棄傳統的傳福音、救靈魂的傳教模式，而與廣大的愛國民眾攜手並肩，共同投身於救亡圖存的時代熱潮中去。他說：「……救國是國民同有的責任，救國的工作與方法也不必一致，至於如何才能幹救國的工作，凡是有心願而又明白事理的人，總會尋得公共的標準。所以在這國難的時期中，基督徒不必勉強向人宣傳基督教，只要能實行準備救國。耶穌說：不敵擋我們的，就是幫助我們的。」[91] 顯然，對他來說，基督教更重要的找到和突出與主流民族救亡運動的相同之處，而非相異之處。一旦基督教這樣作了，它就找到了與非信教羣眾的共同點，而為社會所接納和寬容。

其二，吳雷川始終相信，基督教對民族自救和社會革命最有效的貢獻之一即是所謂「人格救國」。即使在他愈來愈傾向於社會制度的徹底改造的時候，他也沒有完全放棄對「人格救國」的信心。他認為，耶穌所代表的精神和素質為真正的愛國者所必備，所以，如要使自己成為救國救民的人才，必須效法耶穌的榜樣。教會恰恰可以通過促進教徒個人品德修養，培養人才，為中國的自強和更新發揮重要的作用。用他自己的話來說：「原來基督教建立的根基，就是耶穌的人格，而中華民族復興惟一的需要，乃是造成領袖的人才。……他〔筆者按：指耶穌〕的人格，豈不正是造成領袖人才惟一的規範？」[92]「所以現今基督教會惟一的需要，就是切實預備為改革社會應用的人才。」[93] 要達到這個目標，吳雷川一方面鼓勵基督徒內修自省，結成團體，作「預備救國的工夫」；[94] 一方面鼓吹「以基督教精神來辦學，正是不容緩的事。」[95] 可見，無論是基督徒個人的靈修，還是教會舉辦的事業都應該服務於當時中國的迫切社會政治需要。即便是基督徒個人人格改進和領袖人才造就的內容與含義，在吳雷川那裏也是相當世俗化的。在1932年發表的一篇短文裏，他引述了上海一批非基督徒知識分子提出的愛國者必須具有的4種修養，稱：「他們所舉的四種根本上的修養，沒有一種不合乎基督教的教義，沒有一種不是耶穌所垂示的模範，也可以說耶穌偉大的人格就是這四種修養所構成的。」[96] 他進而要求基督徒來根據這四點，對下列問題進行反省，作為救國工夫的第一步：「一，我是否有修養人格的決心？我的意志是否高尚？思想是否純潔？二，我是否承認人類應當博愛互助？我平日的行為是否曾表顯這樣的精神？三，我是肯急公好義不避艱險嗎？四，我是否要鍛煉身體忍受勞苦嗎？」[97] 可見，吳雷川所倡導的基督教「人格救國」論始終在力求貼近當時社會上主流民族主義思潮的精神取向。

其三，吳雷川自1920年代中至1930年代中，根據時局的變化，還提出了其他一些基督徒應該努力開展的工作。五卅運動爆發後，他曾呼籲「以學校而論，所有教育宗旨，以及法令規制，皆恪遵本國之定章，不稍違背，以證明基督教正是完成國家主義，不相抵觸。」[98] 這顯然是針對教會學校在社會上形象不佳而發的議論。同一時期，他還曾積極呼籲中國教會自立自辦，擺脫對外人的依賴，[99] 鼓勵「基督徒實行服務，開發平民生計，救濟中國的困窮」，[100] 尤其要關注農村地區的公益事業。[101] 到了1930年代初，吳雷川愈來愈強調「改革一切不良的制度」。[102] 起初，他對國民黨政府寄予厚望，曾主張教會借1930年開始的五年奮進運動推動鄉村教育和地方自治，以配合由訓政時期向憲政時期的過渡。[103] 但他對當局的信心並沒有維持多久，他的社會立場隨之趨於激烈，宣稱「基督徒的工作，就是恆久的縱火與導爭」，[104] 甚至是投入暴力流血的革命。吳雷川的這一切的想法與建議處處體現了他要求基督教改變形象，在民族革命的大潮中獲得一席之地的迫切願望。

總而言之，面對民族主義者的批評與壓力，吳雷川堅持，基督教最好的應對策略是暫時放棄唯愛的原則，而突出公義的原則，調整自己的思維和方法，與民族自救和社會革命運動密切協調，加強合作。從他本人的神學和倫理思想框架來看，這種結論的得出可以說是順理成章的。

四　徐寶謙對民族主義的批評與回應

作為一名愛國的基督徒，徐寶謙對中國人民維護民族尊嚴和權力的鬥爭感到振奮，對民族主義運動的部分基本訴求作了非常積極的評價。他認為：

> 中國近數十年來，事事仰於外人鼻息，國民生活，悉數變態。今幸一般有識之士，提倡國家主義的運動，主張打倒帝國主義，廢除不平等條約，以期我國在國際間達到真正獨立自決的地位。是種運動之富有可能性，固不待言。凡有血氣者，都應積極贊助。[105]

不過，民族主義運動對基督教的種種批評、指責也令他極為不安。除了基督教被譏為帝國主義和資本主義的走狗外，基督教的唯愛主義之成為社會上嘲笑和貶低的對象尤其使他憂心不已。他指出：國家主義派「認基督教為一種足以摧殘國性的東西。此派以基督教所主張之國際主義、和平主義，無形中減少中國人愛國思想。他們覺得基督教自由平等博愛各種教義，無非是列強實行侵略時所用的一種工具，藉以麻醉我民族的精神，減少吾人之抵抗力。」[106] 整個社會在民族主義情緒的激蕩之下，不斷地對和平主義的有效性發出了懷疑，給予和平主義聲音的活動空間也愈來愈小。正如他指出的：「蓋今日全國人的心理，認現在為革命的時代。……就現在國人的心理說，他們是根本上不承認愛之為物，能解決人類間的種種衝突；他們以為能解決衝突的，除武以外，別無他道。」[107] 徐寶謙對來自民族主義的這種壓力，是有著非常清醒的認識的。他了解，以當時全國民族主義熱忱之高漲，要鼓吹和平主義是一件極不得人心的事，所以他曾經相當悲觀地指出，唯愛主義者以調解各種糾紛為能事，不但不受歡迎，還可能招致「擁護種種不平等制度」的嫌疑。[108]

同吳雷川一樣，徐寶謙認為，民族主義的壓力對基督教自身的健康來説未嘗不是一件好事，可以促使教會痛下決心，革除積弊端和舊習。他在這方面的一些具體設想，本文下面會有所討論。同時，他抱著「用冷靜頭腦，觀察事實」，和「抱定獨到的見解」，不隨波逐流的心志，[109] 從沒有對民族主義的思想、氣質和策略全盤默認，而是本著一名唯愛主義者的立場，對當時中國的民族主義運動進行了分析和批判，這些分析和批判也就是他對唯愛主義所蒙受的種種質疑的回答，和對唯愛主義內涵的澄清和説明。

首先，徐寶謙指出，從歷史上看，民族主義是近代以來造成帝國主義和民族衝突的根源。在1933年發表的一篇文章中，徐氏分析説：「民族主義，是歐美各國本有的。十八、十九世紀的民族主義，因種種關係，演成了民族帝國主義，而民族帝國主義的衝突，實為歐戰發生主要的原因。……這十幾年來，不但民族主義的潮流遍於全世界，並且變成為法西斯主義，有重演民族帝國主義衝突，引起第二次世界大戰之趨勢。」[110] 他注意到民族主義也是弱小民族反抗帝國主義的武器。而且，他也承認民族主義者所提出的口號有一定的正當性：「民族主義，在學理上的根據，是自存與自衛兩種原則。主張民族主義者，也往往有藉民族主義以促進世界大同的希望。」[111] 但是，從民族主義運動所造成的後果來看，「民族主義似乎是向著分化的途徑推進——即民族自決運動。然而分化的民族主義，怎樣會促進世界大同？又分化的民族主義，怎樣可以避免兼併的局面——即民族帝國主義？」[112] 所以，徐氏對完全經由民族主義而達到世界和平，是沒有甚麼信心的。

徐寶謙堅信:「國際的問題必須用國際的思想眼光始能解決。」[113] 國家和民族的分化與磨擦不是通過民族自強即可以調和的,時代呼喚國際主義的精神。所以說:「今日世界之大問題,決非窄義的國家主義或民族主義所能解決。」[114] 更為嚴重的是,民族主義本身其實便是現代世界戰亂的禍根,所謂「國家主義,在歷史中固已有若干功績;然其為侵略主義的導線,亦為必不能諱的事實。」[115]

其次,徐寶謙敏銳地看到,現代國際關係中處處以武力作後盾,盛行強權政治,反映了社會達爾文主義的影響。這種對物質力量的崇信也成為民族主義運動的支柱,左右著它的目標設定。他說:

> 近世國際交涉,大部分受「有強權無公理」的倫理學說之支配,自為無可諱言的事實,……這種〔筆者按:指民族主義〕運動,至多能使中國做到富強的地步,卻不問所謂富強的標準,是物質的抑是精神的。更不問其所根據的國際倫理學說,是強權抑是公理。[116]

在徐氏看來,這樣一種以單純的物質實力,或者軍事力量來衡量一個國家或民族強弱的作法,只能導致各國在這方面的互相攀比、互相追趕,最後是以強凌弱,永無休止。徐氏如此描述這種武力競賽的惡性循環:「弱國應極力謀求自理,不受他國挾制,是一件事;弱國圖強,是否必出軍事主義之一途,又是一件事。因世界強國,既其羣以武力相尚;而弱者復必效法強者,則因果相循,世界必無和平之一日。」[117]

徐氏常常質疑以武力為民族強大的準繩,以軍事為民族解放的必由之路的說法。他曾這樣質問民族主義者道:「所謂

『實力』與武力，是否同一？一個民族，謀求獨立，除武力外，是否別無他法？缺少武力或棄絕武力的國家，是否不配講和平？」[118]「怯與勇的區別，是否完全以武力為標準？屈伏敵人，保存國家的方法，是否只有武力之一途？」[119] 他堅持，精神抵抗代表著另一條通向民族解放與世界大同的道路。事實上，只有擺脱崇尚武力的民族主義思想，才可能為民族和世界帶來真正堅實的福祉，才能最終實現世界和平。他認為，中國的某些民族主義者以自衛的需要來支援增強武力，是一種短視的作法，會給中華民族帶來隱患。他為此向民族主義者提出的問題是：「吾人目前主張武力，固在只求自衛；然又何以知強盛後，不蹈帝國主義國家之覆轍？試問國家主義者，在以武力提倡國家主義的時候，將用何種善法，防患未然，使中國不走入帝國主義的道途？」[120] 徐寶謙的告誡是十分清楚的：以武力為後盾的民族主義只能改變對立雙方的力量對比，而永遠無法打破國與國互相攻伐的亂象。要想衝出民族主義的這一困境，需要有新的視野與思維。

其三，在與民族主義者的辯論中，徐寶謙反復強調：「戰爭不能消除戰爭，暴力不能廢止戰爭。」[121] 因為，暴力的心理機制是仇恨與報復，所謂「報復的心理為國際戰爭主要的原理」。[122] 在這個機制的驅動之下，暴力的實施只能招致新的暴力，以暴易暴，形成了一個永無盡頭的惡性循環。徐氏對人類歷史中的這個反覆出現的悲劇十分重視，也説得很透徹：

> 蓋主張精神抵抗者，以暴力抵抗為永遠不能解決人類國際間民族間的衝突。我們試看古今人類的歷史，或個人間的衝突，或國際間的糾紛，因暴力抵抗的原故，而獲得永久解決者，曾有幾何？今設有甲乙兩國

> 於此,乙奮甲之無故以暴力相加,於是以暴力抵抗之。……於是報復的迴圈始無窮。是種現象,實充塞人類史乘之中。至於勢均力敵,則固可保持暫時各不相犯的局面,然均勢的局面又安可長久保者?一旦破裂,則拉鋸式之形勢又成矣。[123]

所以,他堅持認為,暴力的手段也許能取得一時的穩定,但並不能從根本上一勞永逸地解決國與國之間的糾紛,還極有可能加深國際間的矛盾。要真正打破人類歷史上的這種暴力的惡性循環,只能依靠基督教的唯愛主義和精神抵抗策略。因為基督教的唯愛主義植根於耶穌的博愛精神,徹底克服了人類暴力和戰爭行為背後的仇恨心理,從而使暴力和戰爭失去了基礎和動力。

在中國人民反對列強壓迫,特別是抵禦日本侵略的鬥爭中,徐寶謙一再表示他希望中國的愛國者能夠在追求民族自強的同時,站得更高,看得更遠,循著精神抵抗的進路,探索如何才能永遠地埋葬殘暴,締造全人類永久性的和平。不過,他也多次坦承:「我之所最憂者,蓋在吾民族之有無實行精神抵抗之程度耳。」[124] 因為在他看來,中國政府和社會雖然在日本多次的侵略行動之後,雖然只作出了抵制日貨之類的非軍事反應,但那些多是「系攝於日本之強,非真有講精神抵抗之能力與資格也。」[125] 1928年濟南慘案發生後,徐氏作出了如下的分析:

> 自濟案發生之後,全國有志之士,雖表面上異口同聲,提倡經濟絕交,以作惟一抵抗之工具。實際上則似有一種飲恨忍辱以期報復之決心。即此一點,較之面視

> 仇，健忘國恥，已勝強十倍。不過，迴圈報復，終非謀求世界永久和平之道，故此種思想，仍為精神抵抗主義者所不取。[126]

顯然，在徐氏的心目中，唯愛主義的精髓，在於完全消除了仇視的心理狀態與動機。即便一個人沒有暴力的外在行為，卻有暴力的內在情感，他也不是真正的唯愛主義者。所以，以精神抵抗取代武力抵抗的前提條件是精神的昇華和心理的改造。從這種立場出發，徐氏在「一·二八」事件之後主張，要徹底解決中日之間的問題，一方面日本必須停止侵略，另一方面「中國必須學習饒恕」，也就是放棄「對日持報復的心意」。不過，他也承認，「這兩件事不容易辦到」。[127]

其四，徐寶謙觀察到，在白熱化的民族主義運動中，激烈的情感衝動多於冷靜的理性思考，主觀的偏見多於客觀的評價，盲目的舉動多於審慎的選擇。而且，民族和國家衝突的當事者往往不顧事實，醜化對方，結果激化了民族對立情緒。所以，徐氏一向視錯誤、歪曲的宣傳為戰爭的根源和機制之一。用他自己的話來說：

> ……所謂宣傳雲者，至少可分兩種，宣傳事實的真相，不諱己之短，不隱人之長，是為真理而宣傳者也。無中生有，或造謠以中傷敵人，或作偽以粉飾己長，是違真理而宣傳者也。精神抵抗主義者，認國際戰爭情勢下之宣傳，絕對無純為真理者。戰時不必論矣，即在平時，無論為報章的宣傳，或通俗的演講，或學校所採取的教材，以及家人父子間的談話，在公認戰爭倫理的社會裏邊，那一樣不是以助勵復損人利己為目的

呢？宣傳的毒空氣，既彌漫世界，欲使世界不亂，又安可得？[128]

可見，目睹了第一次世界大戰的慘狀和國際戰爭氣氛的再度濃厚，徐氏對民族情緒極度高漲的條件之下，真理之不易保存，真相之不易探求是有極深的感觸的。他甚至認為，就連所謂「公理」也可以變成被歪曲的物件。他這樣說：「兩國交戰，試問孰不自命為公理作戰者？交戰國國民，試問有若干，肯平心靜氣，對於是非曲直，作一番考慮者？」[129] 到了1930年代，徐氏指出，「曠觀世界大勢，軍閥之所以得逞其暴，政客之所以得售其奸者，輿論之被利用受蒙蔽，實為主要原因。」[130]

無疑，徐寶謙認為，與他同時代的一部分中國民族主義者要麼已經暴露出上述這種種缺陷，要麼正面臨著踏入誤區的危險。譬如他們抨擊基督教的言論便每每反映出他們缺乏客觀的精神，為「衝動成見所左右」。[131] 為此，徐氏警告說：「此種運動，若急轉直下，不減其情感的盲目的成分，增添其理性的成分，且足為禍及世界的導線。」[132] 他對中國民族主義運動最重要的勸告之一便是：「凡提倡一種運動，若欲免除暴民心理，不良影響，則主其事者，必須保持客觀的態度，力避宣傳的色彩；」[133]「當以真理正義為標準，不意氣用事，不為情感所蔽，尊重事實，犧牲窄義國家主義的成見。」[134] 民族主義者所缺乏的，也正是唯愛主義所具備的。徐氏在點出民族主義運動這些潛在的不良特質的同時，也就等於暗示著唯愛主義理性、冷靜的可貴品質，及其可以貢獻於中華民族自強運動之處。

其五，針對某些民族主義者指責和平主義為一美好的夢想，決無現實的可行性，特別是像中國這樣貧弱的民族飽受外患，根本沒有實力來講世界大同，徐寶謙指出：

> 證之人類過去歷史，愛己國不愛人國之足以召世界變亂之例證甚多甚多，而兼愛人國足以召亡之例證，則實不多見。……設世上果有一個民族，能盡力提倡世界和平，始終不渝，則不論其武力如何脆弱，必足以動世界之視聽。所患者，世界上並無是種民族耳。幸在實際上，在任何民族中間，總有多少以世界和平為前提的人們。倘是種人們能聯在一起，結成國際陣線，為世界和平努力奮鬥，則世界大同之理想，未始不能實現。[135]

沿著這種思路，他一直力圖證明，唯愛主義是一種腳踏實地的思想和行為規範，不但可行，而且「其實際上之收效，當遠在武力抵抗之上。」[136] 為此，他常常超出抽象的理論原則的範圍，按照唯愛的理念提出具體的解決社會問題的思路和策略。他相當重視兩方面的工作。其一是發現和宣傳事實真相，抵消種種謊言的影響，幫助人們恢復其理智，所謂「真相既明，爭端自息」。[137] 其二是各國開明人士應加強合作：

> 為今之計，惟有急起直追，從速在國際間聯合教內外開明分子，平時用國際通訊，友誼代表，圓桌會議種種方法，使兩國人民得以信使往返，從成立真正諒解。萬一不幸，兩國間發生戰事，亦可共同派員，馳赴當地，調查事實真相，隨時宣佈，並可主持公道，提出解決方案，以備兩國國民之採納。如是做去，庶幾可以不背唯愛之原則，從根本上解決國際間之糾紛。[138]

這段話非常簡要地道出了唯愛主義者調解國際衝突，實現世界和平的一個基本的設想，也顯示出唯愛不僅是一個高尚的理想，而且可以落在實處，轉化為可操作的行動方案。

至於現實生活中的例證，徐寶謙最喜歡引用的是當時在印度由甘地領導的非暴力不合作運動。徐氏認為，甘地的運動回答了精神抵抗是否可以大規模地實行，和能否成功的問題。[139] 另外，甘地的運動還證明，精神抵抗不是像某些反基督教人士所宣稱的那樣，是一種逆來順受的奴隸道德。恰恰相反，它的信奉者會在邪惡面前挺身而出，堅決抗爭。[140]

在抗戰爆發後的嚴峻環境之下，徐氏也不得不承認「基督教所主張的愛人如己，在歷史上，絕少實行的例證。」[141] 不過，他一方面堅持「任何理想的不易實現，不見得是理想本身的缺點」，一方面又在同胞的抗日熱潮中看到了唯愛理想轉變為現實的一線希望。用他的話來說：「我以為自抗戰發動以來，國人對於敵人，至少已經做到以直報怨的地步。百尺竿頭，何嘗不可更進一步？」[142] 徐氏的這點希望也許顯得太過天真，然而確體現了他對唯愛主義理念的忠貞不二。

其六，徐寶謙認為，中華文化有愛好和平的傳統，而當今民族主義崇信武力，其態度不符合中華民族崇尚和諧的秉性。在一篇研究老子哲學的論文中，他這樣說：

> 夫兵者兇器，戰危事，和平之足以化敵，中國先哲，無論為老為儒為墨，見解俱各從同。其為養成我國酷愛和平國民性之要素，自不殆言。邇者，國家主義之潮流，日高一日……稍有血氣者，向當積極贊助。然稍一不慎，則我國數千年愛好和平的精神，所得之於先民者，或且一旦丟失，蓋今日國際間之以武力侵掠人之國家者，皆昔之以國家主義相號召者也。

是以君子貴慎始。[143]

他更指出，民族主義雖然標榜愛國，實際上並非產生自中華文化的土壤之中，「實是一個舶來品，無非抄襲歐美的故智。恐不足以發揚中國固有文化的神髓，及其對於世界的使命。」[144]

徐寶謙這幾點對民族主義的回應，既是對民族主義的批評，也是對唯愛主義的辯護。同時，它們非常有力地突出了唯愛主義與民族主義之間的幾個重大分歧。值得注意的是，徐氏在這裏並沒有進行神學理論的論證，而是從社會政治運動的一般特徵和實際效果，來闡述民族主義的不足和唯愛主義的可信。

值得一提的是，徐寶謙還把他對暴力的批判運用於他對激進社會革命思潮和運動的回應當中。正如我們前面所論及的，徐氏一貫承認耶穌社會立場的革命性，對社會公平的目標始終予以同情與支援，鼓吹「吾人對於私產制及其他足以殘害人生的制度，應抨擊不遺餘力。」[145] 可見，他思想上的社會主義色彩是相當鮮明的。不過，他的唯愛主義的世界觀和價值觀使他無法接受階級意識和暴力鬥爭。用他自己的話來說：「……吾人同時決不願引起階級鬥爭意識。蓋現在人們之所謂階級鬥爭，包含仇恨報復的心理，其為道也迴圈慘酷，且不足以永遠解決社會的問題」，[146]「而在武力革命進程中，民意或不免為有野心者所劫持。」[147]

針對吳雷川等人所堅持的非使用革命暴力不足以迫使統治階級放棄政權和特權的觀點，徐寶謙認為這並沒有完全被事實所證明。他的看法是：「蓋自利之心，固極普遍，然利他之心，亦人所同具。……而所謂反動分子，亦可使之心悦誠服。」[148] 相較之下，徐氏對人性之向善的可能性似乎比吳氏更為樂觀。徐氏的社會解決方案之重感化、重溝通也與此有一定的關係。在這種情況下，徐氏也就可以排除了暴力革命的必要性，而主張「倘吾人能充分利用教育、輿論、法律、政治，各種力量，使惡制度逐漸剷除，初無待於武力革命。」[149]

同吳雷川一樣，徐寶謙十分關注基督徒在國難當頭的危局下，應該採取甚麼樣的立場和行動，才能貢獻於民族救亡的事業。在很多方面，他的主張與吳氏是一致的。首先，他也清楚地認識到民族主義運動的壓力可以促使基督教會加快切斷與殖民主義勢力的聯繫，洗刷洋教的形象。在爭取民族權益，反對帝國主義壓迫的問題上，基督徒應當當仁不讓。他宣佈：

> 我以為中國基督徒當此時機，應參加反對不平等條約（包括傳教條約）及收回教育權各種運動，使人得知基督教與帝國主義間，並無何種不解的姻緣。使人們得知基督徒愛國之心，不居人後。同時應極力提倡中國教會之自立自養自傳運動，並提倡基督教之本色化，使基督教與中國固有的文化，收互相印證互相補充的效驗。我以為這樣，必能減少國家主義者大部分的反對。[150]

其次，他同樣認為，基督教在人格改造方面能夠發揮特殊的作用，[151] 同時「對於犧牲服務改造社會的工作，精進不屑」，「盡力與社會上的惡勢力相奮鬥」。[152]

然而，在基督徒是否要贊同和參與武力的抵抗和革命的問題上，徐寶謙的立場與吳雷川卻大相徑庭。本著他的唯愛主義信念和對民族主義的批評，徐氏在日本不斷製造事端、中日關係空前緊張的局勢之下，提出了他的見解和對中國基督徒的忠告：「基督徒決不應採取戰爭的途徑。對於經濟絕交的方法，雖不妨採用，然應應用基督教的唯愛主義，使此種方法具感化作用。……根據基督教教義，找出一種足以代替戰爭而能根本地解決國際糾紛的方案，是中國基督徒當前的惟一任務。」[153]

1928年5月日本軍隊在濟南屠殺中國軍民，激起舉國聲討，武力反擊和經濟抵制之聲不絕於耳。徐寶謙抱著「用冷靜頭腦，觀察事實」，和「抱定獨到的見解」，不隨波逐流的心志，[154] 在大力抨擊日軍暴行的同時，積極鼓吹「中日兩國開明分子應當合作」。他的這一主張是基於如下的基本認識：日本的侵略行徑是由於日本軍閥和反動政客對人民極盡欺騙煽動之能事所致，結果兩國人民互相產生誤解與成見，遭反動勢力利用。所以，徐氏呼籲不要把日本人民與軍閥、政客等量齊觀，「彼國民眾之中，豈無與我人表同情者？」[155] 而「使兩國間，開明分子合作，以期掃除兩國國內外一切腐化反動之勢力，實為今日之急務。」[156]

在徐氏看來，要達成這種合作，「最要者莫過於從彼此了解對方入手。……蓋雙方衝突之發生，至少大部分由於誤會，至於誤會之發生，則往往由於不了解。」[157] 了解的內容包括對方的語言、文化、歷史、經濟和政治等，了解的方式為學者和學生的交流等。一旦兩國開明人士實現了真誠的合作，「則共同調查事實之真相，使投機家不能盡其鼓惑之技；共同揭破野心家之陰謀，使人民不為所愚弄。即不幸因種種誤會，雙方盛情緊張，各走極端，亦可就中調停疏通，使雙方恢復其理知作用。誠如是，則暴力自無必要，而國際間之和平可求矣。」[158] 他又言：「兩國開明分子，彼此了解至相當程度時，應注重實際上的努力，如揭破野心家的陰謀（不論國內外），反對強暴行為，提醒民眾，主持正論，公佈事實，用理性解決國際間的紛糾種種。如此持之不解，堅信不疑，百折不回，使世界開明分子，日益結合，日益擴大，而謂世界不能大同，吾不信也。」[159] 這可以說是徐寶謙遵循唯愛原則，所設計的一套精神抵抗的行動方案，以作為武力對抗的替代物。徐氏曾暗示，這套進路具有普遍意義，是根治當今世界混亂秩序的惟一良藥。[160] 為達此目的，徐氏曾提出過一些具體建議，包括中日兩國自由思想者定期聚會和共同籌辦教育機構等。[161] 在他的積極籌辦下，1934年8月在北平舉行中日基督教會領袖人物的聚會，雙方就一系列社會和國際問題交換了看法，且決定成立名為「西山團」的團契，致力於進一步開展交流活動，徐氏被推選為中方負責人。[162]

在當時中國的社會氛圍之下，徐寶謙能有這樣的舉措的確需要極大的膽量和勇氣。「九·一八」之後，隨著日本侵略勢力的步步緊逼，唯愛主義運動在中國陷入了困境，連一些中堅分子也開始軟化、乃至放棄了唯愛反戰的立場。當徐氏的學生蔡詠春在1933年年初發表的一封公開信中對唯愛主義的前途表示困惑之後，徐氏在覆信中言己志道：「……在我自己，卻始終保持著唯愛主義的態度。……目下這種困難情形，在當初考慮唯愛主義的時候，應當早已料到。如果一個唯愛主義者，可以在強敵壓境的時候，隨便放棄他的主張，這種唯愛主義，又有甚至價值呢？」他接著說：

> 耶穌說：「殺你身體的，不能殺你靈魂。」有說：「人為朋友捨命，人的愛沒有比這更大的。」我以為這兩句話，是唯愛主義的基礎。或者有人說：「我們不妨犧牲自己，但是我們沒有犧牲全國民眾的權柄。」是的，我們本來沒有勉強一般民眾去實行唯愛主義的權柄和

力量。但是，如果有人以為我們不去抵抗，就是犧牲民眾，那末，耶穌對民眾復國運動不表示甚麼態度，也須負同樣的責任了。[163]

徐寶謙這段相當沉重，甚至悲壯的話，點出了他的唯愛主義的精神氣質，那就是為堅持原則而甘願犧牲自我的精神。同時也透露出唯愛主義在民族主義洪流衝擊之下的只有招架之功的尷尬處境：連徐寶謙這樣堅貞的唯愛主義者都似乎多少失去了1920年代的那種自信，而只能把唯愛作為自己的小圈子裏所持守的信念來辯護。

更有意思的是，雖然徐寶謙終身都沒有放棄唯愛主義的信念和原則，但在江西黎川工作期間，「因鑒於農村民眾生活的不振作，團體的渙散，以及愛國思想的缺乏，深覺高談國際主義，目前尚非其時。」[164] 所以，他一度積極致力於以教育為手段培養當地民眾的愛國情操。他曾為此自我表白說：「我自信仍是一個忠實的唯愛主義者。我深深地相信根據『非以役人，乃役於人』的國家主義，即使國際主義。不過，我覺得：一個渙散的民族，不配說國際主義。」[165] 到全面抗戰期間，他更是鮮明地肯定了抗戰的正義性質，認為中華民族「為保持民族生命起見，不得不加以抵抗」，並對全民族在戰爭所表現出來奮發向上的精神面貌表示欣慰。同時，他還是堅持，因著耶穌唯愛的教訓，國際基督徒反戰運動還在高漲，而中國「基督徒對於抗戰的直接供獻，在事實上不能不受限制。」[166] 可見，隨著形勢的變化，徐寶謙的確對他的唯愛主義有所修正，修正的方向也與吳耀宗同時期的立場變化有些類似。但是，總的來說，徐氏的唯愛原則立場沒有發生變化，他的變化只是工作重點的改變，或對唯愛主義適用範圍的調整，其變化的幅度根本不能與吳耀宗同時期的立場轉變相比。對愛國情操的重視畢竟不等於對暴力鬥爭的肯定。不過，徐寶謙晚年思想與實踐的這一新動向仍然表明，唯愛主義在中國嚴酷、沸騰的現實環境裏很難不作出這樣或那樣的自我調整，這其實也是它對中國民族主義運動所做出的一種回應。

如果把吳雷川和徐寶謙的社會倫理思想放到基督教社會倫理思想發展史的背景之下來加以考察，我們可以説它們分別是和平主義與現實主義傳統在中國1920、1930年代社會環境中的具體體現，是基督教社會倫理中「愛」與「公義」兩大主題既結合又衝突的複雜歷史關係在中國的又一次重演。從更廣闊的意義上來説，吳氏與徐氏二人嘗試從中國的處境出發來回答耶穌的道德教導是否，以及怎樣適用於中國的社會政治現實。

的確，我們沒有證據表明，吳氏與徐氏二人曾經系統地接觸過基督教社會倫理思想的經典作品和作者。他們是在緊迫的社會需要面前，直接從聖經中汲取資源，再部分地參考當時國際基督教界和世俗的思潮，而形成了各自的思想與立場。這樣的思想歷程在當時自由派的中國基督教知識分子當中是相當有典型性的。他們的思想也因而帶著極其強烈的時代感和社會感。

吳雷川與徐寶謙都是熱烈而深沉的基督教愛國者，都對民族的災難和社會的弊端感到切膚之痛，急欲從基督教的角度提出救治之道，都曾對日益高漲的民族主義不同程度地表示贊同，同時極力糾正國人對基督教的偏見。在神學思想的框架方面，他們均同屬自由主義傳統，淡化基督的神性，而強調其人性，把他視為基督徒應當畢生模仿和追隨的榜樣。所以，他們的社會倫理觀的基礎或出發點都是這種人性化的基督論。

他們都承認，耶穌的身上既體現著愛人如己的普世情懷，也帶著嫉惡如仇的社會正義感。在他們看來，大同的世界與公平的社會是基督教的兩大理想。對爭取民族權益，改革社會的運動，他們都曾大致表示認同，呼籲基督徒投身其中。

不過，吳雷川對民族主義的認同遠比徐寶謙為徹底。[167] 他心目中的耶穌是一名堅決的愛國者和革命家，他認為基督徒在現階段所應追求的社會目標與民族主義者是一致的，所採取的措施和策略也應配合民族抵抗和社會革命的需要，既使參與戰爭也在所不惜。為此，他處處突出聖經和基督教社會倫理思想中「公義」的主題，實際上把它當作了指導中國基督徒社會行動的最重要的原則。他雖然從未否定基督教「博愛」的理念，不過他對這一理念作了如下耐人尋味的處理：其一，他把「唯愛」視為規範個人道德的準則，因此不可應用於社會政治領域；其二，他把「唯愛」解釋為基督教的未來理想，因此不適用於當下的社會現實；其三，他認為「唯愛」不能滿足中國革命當時的需要和具體的社會條件，因此不具備現實的可行性。所以，「唯愛」的精神美則美矣，但在中國的現實情況下則至少在當前顯得陳義太高，不切實際。經過他的這一番再闡釋，「唯愛」的原則實際上被排除在現階段基督教的社會政治活動之外，而失去了對「公義」之追求的制約作用，為社會正義實現過程中暴力手段的合法性開闢了道路。他的這套進路與基督教現實主義有諸多神似之處，亦可見中外貶低或拒絕和平主義者的思路是頗為一致的。

與吳雷川形成鮮明對照的是，徐寶謙在熱心為社會正義奔走呼號的同時，拒絕任何沖淡「唯愛」精神的意義的作法。他把「唯愛」視為基督教社會倫理的根本原則之一，不容作任何妥協。他並不同意吳雷川把「唯愛」私人化與未來化的作法，主張基督徒當下的社會活動同樣應當受到「唯愛」原則的規範。[168] 一方面，「唯愛」的原則應當影響基督徒社會目標的制定和選擇，使他們傾向於社會改良而非階級鬥爭、民族和解而非民族仇視、世界大同而非國際分裂；另一方面，「唯愛」的原則應當左右著基督徒為實現其社會目標所使用的手段，避免暴力，而採取精神抵抗的策略。徐氏對「唯愛」的張揚和對暴力的否棄，是他對二者精神本質的深刻認識的結果。在他看來，「唯愛」和暴力代表著截然相反的人生態度和氣質，前者代表著真理、慈悲和理智，後者代表著謊言、兇殘和狂熱。同時，在現實策略的層面上，徐氏也認為，精神抵抗遠比武力抵抗更能達成長遠、堅實的效果，因而是一種更為明智的救國濟世的途徑。顯然，徐氏對吳雷川等人視「唯愛」為一可望而不可及的空想的作法是無法贊同的。徐寶謙這種徹底的「唯愛」主義的立場就決定了他不可能像吳雷川那樣對民族主義運動採取幾乎是全面合作的態度。他在肯定民族主義的某些目標的同時，針鋒相對地對其從社會理想到具體作法都進行了挑戰和批判，為飽受抨擊的唯愛主義大力辯護。他認為，民族主義者的目光多局限於一國一族的利益，有違基督教國際主義；民族主義者往往輕信輕言武力，忽視了非暴力運動的道德力量，最終只能使世界陷入怨怨相報，混亂紛爭的漩渦而不能自拔。而只有遵循耶穌博愛和寬恕的教導，才是國家之福，人類之福。

應該說，吳雷川和徐寶謙的思想分別代表了1920、1930年代中國基督徒在民族救亡、社會革命的條件下對基督教社會思想的反思，以及對民族主義思潮的不同回應。他們把基督教社會倫理中「愛」與「公義」的兩大主題分別發揮得淋漓盡致，把基督教民族主義派和唯愛主義派的觀點最為鮮明地表達出來。本章之所以選擇這二人作為比較和分析的物件，也正是因為他們的看法最清晰地展現了中國教會內這兩大派別的思想脈絡。

可以說，在1930年代，淡化唯愛主義和國際主義，靠攏民族主義，投身全民抗日的大潮之中，乃是1930年代中國基督徒羣體內的大勢所趨。在這種大氣候之下，徐寶謙始終沒有放鬆唯愛主義的基本信念，堅持探索非暴力救國的途徑，確實是一件不容易的事情。他的理想也許看似高不可攀，他的方法也許看似空泛迂闊，他的許多努力極少獲得回應，但是，如果我們不以成敗論英雄的話，我們必須承認，他的思想與實踐的確保存和突顯了基督教社會倫理中一些實質性的因素，而這些因素是狹隘民族主義的天敵。

註釋

1. 本章主要內容曾以〈唯愛主義與民族主義——吳雷川與徐寶謙社會倫理思想之比較〉為題，發表於陶飛亞、梁元生編：《東亞基督教再詮釋》（香港中文大學崇基學院宗教與中國社會研究中心，2004），頁435～461。蒙該中心允准納入本書，特此致謝。
2. 劉家峰指出，徐寶謙在1937年對民族主義的態度轉向比較正面和肯定。參劉家峰：〈中日基督教和平主義者的掙扎——以徐寶謙與賀川豐彥為個案〉（未刊稿），頁14～15。
3. 徐寶謙：〈宗教隨感錄〉，頁16。
4. 徐寶謙曾自述：「我從來不曾加入唯愛社，但在主張上，我是完全與唯愛社相合的。」（徐寶謙：〈宗教隨感錄〉，頁16。）
5. 參吳雷川：《基督教與中國文化》（以下簡稱《文化》），第三版（上海：青年協會書局，1948），頁292。關於吳氏的轉變過程，參 Philip West, "Christianity and Nationalism: The Career of Wu Lei-chuan at Yenching University," in *The Missionary Enterprise in China andAmerica*, ed. by John King Fairbank (Cambridge, MA: Harvard University Press, 1974),

pp.240～241。

6. 參吳雷川：〈戰〉，原載《真理》，轉載於《聖公會報》，第17卷第21冊，1924年11月1日，頁2～4。
7. 參吳雷川：〈「唯愛」與「學運」〉，載《唯愛》，第17卷，1935年3月20日，頁34。
8. 吳雷川：〈「唯愛」與「學運」〉，頁35。
9. 吳雷川：〈經過「國難」的基督教〉，載《真理與生命》，6卷3期，1931年12月，頁9。
10. 吳雷川：〈墨翟與耶穌〉（上海：青年協會書局，1940），頁115。
11. 吳雷川：〈國家主義與基督教是否衝突？〉（以下簡稱〈衝突〉），載《生命》，5卷4期，1925年，頁4。
12. 吳雷川：〈滬案與中國基督教的前途〉（以下簡稱〈前途〉），《生命》，5卷9起，1925年6月，頁19。他把這種情況的造成歸咎于西教士的「不應中國的需要，因地制宜」，和中國基督徒的「不能融通舊說」。（參〈前途〉）
13. 吳雷川：〈前途〉，頁19。
14. 吳雷川：〈耶穌聖誕與雲南起義〉，頁371～372，轉引自吳利明：《基督教與中國社會變遷》，頁262。
15. 吳雷川：〈衝突〉，頁4。
16. 吳雷川：〈我所信仰的耶穌基督〉，載《生命》，9～10期合刊，1921年5月，頁1。
17. 吳雷川：〈論中國基督徒對於國家應負的責任〉（以下簡稱〈責任〉），載《生命》，5卷5起，1925年，頁6～7。
18. 吳雷川：〈衝突〉，頁4。
19. 吳雷川：〈基督教與革命〉，載《真理與生命》，5卷4期，1931年2月，頁1。
20. 吳雷川：〈耶穌新社會的理想及其實現的問題〉（以下簡稱〈理想〉），載《真理與生命》，6卷1期，1931年10月，頁5。
21. 吳雷川：〈理想〉，頁6～7。
22. 吳雷川：〈理想〉，頁10。
23. 吳雷川：〈基督教與革命〉，頁1。
24. 吳雷川：〈理想〉，頁8。
25. 吳雷川：〈「縱火」與「導爭」〉（以下簡稱〈縱火〉），載《真理與生命》5卷1期， 1930年11月，頁5。
26. 吳雷川：《文化》，頁292。
27. 參吳利明：《基督教與中國社會變遷》，頁184～185。

28. 徐寶謙講，譚海英記：〈析馬太十一章二十八節〉，載《真理與生命》4卷14期，1930年3月，頁20。
29. 徐寶謙：〈告清華鏟基團諸君〉，載《真理與生命》，4卷20期，1930年7月，頁3。
30. 徐寶謙：〈告清華鏟基團諸君〉，頁3。
31. 徐寶謙：〈基督教對於中國應有的使命〉（以下簡稱〈使命〉），載《金陵神學志》，15卷1期，1933年1月，頁17。
32. 徐寶謙：〈使命〉，頁17。
33. 徐寶謙：〈現代信仰的學説與實踐：中國學運的信仰與使命〉，頁18，轉引自阮成國：〈徐寶謙的基督教思想〉，頁49。
34. 徐寶謙：〈告清華鏟基團諸君〉，頁4。
35. 吳雷川：〈理想〉，頁7。
36. 吳雷川：〈責任〉，頁7。
37. 吳雷川：〈對於提倡中國基督教五年運動的我見〉（以下簡稱〈我見〉），載《真理與生命》，4卷14期，1930年3月，頁12。
38. 吳雷川：〈縱火〉，頁5。
39. 吳雷川：〈縱火〉，頁5。
40. 吳雷川：《文化》，頁289～290。
41. 吳雷川：〈再論基督教在中國的前途〉，載《生命》，5卷10起，1925年，頁2。
42. 吳雷川：〈衝突〉，頁4。
43. 吳雷川：〈我見〉，頁12。
44. 吳雷川：〈我見〉，頁5。
45. 吳雷川：〈再論基督教在中國的前途〉，頁2。
46. 參吳雷川：〈基督教對於中華民族復興能有甚麼貢獻？〉，載《真理與生命》，9卷2期，1935年4月，頁66。
47. 吳雷川對來自民族主義的批評的確還提出過其他的辯駁，例如，他曾以基督教的最高理想和價值超出當時社會政治的範疇為由，指出國家主義者並不能完全否定在這些理想和價值的正當性。（參吳雷川：〈再論基督教在中國的前途〉，頁2。）不過，在他對民族主義的回應中，壓倒性的作法是力證基督教符合民族革命。
48. 吳雷川：〈基督教與革命〉，頁5。
49. 吳雷川：《文化》，頁292。
50. 徐寶謙：〈聖誕與人類文化〉，轉引自吳利明：《基督教與中國社會變遷》，頁200。

51. 徐寶謙：〈我為甚麼提倡基督教公民運動〉，載《真理與生命》，2卷12期，1927年10月，頁322。

52. 引自徐寶謙：〈記南京唯愛社會議〉，頁10。

53. 徐寶謙：〈因日本在山東暴行論精神抵抗主義〉（以下簡稱〈暴行〉），載《真理與生命》，3卷7期，1928年5月，頁189。

54. 徐寶謙：〈暴行〉，頁189。

55. 徐寶謙：〈使命〉，頁17。

56. 徐寶謙：〈敬告今之提倡國家主義者〉（以下簡稱〈敬告〉），載《生命》，5卷4期，1925年，頁1。

57. 徐寶謙：〈宗教隨感錄〉，頁13。

58. 徐寶謙：〈再質國家主義者——論「武力」兼答競之君！〉，載《生命》，5卷10期，1925年，頁2。

59. 徐寶謙：〈反基督教運動與吾人今後應採之方針〉（以下簡稱〈方針〉），載《生命》，6卷5期，1926年，頁4。

60. 徐寶謙：〈宗教隨感錄〉，頁16。

61. 徐寶謙：〈方針〉，頁5。

62. 徐寶謙：〈使命〉，頁17。

63. 徐寶謙：〈方針〉，頁5。

64. 徐寶謙：〈基督教對於中國改造的供獻〉，載《中華基督教會總會第四屆總議會議錄》（青島，1937年7月15～29日），頁210。

65. 徐寶謙：〈方針〉，頁4。

66. 徐寶謙：〈方針〉，頁4。

67. 徐寶謙：〈時代的認識與我們的信仰——從基督教立場看國家主義及階級鬥爭〉（以下簡稱〈時代的認識〉），載《真理與生命》，8卷2期，1934年4月，頁48。

68. 徐寶謙講，盧廣綿記：〈中國基督教學習運動的今昔及其應有的特點〉，頁213，轉引自阮成國：〈徐寶謙的基督教思想〉，頁56。

69. 徐寶謙：〈暴行〉，頁187。

70. 徐寶謙：〈宗教隨感錄〉，頁16。

71. 吳雷川：〈前途〉，頁17。

72. 吳雷川：〈責任〉，頁6。

73. 吳雷川：〈縱火〉，頁4。

74. 吳雷川：〈衝突〉，頁5。

75. 吳雷川：〈衝突〉，頁5。
76. 吳雷川：〈經過「國難」的基督教〉，頁9。
77. 吳雷川：〈責任〉，頁6。
78. 吳雷川：〈我見〉，頁11～12。
79. 參吳雷川：〈前途〉，頁17。
80. 吳雷川：〈經過「國難」的基督教〉，頁8～9。
81. 吳雷川：〈基督教與革命〉，頁5。
82. 吳雷川：〈前途〉，頁18。
83. 吳雷川：〈前途〉，頁18。
84. 吳雷川：〈「唯愛」與「學運」〉，頁37。
85. 吳雷川：〈理想〉，頁10。
86. 吳雷川：《文化》，頁290。
87. 吳雷川：《文化》，頁290～291。
88. 吳雷川：《文化》，頁291。
89. 吳雷川：〈責任〉，頁7。
90. 謝扶雅：〈唯愛與武力果不相容嗎？〉，頁37。
91. 吳雷川：〈基督徒如何實行救國的工作？〉，載《真理與生命》，6卷5期，1932年3月，頁19。
92. 吳雷川：〈基督教對於中華民族復興能有甚麼貢獻？〉，頁63～64。
93. 吳雷川：〈縱火〉，頁8。
94. 吳雷川：〈基督徒如何實行救國的工作？〉，頁18。
95. 吳雷川：〈前途〉，頁3。
96. 吳雷川：〈基督徒如何實行救國的工作？〉，頁16。
97. 吳雷川：〈基督徒如何實行救國的工作？〉，頁18。
98. 吳雷川：〈衝突〉，頁5。
99. 參吳雷川：〈前途〉，頁19。
100. 吳雷川：〈基督教在中國的新途徑〉，載《生命》，5卷8期，1925年，頁1。
101. 參吳雷川：〈前途〉，頁3～4。
102. 吳雷川：〈經過「國難」的基督教〉，頁10。
103. 參吳雷川：〈我見〉，頁13～15。
104. 吳雷川：〈縱火〉，頁8。
105. 徐寶謙：〈再質國家主義者〉，頁1。
106. 徐寶謙：〈方針〉，頁2～3。
107. 徐寶謙：〈中國唯愛社之危機及任務〉，頁3。

108. 徐寶謙：〈中國唯愛社之危機及任務〉，頁3。
109. 徐寶謙：〈暴行〉，頁190。
110. 徐寶謙：〈基督教對於世界潮流之應付〉（以下簡稱〈應付〉），載《金陵神學志》，15卷1期，1933年1月，頁13。
111. 徐寶謙：〈應付〉，頁13。
112. 徐寶謙：〈應付〉，頁13。
113. 徐寶謙：〈中日兩國開明分子為甚麼應當合作〉（以下簡稱〈合作〉），載《真理與生命》，3卷8期，1928年6月，頁212。
114. 徐寶謙：〈暴行〉，頁189。
115. 徐寶謙：〈敬告〉，頁2。
116. 徐寶謙：〈敬告〉，頁2。
117. 徐寶謙：〈敬告〉，頁2。
118. 徐寶謙：〈再質國家主義者〉，頁2。
119. 徐寶謙：〈暴行〉，頁188。
120. 徐寶謙：〈再質國家主義者〉，頁2。
121. 徐寶謙：〈記南京唯愛社會議〉，頁10。
122. 徐寶謙：〈合作〉，頁212。
123. 徐寶謙：〈暴行〉，頁187。
124. 徐寶謙：〈告清華鏟基團諸君〉，頁4。
125. 徐寶謙：〈暴行〉，頁189。
126. 徐寶謙：〈暴行〉，頁189。
127. 徐寶謙：〈怎樣解決中日問題？〉，載《唯愛》，第4卷，1932年2月15日，頁9。
128. 徐寶謙：〈暴行〉，頁188。
129. 徐寶謙：〈暴行〉，頁187。
130. 徐寶謙：〈國難與基督徒〉，載《唯愛》，第7～8合卷，1933年3月15日，頁12。
131. 徐寶謙：〈敬告〉，頁1。
132. 徐寶謙：〈敬告〉，頁2。
133. 徐寶謙：〈敬告〉，頁1。
134. 徐寶謙：〈合作〉，頁212。
135. 徐寶謙：〈時代的認識〉，頁51。
136. 徐寶謙：〈暴行〉，頁189。
137. 徐寶謙：〈國難與基督徒〉，頁12。
138. 徐寶謙：〈國難與基督徒〉，頁13。
139. 徐寶謙：〈告清華鏟基團諸君〉，頁4。

140. 徐寶謙:〈告清華鏟基團諸君〉,頁4。
141. 徐寶謙:〈基督教的認識之二:怎樣起信?怎樣皈依?〉,載《真理與生命》,13卷5期,1940年12月,頁210。
142. 徐寶謙:〈基督教的認識之二〉,頁210。
143. 徐寶謙:〈老子哲學之研究〉(續),載《生命》,5卷3期,1925年1月,頁22。
144. 徐寶謙:〈敬告〉,頁2。
145. 徐寶謙:〈時代的認識〉,頁50。
146. 徐寶謙:〈時代的認識〉,頁50。
147. 徐寶謙:〈時代的認識〉,頁51～52。
148. 徐寶謙:〈時代的認識〉,頁51～52。
149. 徐寶謙:〈時代的認識〉,頁51。
150. 徐寶謙:〈方針〉,頁4～5。
151. 參徐寶謙:〈方針〉,頁5。
152. 徐寶謙:〈方針〉,頁6。
153. 徐寶謙:〈使命〉,頁17。
154. 徐寶謙:〈暴行〉,頁190。
155. 徐寶謙:〈暴行〉,頁189。
156. 徐寶謙:〈暴行〉,頁189。
157. 徐寶謙:〈合作〉,頁212。
158. 徐寶謙:〈暴行〉,頁189～190。
159. 徐寶謙:〈合作〉,頁212。
160. 參徐寶謙:〈合作〉,頁189。
161. 參徐寶謙:〈怎樣解決中日問題?〉,頁9～10。
162. 參徐寶謙:〈中日基督徒會議概述〉,載《唯愛》,第15～16卷,1934年12月1日,頁69～70、74。
163. 徐寶謙:〈致蔡詠春〉,載《唯愛》,7～8期,1933年3月15日,頁43。
164. 徐寶謙:〈基督教對於中國改造的供獻〉,頁210。
165. 徐寶謙:〈基督教對於中國改造的供獻〉,頁210。
166. 徐寶謙:〈抗戰建國中的基督教信仰〉,載《基督教與新中國》,吳耀宗編(上海:青年協會書局,1940),頁146～147。
167. 林榮洪認為,「他是個徹底的民族主義者」。(林榮洪:《中華神學五十年,1900～1949》〔香港:中國神學研究院,1998〕,頁261。)
168. 1929年1月唯愛社南京會議後,徐氏發表觀感認為,唯愛社主張在個人生活裏實行唯愛固然重要,但更重要的是要在國際間和種族間的重大問題上發言。所以，「故吾認中國唯愛社之運動，在過去的時間裏為失敗，因其對於五卅及濟南各種慘案，少明白之表示，無積極之活動故。」（徐寶謙：〈記南京唯愛社會議〉，頁11。）

第八章

結語

唯愛主義運動是一枝遲至1920年代才在中國基督教界破土而出的嫩芽，它是在時代的風風雨雨中艱難成長和枯萎衰敗的。這個運動的生命是那麼短促，它從來沒有機會在教會內形成相當的聲勢。確實，作為一個有組織的運動，唯愛主義也許並不值得我們太多的注意。然而，作為一種社會倫理思潮，唯愛主義在中國基督教思想界的影響和地位卻不容忽視，它留給我們的精神遺產值得我們認真地反思。同時，唯愛主義在中國的成長、思考與掙扎也折射出中國基督徒在博愛與公義、耶穌「愛仇敵」的教訓與抗日正義鬥爭之間尋求平衡點的艱苦努力。從唯愛主義在中國的經歷，我們可以看到基督教倫理思想史上和平傳統與正義戰爭論在中國處境中的一次碰撞與交纏。

事實說明，到1937年抗日戰爭全面爆發前夕，唯愛主義在中國已經不僅僅是一些道德的規範，而且初步形成了自己從上帝觀到實踐步驟的一個相當完備的思想體系。中國的唯愛主義思潮至少有如下幾個基本內涵：以仁愛與和平為特徵的上帝論和基督論；博愛原則在個人生活與社會生活中的普遍適用性；博愛與公義並重，前者對後者的實現道路具有制約作用；暴力作為人性和社會中的一種邪惡與基督博愛精神的不可調和性；打破一切社會藩籬的世界大同主義或國際主義。在這幾個核心原則與中國的社會現實的碰撞之中，唯愛主義又發展出這樣幾個獨特的外延：以唯愛精神改造國民性的「人格救國」論；在處理社會衝突中重感化、理解、溝通與合作；對社會邪惡的非暴力不合作的抵抗辦法；對愛國主義和民族主義的一分為二的態度。應該說，中國的基督教唯愛主義在精神氣質和理論原則上都與20世紀國際基督教和平主義是息息相通的，也是與基督教悠久的非暴力傳統相一致的。

不過，由於唯愛主義在中國所處的特殊環境，它還是具有不少的特點。首先，在主要以英美為主的教會界，貴格會和門諾會這類所謂「歷史和平教會」(Historic Peace Church)歷來是持守與推動和平主義的主力之一。但中國基督教唯愛主義運動並沒有強烈的宗派的色彩和基礎，而是以跨宗派的唯愛社和少數著名唯愛論者構成中堅。在英美，和平主義運動雖然在大部分時間裏也是教會中的少數派，但還是掀起過一些有組織、有規模的抵制戰爭的運動，例如拒絕參軍服兵役的「良心反戰者」(conscientious objectors)等等。但在中國，唯愛主義多限於部分教會領袖人物和知識分子的言論、個人見證或孤立的和平努力，除了抗戰結束之後的反內戰運動外，幾乎見不到有規模的抗爭活動。

其二，中國基督教唯愛主義中所始終面對的是國際風雲變幻之下的民族危機和社會改造，以及民族主義與共產主義的挑戰，因此它的首要關懷是如何以唯愛的精神和方式來處理國際和國內的衝突與問題。可以說，這是一種政治性和平主義(political pacifism)。[1] 另外，也正是由於中國唯愛主義的思考和建構是在對一系列急迫的重大社會問題的不斷回應當中完成的，所以其思想觀點的表達是散漫的、不成系統的，本書在這些零散的看法中嘗試綜合、疏理出一個體系。由於中國當時面臨著革命、抗日和內戰等這樣重大的戰爭行為，唯愛主義也就很自然地集中關注基督徒對戰爭的態度問題，而尚未顧及系統考察暴力的不同形式、不同層次，及基督徒的相應對策。[2] 不過，這些和平主義的先驅者所打下的思想基礎是堅實的，為以後和平主義在中國的深入發展做了極佳的鋪墊。

其三，中國基督教唯愛主義的思想來源和成份是相當複雜的。其中最重要、最直接的當然是聖經當中的和平教訓和教會的和平主義傳統，但也可以看到啟蒙運動以來人本主義思潮的影響，即從人的價值、尊嚴、潛力和社會大同的理想來展開思考和論證，因此帶有所謂「人本和平主義」的特色。[3] 唯愛論者們對中國傳統文化和歷史中的和平傾向也一向津津樂道。而社會主義思潮對當代戰爭根源和性質所做的階級分析的影響在吳耀宗等人的言論中也時有顯露，這個現象在中國唯愛運動發展的第二個階段尤為突出。以中國唯愛運動規模之小，幾種不同的思想潮流可以同時集中交彙在一小羣人，甚至個別人那裏，這還是有別於英美的和平主義運動的。

其四，在中國教會史上，那些始終堅持「愛仇敵」、「不抵抗」是不分時間、地點，普世有效的基督徒準則的絕對唯愛主義者，畢竟是屈指可數的。更多的人所擁護的其實是所謂「專職的和平主義」（vocational pacifism）和「選擇性的和平主義」（selective pacifism）。前者主張和平主義並非全社會，或全體教會成員所必須奉行的，而只是一部分有特別召命的信徒或神職人員所持守的崇高理念和生活方式。「選擇性的和平主義」則對只反對特定的戰爭，並不拒斥所有的戰爭。「正義戰爭論」其實也可以被視為一種「選擇性的和平主義」。在中國基督教唯愛主義發展的早期，絕對唯愛論還有一定的影響。但到1925年之後，堅持此種立場的人日少，「專業的和平主義」抬頭。這種立場不但在那些中間調和派中間極有市場，甚至連吳耀宗這樣的唯愛主義中堅分子都開始承認不應把唯愛原則強加到所有人頭上。至少在20世紀前半期，每當中國教會爭取和平的呼聲高漲的時候，其所針對的是內戰，而非反抗外來侵略的戰爭。這其實是有選擇的反戰。即是如吳雷川那樣高度認同民族主義的教會人士也還是保持著對唯愛理想的尊敬，只不過否認了其現實可行性和普遍性。可以說，中國基督教唯愛主義運動內部存在著相當大的多樣性，而且到了1925年之後，其主流聲音愈來愈偏離絕對的唯愛主義。

在20世紀前半期，唯愛主義在中國經常處在理想與現實的巨大張力之中，處在證明自己的可行性的巨大壓力之下。所以，唯愛論者們始終不遺餘力地解釋「登山寶訓」並非空中樓閣，說明唯愛的原則可以對民族拯救和振興做出實際的貢獻，而且試圖設計一些唯愛主義救國的具體步驟。然而，他們所提出的大部分的主張是漸進、緩慢的工作，需要長期的努力才能見效，在中華民族的危急存亡之秋顯得緩不濟急。如果說這是當時基督教界所設想的大部分救國主張的共同困境的話，唯愛主義的方案在殘酷的現實面前就顯得更為天真，生效的前景更為遙遠。正如吳耀宗在1933年為《唯愛》雜誌所寫的一篇社論所坦承的，唯愛社「不能謂為有偉大的成績」。但是，他接著說，「然其為曠野中的呼聲，使迷信武力的世界，因少數人的努力，而能保持從人類一體的信仰所放射的一線光明，則確為一件深有意義的事實。」[4] 這確是一精闢論段。其實，唯愛主義正是茫茫曠野中的孤獨呼聲，漫漫長夜中的一線亮光，它的特色就在於其理想主義，它的不願一味遷就現實需要而放鬆最高原則的氣質，這也許正是它的力量和意義所在。不管現實多麼血腥、醜惡，唯愛主義保存著那神聖的愛的火種，提醒我們不要把民族、國家和武力絕對化、偶像化，更不要盲目地向現實妥協而喪失了基督教崇高的理想。因為有了理想，我們才有批判與自己批判的能力和眼光；因為有了理想，我們才不致迷失方向。如此看來，我們怎麼還能夠說，唯愛主義只不過是中國教會史上的一段陳迹呢？在我們今天這個全球一體化迅猛發展，而暴力衝突卻此起彼伏的世界上，不到一個世紀前中國基督教唯愛主義者們的思考和奮鬥難道不值得我們深思嗎？他們發出的曠野呼聲對我們是否還有所警示呢？

註釋

1. 參 Dale W. Brown, *Brethren and Pacifism* (Elgin, IL: The Brethren Press, 1970), pp.48～49; Yoder, *Nevertheless*, pp.34～47。政治和平主義的基本前設是耶穌的和平之道具有解決社會政治問題的現實可能性，它的特點是主張以非暴力手段達致國內和國際的和平秩序。
2. 吳耀宗與張雪岩和薄玉珍的辯論已經開始觸及到這些問題，但並沒有深如下去。參本書第三章，頁28～29，第五章，頁33～36。
3. 參 Brown, *Brethren and Pacifism*, p.53; Brock and Yong, *Pacifism in the Twentieth Century*, p.12。
4. 吳耀宗：〈徵求唯愛社員〉，頁3。

主要引用資料

期刊

《女青年月刊》，1932

《女青年報》，1923

《中國宗教》，2002

《中華歸主》，1928，1938

《天風》，1945，1947，1948

《月報》，1918

《生命》，1920～1925

《田家》，1947，1949，1951

《佈道雜誌》，1931

《金陵神學志》，1932～1933，1950

《青年進步》，1922，1924，1925，1929

《信義宗神學志》，1936

《恩友團契月刊》，1950

《消息》，1950

《真光》，1926，1928，1930，1932，1935，1937～1938

《真理與生命》，1927～1935，1939～1940

《神學志》，1926

《唯愛》，1931～1935

《基督教叢刊》，1943，1945

《紫晶》，1935

《聖公會報》，1924，1931～1932，1937

《聖報》，1921

《盡言半月刊》，1946

《靈食季刊》，1936，1948

The Chinese Recorder，1919

文章

巫國駿：〈吳耀宗先生神學思想初探〉。載《吳耀宗生平與思想研討——紀念吳耀宗先生誕辰100周年》，頁161～178。上海：中國基督教三自愛國運動委員會，1995。

沈德溶：〈吳耀宗小傳〉。載《在三自工作五十年》，頁91～151。上海：中國基督教三自愛國運動委員會，中國基督教協會，2000。

———：〈吳耀宗與唯愛主義〉。載《在三自工作五十年》，頁179～185。上海：中國基督教三自愛國運動委員會，中國基督教協會，2000。

阮成國：〈徐寶謙的基督教思想〉。未出版論文。香港：建道神學院碩士論文，1998。

姚西伊：〈社會福音神學與基督新教在華傳教事業〉。載《基督教與中國：歷史、神學與對話》，頁55～76。王忠欣編。多倫多：加拿大恩福協會，1999。

劉家峰：〈中日基督教和平主義者的掙扎——以徐寶謙與賀川豐彥為個案〉。未刊稿。

鄭建業：〈我敬愛吳耀宗先生〉。載《回憶吳耀宗先生》，頁119～137。中國基督教三自愛國委員會編。上海：中國基督教三自愛國委員會編。1982。

Bays, Daniel H. "The Growth of Independent Christianity in China, 1900～1937." In *Christianity in China: From the Eighteenth Century to the Present*, pp.307～316. Edited by Daniel H. Bays. Stanford, CA: Stanford University Press, 1996.

Gao, Wangzhi. "Y. T. Wu: A Christian Leader Under Communism." In *Christianity in China: From the Eighteenth Century to the Present*, pp.338～352. Edited by Daniel H. Bays. Stanford, CA: Stanford University Press, 1996.

Robert, Dana L. "The First Globalization: The Internationalization of the Protestant Missionary Movement between the World Wars." In *The International Bulletin of Missionary Research*, vol. 26 no.2, April 2002, pp.50～66.

West, Philip. "Christianity and Nationalism: The Career of Wu Lei-chuan at Yenching University." In *The Missionary Enterprise in China and America,* pp.240～241. Edited by John King Fairbank. Cambridge, MA: Harvard University Press, 1974.

書籍

《中華基督教會總會第四屆總議會議錄》。青島，1937年7月15～29日。

吳利明：《基督教與中國社會變遷》。香港：基督教文藝出版社，1990。

吳雷川：《基督教與中國文化》。第三版。上海：青年協會書局，

1948。

———：《墨翟與耶穌》。上海：青年協會書局，1940。

吳耀宗：《大時代的宗教信仰》。上海：青年協會書局，1938。

———：《沒有人看見過上帝》。上海：青年協會書局，1948。

———：《社會福音》。上海：青年協會書局，1934。

———：《基督教講話》。上海：青年協會書局，1950。

——— 編：《基督教與新中國》。上海：青年協會書局，1940。

邢福增：《中國基要主義者的實踐與困境——陳崇桂的神學思想與實踐》。香港：建道神學院，2001。

———：《基督信仰與救國實踐》。香港：建道神學院，1997。

卓新平：《尼布爾》。台北：東大圖書公司，1992。

林榮洪：《中華神學五十年，1900～1949》。香港：中國神學研究院，1998。

———：《風潮中奮起的中國教會》。香港：天道書樓，1985。

姚民權、羅偉虹：《中國基督教簡史》。北京：宗教文化出版社，2000。

段琦：《奮進的歷程——中國基督教的本色化》。北京：商務印書館，2004。

倪柝聲：《倪柝聲文集》，第二輯，第二十六冊。台北：臺灣福音書房，1997。

馬敏編：《韋卓民基督教文集》。香港：漢語基督教文化研究所，2000。

梁家麟：《超前與墮後：本土釋經與神學研究》。香港：建道神學院，2003。

趙紫宸：《耶穌的人生哲學》。上海：中華基督教文社，1926。

羅志田：《亂世潛流：民族主義與民國政治》。上海：上海古籍出版社，2001。

Bainton, Roland H. *Christian Attitudes toward War and Peace: A Historical Survey and Critical Re-evaluation*. Nashville, TN: Abingdon Press, 1960.

Brock, Peter and Nigel Yong. *Pacifism in the Twentieth Century*. Syracuse, NY: Syracus University Press,1999.

Brown, Dale W. *Brethren and Pacifism*. Elgin, IL: The Brethren Press, 1970.

Cahill, Lisa Sowle. *Love Your Enemies: Discipleship, Pacifism, and Just War Theory*. Minneapolis, MN: Fortress Press, 1994.

Ceadel, Martin. *Pacifism in Britain, 1914～1945: The Defining of a Faith*. Oxford: Clarendon Press, 1980.

Crook, Roger H. *An Introduction to Christian Ethics*. Englewood Cliffs, NJ: Prentice Hall, 1990.

Hershberger, Guy Franklin. *War, Peace, and Nonresistance*. Scottdale, PA: Herald Press, 1969.

Miller, William Robert. *Non-violence: A Christian Interpretation*. London: George Allen & Unwin Ltd., 1964.

Musser, Donald W. and Joseph L. Price, eds. *A New Handbook of Christian Theology*. Nashville, TN: Abingdon Press, 1992.

Teichman, Jenny. *Pacifism and the Just War: A Study in Applied Philosophy*. New York: Basil Blackwell, 1986.

Wickeri, Philip L. *Seeking the Common Ground: Protestant Christianity, the Three-Self Movement, and China's United Front*. Maryknoll, NY: Orbis, 1988.

Yoder, John H. *Nevertheless: Varieties of Religious Pacifism*. Scottdale, PA: Herald Press, 1971.

讀者意見表

緊扣時代 服事教會

以文字傳揚基督真道

衷心多謝你購買本社書籍。本社一直致力以出版事工服事教會，幫助信徒扎根於神的話語，促進靈命增長。為使我們的出版更能滿足你的需要，請填寫下列各項資料，並寄回或傳真予本社。

所購書籍：______

本書最吸引你的地方：

□作者 □適切性 □文筆 □設計 □實用性

□其他：______

購買本書地點：

□基道書樓 □基督教書店 □非基督教書店

性別：□男 □女 職業：______

信仰：□基督徒 □非基督徒

年齡：□ 16 歲或以下 □ 17～25 歲 □ 26～35 歲

□ 36～55 歲 □ 56 歲或以上

學歷：□中三或以下 □中五 □預科

□大學 □研究院

□我欲更多了解基道出版社的事工及考慮支持，請寄給我下列資料：

□機構簡介 □新書資料 □基道會員通訊

□《基道文字事工通訊》

姓名：______ 電話：______

地址：______

______

傳真：______ 電子郵件：______

其他意見：______

______

多謝賜教！

基道出版社

意見表可以傳真（2687-0281）或直接郵寄以下地址：

香港沙田火炭坳背灣街26號富騰工業中心1011室

基道出版社編輯部收